MEDYA GERÇEĞİ
ve
HABERCİLER

Medya Gerçeği ve Haberciler /Muhammet İspirli

Akçağ Yayınları / 315
Medya Dizisi / 1

ISBN 975-338-299-5

Kapak Fotoğrafı: Hikmet Saatçi
Kapak: Emin Bebek
Baskı: Başer Matbaası 356 88 88
1. Baskı / Ankara, 2000

Genel Yönetmen / Hüseyin Hüsnü Yazıcı
Yayın Yönetmeni / Ahmet Tülek

Akçağ Basım Yayım Pazarlama A.Ş.
Tuna cad. 8/1 06420 Kızılay - Ankara
Tel: (312) 432 17 98 - 433 86 51
Fax : 432 28 52

MEDYA GERÇEĞİ
ve
HABERCİLER

MUHAMMET İSPİRLİ

AKÇAĞ

Biricik evladım Sena'ya...

Muhammet İSPİRLİ

1963 yılında Erzurum'da doğdu. İlk ve orta öğrenimini Erzurum'da tamamladıktan sonra, 1986 yılında Atatürk Üniversitesi Kâzım Karabekir Eğitim Fakültesi Almanca Bölümü'nden mezun oldu.

Erzurum'daki mahalli basında gazetecilik mesleğine başlayan İspirli, bir süre ulusal basının bölge bürolarında muhabir ve redaktör olarak çalıştıktan sonra, TRT Erzurum Bölge Müdürlüğü'nde de muhabir olarak görevini sürdürdü.

İspirli, halen Anadolu Ajansı'nda muhabir olarak çalışmaktadır.

İÇİNDEKİLER

2. BÖLÜM / HABERCİLİK

SUNUŞ

Yeryüzündeki insanların birbirleriyle kavga etmeleri için o kadar çok neden var ki...

Bunların ortadan kaldırılması için eğitimin çok iyi kullanılması gerekir; ve dolayısıyla medyanın...

Çünkü, toplum dokusunun tarihi gelişim serüveni incelendiğinde, eğitim alanındaki etkili öğelerin içinde medya unsurlarının varlığı hep gündeme gelir.

Günümüzde yazılı, sözlü ve görüntülü bu iletişim vasıtaları, toplumu çeşitli yönlerden etkilediklerinden dolayı, toplum ve medya yaklaşımlarında çok hassas bir denge gerektirir.

İlk çağlarda duvar gazeteleri ve halka yapılan sözlü duyurular, bugünkü gazetenin yerini almaktaydı. Nitekim yazının icadı ve 1440'da modern baskının temellerinin atılışıyla teknolojik anlamda basın olayı hızlı bir devinime girdi.

Söz konusu bu çalışmada; yazılı ve sözlü basında iletişim araçlarının ortaya çıkışları, tarihi gelişimleri, fonksiyonları, yasalar ve özgürlüğündeki yeri ile toplumsal etkileri üzerinde durularak, bu araçlarda haber olarak sunulan malzemenin hazırlanışı, türleri ve hazırlayıcıları, görev ve sorumluluklarıyla birlikte ele alındı.

Bugün artık heterojen bir kavram niteliğindeki medya, Yeni Dünya'nın yeni devi...

"İktidarların, muhalefetlerin tepesinden bakan, Demokles'in kılıcı gibi yasamanın başucunda bekleyen, yargıya da "**Sakın ha!**" der gibi göz kırpan bir büyük dev. Dördüncü erk olarak yasama, yürütme ve yargıdan sonra en büyük güç olarak nitelendirdiğimiz medya, son on yılda ulaştığı devinimiyle birinci plana çıktı. Kamuoyunun oluşturulması, dünyada olup biten her şey konusunda bizi bilgilendirmesi, çok uzakları yakınımıza getirmesi, gizlilik ve saklılık kavramlarını yavaş yavaş ortadan kaldırmasıyla bu '**dev**'e hayran olmamak elde değil."[1]

---

1. Neşe Erkelli Kızıl, Cumhuriyet Gazetesi, 27 Haziran 1996

1. BÖLÜM

MEDYA GERÇEĞİ

MEDYA

Bu kelime artık dilimize iyice yerleşti.

Bir kısım medya...Sevgili ***Medya*** *Mensupları...****Medyatik Medya****...Dünya* ***Medya*** *Konseyi...****Medya****,* ***Medya*** *Komedya...****Medya*** *Tekelleri...Bir Demet* ***Medya****...****Medya*** *5. Kol mu?.. Klavuzu* ***Medya*** *Olanın Kafası Çok Karışır...*

Daha fazla karışıklığa girmeden "**medya**" nın tanımına kısaca değinelim.

"*...herkesin diline yapışmış olan* ***medya*** *kelimesi, hiçbir Türk sözlüğünde olmadığı gibi, yayımı 20 yıl önce tamamlanmış olan Meydan Larousse Ansiklopedisi'nde de yok. Demek ki, İngilizlerin de Latince* ***medium****'u (aracı) çoğullaştırarak uydurduğu kelimeyi, (her türlü yazılı ve görüntülü basın) anlamında kullanmak için derhal ithal etmişiz.*"[2]

İngilizce sözlüklerde **media**, ***medium***'un çoğul biçimi.

medium: iletişim aracı (Television is a very efficient medium for spreading information)

mass media: iletişim araçları (örn. radyo, televizyon, gazeteler vs.)

Fransızca'da da "**média**" şeklinde yazılıyor ve aynı anlama geliyor.

Türkiye'de özel radyo ve televizyonların 1990'lı yıllarda kurulup yayılmasıyla birlikte, biz bu kelimeyi aldık, konuşma dilimize uygun olarak da "**i**" nin yerine "**y**" yi kondurup kullanmaya başladık.

---

2. Cinuçen Tanrıkorur, Yeni Türkiye, Sayı:12, 1996, S.1247.

Böylece, daha önce "**basın-yayın**" olarak ifade edilen sektörün adı "**medya**" şeklinde kullanılmaya başladı.

Sözkonusu çalışmada kullanılan **medya** terimi de, kamuoyunda kabul gördüğü şekliyle; **yazılı**, **sözlü** ve **görüntülü basını** tanımlamaktadır.

Araştırma ve incelemelerde beş harften oluşan bu güdümlü kelimenin mahiyet ve asıl gücü üzerinde durmaya gayret edeceğim.

I - YAZILI BASIN

GAZETE

Kelime anlamı

Gazete, kelime anlamı olarak aslında bir para ismidir. Eski Roma'da Senato haberlerini halka bildirmek için çıkarılan **Fogli Volanti** adlı yazılı bir kağıdın satın alınabilmesi için piyasaya çıkarılan özel bir sikkeye **gazete** adını vermişlerdir.

Galiba o zamandan bu tarafa **siyasi iktidar**, **basın** ve **para** arasındaki ilişki hep devam etmiştir.[3] Bizde, Cumhuriyet öncesi dönemde gazetenin adı, **zabıtname**, **tutanak** anlamına gelen ***ceride***'dir.

Tanım

Pierre Denayer'e göre gazete; *"Belirli bir saatte değer fiyatıyla sattığımız bu nesne, birkaç saat sonra havadisler bayatladığı için değersiz bir hale gelir; haberler tazeliğini kaybettiği andan itibaren basılmış olan gazete, kağıdın ağırlığı olan değere satılmaz."*

Gazeteci-Yazar **İlhan Selçuk**'un, "*Gazete tarihin ilk müsveddesidir*" tanımlamasına, "*...karalamasıdır*" veya "*...taslağıdır*" düzeltmesi ile katılan meslektaşı **Nurdoğan Rigel**, "*Gerçekte bir gazete, çağının tanığıdır, ama geleceği yoğuran gazetelere de az da olsa rastlanır,*" şeklinde değerlendiriyor.

Ziya Gökalp'e göre gazete;" *Her gün herkesin ayağına giden veya herkesin anlayacağı dersleri okutan canlı bir okuldur.*"

Zekeriya Sertel, *gazetenin bir ayna olduğu, gazetecinin de, cemiyetin bütün isteklerini, bütün dert ve kederlerini bu aynaya yansıttığı* görüşünde.

Kemal Atatürk'e göre: "*Matbuat milletin umumi sesidir. Bir milleti tenvir ve irşatta, bir millete muhtaç olduğu fikri gıdayı ver-*

---

3. İlhan Bardakçı, Yeni Türkiye, Sayı:12, 1996, S.1622.

mekte, hülasa bir milletin hedefi saadet olan istikameti müşterekede yürümesini teminde matbuat, başlı başına bir kuvvet, bir mektep, bir rehberdir."

Napolyon'a göre: "*Hükümetlerin kararlarını destekleyen, onun istediği şekilde hareket eden, onun yasak ettiği konulara dokunmamakla vatani vazifesini yapan bir matbuadır.*"

Atatürk, basını "**milletin sesi**", Napolyon: "**hükümetin sesi**", Lenin: "**İhtilalin en kuvvetli silahı**" diye tanımlamışlardır.

Günümüzde kimilerine göre gazete, "**dünyaya etkin biçimde katılmanın icaplarından**", kimileri "**dinlence**" yorumunda, kimileri için "**eş-dost toplantılarında belirli bir kullanım değeri taşıyan bilgileri edinmenin aracı**" dır.

Gazeteci-Yazar **Ahmet Akgün**, "**Gazeteye Sarılmış Bir Dünya**" isimli eserinde, günümüzdeki bu yayın organını geniş olarak şu şekilde yorumluyor: " *Her sabah para karşılığında isteyerek aldığımız değil de, adeta satıcının elimize tutuşturduğu gazeteler bize o günkü yaşama programımızı çizmektedir. O gün gazetelerin sayfalarında neler varsa sizin gündeminizde de o vardır. Birinci sayfadaki büyük ve küçük manşetler akşama kadar düşüneceğimiz, konuşacağımız, meşgul olacağımız konuları belirlemektedir. Başlıklar irileştikçe konunun önemi artmaktadır. Aşağılarda, küçük puntolarla verilen bir haber çok az konuşulacak veya hiç sözü edilmeyecek demektir. Gerektiğinde fasulyenin artan fiyatı bizi ilgilendirmekte, Afgan cephesindeki bir gelişme hiç algılanmamaktadır. Yeri gelince bizi hiç ilgilendirmeyen konulara ve olaylara eğilmek zorunda bırakılmaktayız.*

Görmediğimiz, tanımadığımız insanların hazırladıkları, ne olduğunu bilmediğimiz zihniyetlerin her gün önümüze kadar getirdikleri gazeteler, kendi buyrultuları ve ilkeleri doğrultusunda yönlendirilmemiz için her türlü yöntemlere başvurulmakta, en cazip kılıklara bürünmekte, boyanıp süslenmekte, albenili görünmeye çalışmaktadırlar.

Üç-beş sayfaya sıkıştırılmış gizli bir dünyanın sistemli ve korkunç bir çözülme ve bozulmayı sağlayan yabancı bir dünya görüşünün karşısındayız. Bir tomar gazete bize sevgi yerine cinselliği, düşünce yerine dedikoduyu, düzenli bir hayat yerine, karmaşık, alt üst olmuş bir yaşamayı, içtenlik yerine riyayı, sadelik yerine gösterişi...aşılamaktadır.

Hayatımızın her bülümü için gazetelerde bir sayfa açılmıştır. Her derde deva hazır bilgi yazarları, insanların sorunlarını sömürmekte, sorunlarıyla alay etmekte, ciddi görünüm vererek insanları küçümsemektedir. Yemek listeleri ve tarifleri dar gelirlileri ezmekte, geçimle ilgili fiyat endeks ve grafikleri korumaktadır. En gizli ve özel meselelerimize, yatak odalarımıza kadar el atılmakta, gardrobumuza kadar girilmekte, kendilerince uydurulmuş sıkıntılı, bol sorunlu, yalnız bir hayat için önerilerde bulunmaktadırlar.

Kişisel ve toplumsal ilişkilerimiz olağan düzeninden saptırılmakta, bize ters gelen davranışlara, üstümüzde iğreti duran biçimlere zorla ısındırılmakta, özendirilmekteyiz. Cinayetler, ahlaksız ilişkiler, tecavüzler, aldatmalar, azınlıkların eğlencelerinden alınmış (cemiyetten haberler) diye sunulan pozlar, sırasıyla magazin (!) eklerinde boy gösteren sanatçı namlı kadınlar, dedikodu malzemesi sergileyen aktüel bilgiler sanki bir günlük kaderimizi çizmekte, yataktan kalkıp tekrar yatağa dönüşümüze kadarki bütün saatlerimizi kontrol altına almakta, günlük falların gayptan getirdikleri doğrultuda yaşamaktayız."[4]

TARİHİ SÜREÇ

Burada tarihi süreci ele alırken, öncelikle basını oluşturan teknik olanaklara kısaca değinelim: **Yazı, kağıt** ve **matbaa...**

"*Medeniyet ateşin bulunmasıyla, tarih de **yazının** icadıyla başlar*". Bu varsayımdan hareketle, insanlık kültürünün temeli, uygarlık kültür birikiminin de **yazı** ile sağlandığını söyleyebiliriz.

Düşüncelerimizi, duygularımızı, isteklerimizi başkalarına iletmek ya da unutulmaktan kurtarmak için kullanılan işaret sistemi **yazı**, teknik olanaklardan biridir.

---

4. Yener Karadeniz, Basın Yayın ve Gazetelerin İçyüzü, İstanbul, S.68

Basının başlıca hammaddesi **kağıda** gelince; bilindiği üzere, kağıdın ilkel şekli **papirüs**'tür. Ansiklopedik kayıtlarda, kağıdı ilk olarak **Çinliler**in bulup kullandığı, daha sonra **Moğollara**, **Araplara** , buradan da Batı'ya geçtiği yer almakta. İlk kağıt yapımevleri Ortaçağ'da **İtalya**'da kurulmuştur. Başlangıçta kağıt yapmak için paçavra kumaşlar, keten, kenevir ve pamuk kullanılmıştır. Kağıt yapımının 18'inci yüzyıla kadar hep el işçiliği ile kaldığı, daha sonra kağıt makinasının bulunmasıyla sanayi çapında üretime geçilebildiği bilinmekte.

Basının bütün topluma kısa zamanda sunulma işi de **matbaa** ile sonuçlanmıştır. "Basım sanatının icadı" olarak nitelendirilen matbaanın asıl ismine kavuşması da damga, blok (krilografi) ve müteharrik (oynar) harf dönemleri ile mümkün olabilmiş. Nitekim Alman **Johann Gutenberg**, 1440'da modern baskının temelini atmıştır.

Gutenberg'in matbaayı bulmasıyla birlikte gelişmeye başlayan gazetecilik, gerçekte çok eski çağlardan beri haberleşme ve insanların çevrelerinde olup bitenleri öğrenme merakına dayanmaktadır.

İlk çağlarda duvar gazeteleri ve halka yapılan sözlü duyurular bugünkü gazetelerin yerini tutmaktaydı. Eski Roma'da önemli olaylar kilise aracılığı ile halka duyurulurdu. Daha sonraları **epistolier** denilen resmi ve yarı resmi mektuplarla, ilkel olmakla birlikte, gazeteciliğin pek çok türü yaratılmıştır.

İlk Gazeteler

Dünyanın en eski gazetesinin 911 yılında PEKİN'de kurulan ve günümüze kadar yayınını sürdüren **King Pao** olduğu ileri sürülmektedir.[5]

Bir başka kaynakta ise; dünyanın ilk gazetesinin yine Pekin'de M.S. 5'inci yüzyılda yayınlanan ve 1935 yılına kadar yayın hayatını sürdüren **Tsing Pao** [6] olduğu belirtiliyor.

---

5. Aslı Yapar, İstanbul Üni. İletişim Fak. Dergisi, C.4, S.18.
6. Yalçın Akdoğan, Görsel İktidar, İstanbul, 1995, S.32.

Bugünkü anlamı ile ilk gerçek gazete, matbaanın bulunmasından 165 yıl sonrasına rastlar.

Bazı kaynaklar, 1609'da ALMANYA'da yayınlanan **Avisa, Relation oder Zeitung**'u, bazı kaynaklar da 1605 yılında HOLLANDA'da yayınlanan **Wettlycke Tijdinghe**'yi ilk düzenli gazete olarak bildirir.

İlk günlük gazetenin 1660 yılında çıkarılan **Leipziger Zeitung** olduğu kayıtlarda yer almaktadır.

FRANSA'da ilk gazete **La Gazette**'dir. Dr. Theophroste Renaudot tarafından 30 Mayıs 1631'de yayınlanan bu gazetede ilk kez reklam yayınlanmış (Buluşma ve Adres Ajansı) başyazar olma şerefi de Dr. Renadot'undur.

Diğer bazı ülkelerde yayınlanan ilk gazeteler de şöyledir:

İNGİLTERE'de, 14 Mayıs 1622'de yayınlanan **The Weekly News From Italy and Germany;**

İSVEÇ'de, 1645'de Stokholm'de kurulan **Ordinar Posttijdender;**

İTALYA'da, Roma'da 1640 yılında yayınlanan **Gazette Publica;**

İSPANYA'da, 1661'de krallık tarafından çıkarılan **La Gaceta de Madrid;**

İSVİÇRE'de, Zürich'de 1634'de **Zeitung Post;**

AMERİKA'da, Boston'da 25 Eylül 1690 yılında yayınlanan **Publick Occurmences Both Forreing and Domestcik.**

Türkiye'de Gazetenin Tarihsel Gelişimi
(Takvim-i Vakayi'den NETGAZETE'ye)

Ya da diğer bir ifadeyle; "5 bin tirajdan 300 milyon kullanıcıya.."

Biri kağıtla, diğeri çağın harikası bilgisayarla okuyucusuna ulaştı. Biri, padişah emriyle çıkarılıp devlet örgütüne, subaylara, taşra eşrafına ve elçilikleri dağıtıldı,.Diğeri, özel bir şirketin gayretleri sonucu Cumhuriyet'in 75'inci yılında nihayet yakalanan teknoloji harikası sayesinde dünyada 300 milyon kullanıcıya ulaşma başarısından söz ettirdi.

1831-1998; yani 167 yıl sonra Türkiye'de gelinen nokta itibarıyla, teknolojik anlamda Türkiye'deki gazetecilik sistemi 2000'li yıllara emin adımlarla girdi.

Habercilikte bu başarı var mı? Bunu ilerleyen bölümlerde birlikte göreceğiz.

Osmanlı İmparatorluğu döneminde ilk gazeteyi 1795 yılında Fransızlar İstanbul'da çıkarmışlardır. Fransız Elçiliği Basımevi'nde dizilip dağıtılan **Bulletin der Novelles** (Haber Bülteni) adlı gazete, çıkış tarihinden de anlaşılacağı üzere, Fransız Devrimi'nin heyecanını yansıtmayı ve devrimi Osmanlı İmparatorluğu'na tanıtmayı hedef almaktaydı.

Fransızlar, 1795-1798 yılları arasında aynı amaçlara hizmet eden "**Gazette Francaise de Costantinople**" adlı bir başka gazete daha çıkarmışlardır.

Bu iki yabancı gazeteden sonra aradan 23 yıl gibi uzun bir zaman geçmiş, bu kez de İzmir'de yine bir Fransız tarafından 24 Mart 1821 tarihinde "**Spectateur Orient**" adlı gazete yayımlanmıştır. Bunu İzmir ve İstanbul'da **Le Smyrnee** (İzmirli-1824), **Courrier de Smyr** (İzmir Postası-1831), **Journal de Smyne** (1833-1915), **Echo de L'orient** (Doğunun Yankısı, 1838-1845), **La Turquie** (1866), **La Reforma** (1869-1922), **La Phare du Bosphore** (Boğaziçi Feneri 1870-1890), **S'tambul** (İstanbul, 1875-1964) ve benzeri gazetelerin çıkışı izlemiştir.

Bu gazetelerin ortak özelliği; Fransız, Rum, Ermeni gibi azınlıklar ve Türkiye'de ikamet eden yabancılar tarafından çıkarılmış olmaları ve Batı'nın Osmanlı İmparatorluğu'na açılan pencereleri şeklinde görev yapmalarıdır. Bu gazetelerin matbaa tesisleri, işletme kredileri, dış kaynaklı haber ve fikir dökümanları Fransa tarafından temin edilmiştir.

Takvim-i Vakayi

Matbaanın Türkiye'ye uzun yıllar sonra girmesinde geç kalınış nedenleri tarihçiler tarafından farklı yorumlarla ele alınıyor. Bazı tarihçiler, gecikmeye İslamiyet'in neden olduğunu ileri sürerken, bazıları sorunun tamamen sosyal ve ekonomik olduğu görüşünde.

Türkiye'de ilk gazetelerin çıkışında ise yine farklı görüşler sözkonusu.

Araştırmacı-Yazar **İsmet Bozdağ**, "Drama Düşmüş Bir Ülkede Kurtuluş Telaşı" araştırmasında, Türkiye'de ilk Türkçe gazetenin, **toplum ihtiyacı olarak değil, devlet ihtiyacı olarak doğduğunu** şu şekilde anlatıyor:

"***Sultan 2. Mahmud**, Osmanlı toplumunun dram mihraklarından biri!... Ruslarla savaşmak zorunda kalmış; (Edirne Anlaşması) gibi, ağır mı ağır bir barışa imza koymuş...*

*Sosyal depremlerin içine düşmüş ülkesini kurtarmak için, batılılaşmaktan başka çare olmadığına inanmış ve bunu gerçekleştimek yolunda, (**yeni asker**), (**yeni okul**), (**yeni kılık-kıyafet**), velhasıl ne gerekmişse, -gözünü kırpmadan- yapmış bir padişah!...*

*Batı'da **gazete** mi var, gazeteyi de ülkesine getirmek istiyor, matbaa mı gerekli, matbaayı kuruyor!... Gazeteyi çıkaracak kadro mu gerekli?.. Mekke Kadısı Vak'anüvis Esat Efendi, bu işe yatkın bir Osmanlı... Bir hatt-ı humâyun döşeniyor ve **Takvim-i Vakayi** Gazetesi, 5 bin tirajla basın hayatına başlayıveriyor! (11 Kasım 1831)*

*Sultan Mahmud'un **Takvim-i Vakayi** gazetesi'ni çıkarması -ne gazetenin ilk sayısında yazıldığı gibi- **modern vakanüvislik kurumunun tesisi,** ne de **batılılaşma hevesinin bir başka görüntüsü**dür. Sultan Mahmud, devletin içte ve dışta propaganda gücüne ihtiyacı olduğunu farketmiş, bunu sağlamak için, Türkçe olarak Takvim-i Vakayi'yi kurarken; Fransızca olarak da Blok Bey'e **Le Maniteur Ottoman'**ı kurdurmuştur. İstiyor ki, devlet gücü içte ve dışta farkedilsin; fitneler, fısıltılar dursun; devletten yana bir kamuoyu oluşsun.*

O halde Türkiye'de Türkçe gazete, bir toplum ihtiyacı olarak değil, bir devlet ihtiyacı olarak vücut bulmuş oluyor..."[7]

7. İsmet Bozdağ, Dünya'da Türkiye'de Basın İsdibdadı, İstanbul, 1992, S.132-133.

Tarihi süreçte, **Takvim-i Vakayi**'nin, yayınına zaman zaman ara vermesine rağmen 1922 yılına kadar tam 91 yıl ayakta kalmayı başardığı, bu yönüyle de ilk Türkçe gazete olmasının yanısıra, en uzun ömürlü Türkçe gazete olma rekorunu da elinde tuttuğu biliniyor. **Takvim-i Vakayi**, Cumhuriyetle birlikte bugünkü **Resmi Gazete**'ye dönüşmüştür.

Ceride-i Havadis

Türkçe ikinci gazete **Ceride-i Havadis**'dir. Yayın tarihi 1 Ağustos 1840 olan bu gazete 26 Eylül 1864'e kadar, başlangıçta ayda üç defa, 139. sayıdan itibaren de haftalık olarak toplam 1212 sayı neşredilmiş.

Türkçe olarak Osmanlı memleketinde ilk yarı özel gazete (Hükümetten yardım aldığı için) Ceride-i Havadis'in sahibi **İngiliz William Churchill**'dir.

Ceride-i Havadis, sayfalarında iç ve dış haberlere geniş yer vermiş, sütunlarında özellikle batılı fikirler, siyasi ve edebi gelişmeler çokça yer işgal etmiştir.

Gazetenin yazar kadrosunda yer alan **Şair Ali, Nafız Müşfik, Ahmet Zarifi, Mehmed Efendi, Emin Nüzhet, Siret, Süreyya** ve **Şair İsmet** gibi yazarlar **Tazminat Fermanı**'nın getirdiği yeni düzenlemeleri ve batılı uygulamaları savunmuşlardır.

Ceride-i Havadis, dışarıdan matbaa tesislerinin getirilmesi ve basının teşkilatlandırılmasında öncü rol oynamıştır.

Tercüman-ı Ahval

Tercüman-ı Ahval, sahibi de sermayesi de Türk olan **ilk gazete** ünvanı ile 21 Ekim 1860'da yayınlandı.

Devlet memuru **Agah Efendi** ile **Şinasi Bey** tarafından çıkarılan gazetede Fransız gazeteleri örnek alındı. İç ve dış haberlerin yanısıra resmi haberlere, bildirilere, tüzüklere de yer verilen gazetede **Şinasi**'nin *Şair Evlenmesi* adlı eseri **ilk tefrika** olarak basıldı.

Tercüman-ı Ahval, **hükümet tarafından kapatılan ilk gazete** oldu.

Şinasi Bey, gazetenin neşir tarihinden 5 ay sonra ayrıldı, Agah Efendi tek başına kaldı.

Tasvir-i Efkâr

Tercüman-ı Ahval'i, 27 Haziran 1862'de yayınlanmaya başlayan **Tasvir-i Efkâr** izledi. **Şinasi** tarafından çıkarılan, siyasi ve edebi tartışmaların yoğun yaşandığı bu gazete, ateşli yazılar yüzünden kısa sürede dikkatleri üzerine çekmiş, hatta ihtilâlci olduğu öne sürülmüştür.

Şinasi, gazetenin yönetimini **Namık Kemal**'e bırakarak, Paris'e gitmiştir.

Tasvir-i Efkâr fikir gazetesi olup, günlük Türk gazeteciliğinin öncüsüdür.

Muhbir

1866'da yayınlanan **Ali Suavi**'nin Muhbir Gazetesi, o dönem islâmî konulardaki ilginç görüşleri ile dikkat çeker. Tarihçilerin Ali Suavi'yi, devrimci bir ruha sahip, atılgan, tartışmacı ve kabına sığmayan bir gazeteci - yazar - hatip olarak tanımlamalarına rağmen, **Suavi**'ye şizofreni gözüyle bakanlar da az değildir. Çünkü gazetesi daha bir yaşına girmeden başı defalarca belaya girmiş, sürgüne gönderilmiştir. Sürgünde bulunduğu Kastamonu'dan Namık Kemal'in yardımı ile çıkmış, diğerleri gibi o da Paris'in yolunu tutmuştur.

Basiret

Gazete, 22 Ocak 1869'da **Ali Bey** tarafından çıkarıldı. Gazetede Meşrutî idarenin kurulması için siyasi yazılar kaleme alındı. 1870 yılında Fransa-Almanya savaşında hükümet Fransa'yı tutarken, gazete, yayınları ile Almanya'nın yanında yer aldı. Ali Bey, savaştan sonra Almanlar tarafından para ve baskı makinası ile ödüllendirilmişti. Gazete, 1878'de bir daha çıkmamak üzere kapatılmıştır.

İbret

1870 yılında Namık Kemal tarafından çıkarılan İbret Gazetesi, ismine uygun bir yayın politikası izledi. Halka, hürriyet ve vatan duygularından yoksun oldukları gerekçesiyle bol bol hürriyet ve vatan dersi vermiş. Gazete, 3 yıl yayın hayatını sürdürmüştür.

Bu dönemlerde yine ayrıca **Ayine-i Vatan, Muhip, Utarit, Terakki, Mümeyyiz, Vaka-i Zaptiye, Hadika, Diyojen, Hayal, İstikbal, Asır, Devir, Bedir, Hülasatül Efkar, Medeniyet ve Sadakat** adı altında uzun ve kısa süreli gazeteler yayımlanmıştır.

Aynı dönemlerde Avrupa'da ise, **Muhip, Ulum, Hürriyet, İnkılâp, Meşveret, Mizan, Osmanlı** ve **Şura-ı Ümmet** gibi gazeteler yayınlanmıştır. Yayınlarda, Osmanlı Devleti'nin batılılaşma fikrinin yaygınlaştırılması, batı ilim ve tekniğinin benimsenmesi, taklit niteliğinde de olsa Avrupaî düşünce ve yaşayış şeklinin her alana sokulması istenmiştir.

1909 yılına gelindiğinde İstanbul'da yayınlanan gazete sayısı **353** iken, **1910'da 130**'a, **1911**'de **124**'e, **1912**'de ise **45**'e kadar düşmüş. Sonraki yıllarda daha da azalmalar gözükmektedir.[8]

Anadolu'da yayınlanan ilk Türk gazetesi 1867'de **Erzurum'da** yayınlanmaya başlayan **Envar-ı Şarkiyye**'dir. Bunu diğer vilayet gazeteleri takip etmeye başlamıştır. Envar-ı Şarkiyye'den 16 yıl sonra, **Ma-muratü'l-aziz Vilayet Gazetesi** yayın hayatına girmiştir.

1895'de İzmir'de yayınlanan **Yeni Asır Gazetesi** bugün halen yayın hayatına devam etmektedir.

Anadolu'da yaygın gazetecilik, **2. Abdülhamit** devrinde vilayetlere gönderilen matbaalarla başladı. Ahmet Şevki Bey'in 1904'de yayınlanan **Ahenk**, Hüsnü Açıkgöz'ün 1916'da yayınladığı **Açıkgöz**, Konya'da 1910 yılında yayınlanan **Babalık** ve Mustafa Kemal Paşa'nın Ankara'da 10 Ocak 1919'da çıkardığı **Hakimiyet-i Milliye** gazeteleri sayılabilir.[9]

---

8. Talat Uzunyaylalı, a. g. e., S.42.
9. İsa Kayacan, Basınımızın Anadolu Cephesi, Ankara, 1996, S.14.

Hakimiyet-i Milliye'yi, Yunus Nadi'nin **Yeni Gün**'ü, Abdülgani Ahmet Bey'in **Örgüt**'ü izledi. Bir süre sonra, Eskişehir'de çıkmakta olan ve kendisini "**İslam Bolşevik Gazetesi**" olarak tanımlayan **Yeni Dünya Gazetesi** Ankara'ya taşındı; burada da **Türkiye Kominist Gazetesi** olarak yayınını sürdürdü.

Yine bu sıralarda, İstanbul'da hükümetin çevresinde ve karşısında yer alan belli başlı gazetelere mukabil, Ankara'da da Ankara Hükümeti'nin yanıbaşında, fakat çeşitli siyasi akımlara sözcülük eden gazeteler çıkıyordu.

Bunlardan başka, her vilayette, hatta bazı ilçelerde gazeteler yayınlanıyordu. Bunların içinde Ankara Büyük Millet Meclisi Hükümeti'ni ve Saray'ı tutanlar da vardır. Bu gazetelerden bazıları şunlardır: **İzmir'e Doğru, Doğru Söz, Yeni Adana, Açıkgöz, Babalık, Albayrak, Emel, Ahali, İstikbal, Işık, Anadolu, Samsun, Satvet–i Milliye, Dertli, Türkoğlu, Yeşil Yuva** vb.[10]

1918'de Yunus Nadi'nin **Yeni Gün**'ü İstanbul'da İngilizler tarafından dağıtılınca, matbaa bir gece de İnebolu'ya kaçırılır, oradan da Ankara'ya getirilerek **Ulusal Mücadele**'ye hizmet eder. Yeni Gün daha sonra **Atatürk**'ün emri ile 7.5.1924'de **Cumhuriyet** adını alır.

Cumhuriyet Döneminde Yayınlanan Bazı Gazeteler ve Kuruluş Tarihleri (alfabetik sıra ile)

Açıkgöz (20 Nisan 1946)
Akın (28 Mayıs 1933)
Akit (12 Eylül 1993)
Akşam (14 Eylül 1994)
Ankara Ticaret
Asabi (10 Aralık 1997)
Ateş (1995)
Belde (1968)
Bizim Gazete (10 Haziran 1995)
Bugün (3 Ekim 1938)
Bugün (7 Mart 1989)
Bulvar (10 Ocak 1982)
Büyük Doğu (16 Mayıs 1952)
Cumhuriyet (7 Mayıs 1924)
Dost (28 Mayıs 1996)
Dünya (1 Mart 1952)
Fanatik (20 Kasım 1995)
Finansal Form

10. İsmet Bozdağ, a. g. e , İstanbul, 1992, S.152.

Fotomaç (1991)
Fotospor (17 Kasım 1993)
Global Finans (Şubat 1998)
Gözcü (15 Mayıs 1996)
Gün (1993)
Günaydın (26 Kasım 1968)
Güneş (19 Şubat 1982)
Halkçı (1953)
Hergün (12 Kasım 1947)
Hergün (1995)
Hürriyet (1 Mayıs 1948)
İstanbul (1 Nisan 1973)
Kongre (Eylül 1995)
Kudret (12 Ekim 1960)
Kurun (22 Kasım 1934)
Marko Paşa (25 Kasım 1946)
Meydan (12 Aralık 1990)
Milli Gazete (12 Ocak 1973)
Milliyet (3 Mayıs 1949)
Ortadoğu (1964)
Öncü (Nisan 1997)
Özgür (1 Kasım 1967)
Posta (23 Ocak 1995)
Radikal (12 Ekim 1996)
Sabah (22 Nisan 1985)
Sağduyu (Mayıs 1998)
Son Havadis (27 Temmus 1960)
Son Posta (1930)
Son Telgraf (4 Mart 1937)
Spor (1993)
Star (11 Mart 1999)
Takvim (25 Aralık 1994)
Tan (23 Mayıs 1983)
Tan (23 Nisan 1935)
Tasvir (30 Mart 1945)
Tercüman (26 Mayıs 1955)
Ticaret (20 Nisan 1942)
Turkısh Daıly News (15 Mart 1961)
Türkiye (22 Nisan 1970)
Vatan (19 Ağustos 1940)
Yarın (1929)
Yeni Asya (21 şubat 1970)
Yeni Devir
Yeni Düşünce
Yeni Gün (11 Nisan 1957)
Yeni Günaydın (23 Temmuz 1991)
Yeni İstanbul (1 Aralık 1949)
Yeni Mesaj (Ocak 1998)
Yeni Sabah (6 Mayıs 1938)
Yeni Sayfa (1 Haziran 1995)
Yeni Şafak (23 Ocak 1995)
Yeni Ulus (1975)
Yeni Yüzyıl (Aralık 1994-
Haziran 1999)
Yeni Binyol (17 Aralık 1999)
Zafer (30 Nisan 1949)
Zaman (11 Haziran 1934)
Zaman (3 Ekim 1962)

OFSETE GEÇİŞ

Gutenberg'in matbaayı icadıyla başlayan dizgi işlemi, 1886'da Ottmar Mergenthaler'in **Linotype**'i (sıcak dizgi makinası) icad etmesine kadar el ile yapılıyordu.

Linotype makinelerin icadıyla gazete dizgileri daha hız kazanmış, bu buluşun ardından yeni makineler ve teleksler devreye girerek, şeritler üzerindeki bilgiler doğrudan dizgi kalıplarına aktarılmıştır.

Türk basını Linotype dizgi makineleri ile 1930'lu yıllarda **Cumhuriyet Gazetesi** sayesinde tanışmıştır.

1950'li yıllarda fotodizgi makineleri ticari olarak üretilmeye ve 1960'lı yıllarda da bu makinelerin bilgisayar yardımı ile çalışmasına yönelik gelişmeler basım ve gazete sektörünü önemli ölçüde etkilemiştir. Bu gelişmelerin ışığında 1968'de **Günaydın Gazetesi** öncülüğünde başlayarak Linotype dizgi ve rotatif baskı yerine elektronik (IBM) daktilo ve ofset baskı tekniği yerleşmeye başlamıştır.

1970'li yılların başında Türk basınındaki tüm ulusal gazeteler, **Cumhuriyet Gazetesi** hariç (bu gazete 1982 yılında ofsete döndü) ofset ve modern baskı tekniği ile ve renkli olarak basılmaya başlandı.

Ofset baskı sayesinde gazetelere giren elektronik dizgi daktiloları, Compugraphic ve MCS fotodizgi makineleri, 1985'li yıllarda ömürlerini tamamlayarak yerlerini, gazete ana bilgisayarlarına bağlı çalışan, yüzlerce terminalden oluşan editöryel bilgisayar sistemlerine bırakmıştır.[11]

Gazetelerin üretiminde artık **HT 70 Web Ofset Baskı Makinaları** hakim olmuş, zamanla yarışta çok önemli bir mesafe katedilmiştir.

---

11. Yard. Doç. Dr. Halil İbrahim Gürcan, Yeni Türkiye, Sayı 11, 1996, S.111-113.

Türk basını ile adeta özdeşleşen **Babiali** de yerini, görkemli bir şekilde birer ikişer gökyüzüne yükselen **Medya Centerler**in bulunduğu **İkitelli**'ye bırakmıştır.

TÜRKİYE'DEKİ GAZETE SAYISI

Basın Yayın Genel Müdürlüğü'nün Mayıs 1995 verilerine göre; Türkiye'de bu tarihte 29'u **ulusal**, 590'ı **yerel** olmak üzere toplam 619 GÜNLÜK GAZETE yayınlanmıştır.

Günlük, haftalık, onbeş günlük ve aylık ulusal ve yerel yayınlanan gazetelerin aynı günlerdeki toplam sayısı 1794 olarak belirlendi.

2000 yılına gelindiğinde bu sayı toplam olarak 3 bine yaklaştı.

Seçimler Yayın Sayısını Artırıyor

Türkiye'de, ulusal, bölgesel ya da yerel süreli yayınların sayısında son on yılda büyük artış görüldü.

Halen yayınını sürdüren **14 bin 500** dolayında gazete, dergi ve bültenden 12 bininin son on yılda yayın hayatına girdiği belirtiliyor.

Yayınlardaki en büyük artış ise 1995 yılındaki milletvekili genel seçimlerine bir yıl kala yaşandı.

1987 yılında toplam bin 200 olan süreli yayın sayısı, 1997'de 13.400'e, 2000 yılında 14 bin 500 civarına ulaştı.

1990 yılından itibaren sayılarında sürekli artışlar izlenen yayınlarda, 1995 yılında yapılan milletvekili genel seçimlerine bir yıl kala adeta patlama görüldü.

1993 yılındaki yıllık artış sayısı 1098 iken, 1994 'te bu rakam 1835 olarak belirlendi. 1997 yılında ise toplam 953 yayın okuyucularına 'merhaba' dedi.

Son 10 yılda çeşitli nedenlerle yayın hayatına veda eden süreli yayınların sayısı toplam 1488. Kapananların sayısı 1996'da en yüksek düzeye ulaştı. 1997 yılında 279 yayın sektöre veda etti.[12]

---

12. Sabah Gazetesi, 16 Şubat 1998, S.17.

NETGAZETE

Dünyada iletişim ve bilişim teknolojisinde başdöndürücü hızda yaşanan gelişmeleri geriden izleyen Türkiye, nihayet 1980'li yıllardan sonra ipin ucundan tutmaya başladı.

Televizyonlar, uzaktan kumandalı cihazlar, manyetolu telefonlar, telefoto cihazları, modern teleksler derken, küçücük kameralar en mahrem yerlere, telefakslar evlere, telefonlar ceplere girmeye devam ediyor.

Günümüzde bilgisayarlar artık disketli üretilmiyor. İçerisine bir kütüphane yüklenebileceği müjdelenen düğme kadar Nano-CD'ler, 2000'li normal CD'leri çöpe göndereceğe benziyor. Gerçi biz CD'yi henüz tam tanımadan onu aksesuar olarak otomobillerimizin dikiz aynasına çoktan astık.

Bütün bu gelişmeleri "*Yasalar teknolojiye yetişemiyor, yeni yasal düzenlemeler daha mürekkebi kurumadan eskiyor.*" şeklinde ifade eden Gazeteci-Yazar **Abdurrahman Dilipak**, yeni medyayı şu şekilde yorumluyor:

"*Digital fotoğraf makinaları film işini rafa kaldırıyor, artık baskı ve albümlere yerleştirme sorunu yok. Dağda çektiğiniz fotoğraflarınızı cep telefonunuz vasıtasıyla aynı anda fotoğraf albümü, video kayıt cihazı, Radyo-TV, CD Player, Fax-Modem olabilen dizüstü bilgisayarınızdan tüm dünyaya ulaştırabilirsiniz.*

Siz artık yazı işleri müdürüne, sayfa sekreterine gerek duymadan, öyle büyük harcamalar yapmadan, vilayete dilekçe vermeden, kağıtçı ile, matbaacı ile, dağıtım şirketi ile uğraşmadan kendi gazetenizi ve kendi derginizi çıkartıp tüm dünyaya dağıtabilir ve abonelerinizin ücretlerini her ay düzenli olarak toplayabilirsiniz. İster radyo istasyonu kurun, ister TV istasyonu. İster sergi açın, ister konser düzenleyin, ister kendi TV ajandanızı kendiniz oluşturun. Çin futbolunu izleyin, ardından Japon teknolojisi ile ilgili bir program izleyin. Çocuklarınız ABD TV'sinden çizgi film izlesin. Siz Viyana'daki bir konseri izlerken, kızınız, oğlunuz Kongre Kütüphanesi'nde sanat kitapları karıştırsın.

İnternet'te üniversite de okuyabilirsiniz. ***Yeni medya*** *işte böyle bir şey. Bu* ***e-Medya****...Elektronik medya..."*[13]

Türkiye, elektronik medyadaki yarışa **Zaman Gazetesi** ile katıldı. Bunu zamanla diğer gazeteler izledi.

İnternet'e giren ilk Türk gazetesi Zaman olmasına karşın, internet çalışma ilkeleri doğrultusunda hazırlanan ilk internet gazetesi Ocak 1996'da **Xn** olmuştur.[14]

Türkiye'nin ilk İnternet Gazetesi **netGazete** ise, 7 Ekim 1998 tarihinde, 24 saat aralıksız yayın yapmak üzere 300 milyon kullanıcıya ulaştı.

Özel sektör **İhlas-net** tarafından gerçekleştirilen netGazete'de dünyadan ve Türkiye'den 21 ana konu hakkında haberler bulunuyor.

Gazetenin, Türkiye, dünya, ekonomi gibi çeşitli konuların verildiği **son 60 dakika** isimli bir de ayrı sayfası var. Bu sayfa 60 dakikada bir güncelleştiriliyor. Gazetede ansiklopedik bilgilerin yanısıra finansal bilgiler, sürekli güncelleşen döviz kurlarını gösteren özel dosyalar yer alıyor. Ayrıca gazetenin eski sayfalarına ulaşılabilmesi de mümkün.[15]

2000 yılında Türkiye'de pekçok gazete, teknolojinin bu gelişmesinde yerini aldı.

TİRAJ TIKANIKLIĞI

Türk yazılı basınında, özellikle son yıllarda, kelimenin tam anlamı ile bir "**tiraj tıkanıklığı**" keşmekeşi yaşanıyor.

Gerek kitle iletişim, gerek basım ve gerekse dağıtımdaki teknolojik gelişmelere rağmen, okur-yazar oranının büyük oranda artmasına karşın, Türkiye'de gazete ve dergi satışında malesef istenilen rakamlara ulaşılamadı.

Son 10 yılda bu sorunun çözümü çabalarına bakıldığında, promosyon çılgınlığı ve astronomik rakamlarla köşe yazarı transferindeki yarıştan başka hâlâ farklı bir yol izlenmediği gözleniyor.

---

13. Abdurrahman Dilipak, Yeni Türkiye, Sayı 11, 1996, S.95.
14. Milliyet Gazetesi, 31 Ocak 1996, S.5.
15. Yeni Yüzyıl Gazetesi, 8 Ekim 1998, S.4.

Dünya Basını ve Japonya Örneği...

Bugün dünyada yaklaşık **30 bin** gazete yayınlanıyor. Bu gazetelerin toplam tirajı **450 milyon** civarında.

Türkiye, günlük yayınlanan gazete sayısı ile dünya sıralamasında **Hindistan** (2 bin 300) ve **ABD**'den (586) sonra 399 gazete ile üçüncü sırada yer alıyor.[16]

Basın dünyasında bazı ülkelerin 1990'lı yıllarda nüfuslarına oranla günlük gazete satışlarına bakıldığında;

Norveç'te her bin kişiden **590'**ı
Japonya'da her bin kişiden **570**'i
Finlandiya'da her bin kişiden **540**'ı
İsveç'te her bin kişiden **505**'i
İngiltere'de her bin kişiden **375**'i
Danimarka'da her bin kişiden **340**'ı
Almanya'da her bin kişiden **340**'ı
Avusturya'da her bin kişiden **330**'u
Singapur'da her bin kişiden **305**'i
Hollanda'da her bin kişiden **300**'ü
Çekoslovakya'da her bin kişiden **300**'ü
Yeni Zelanda'da her bin kişiden **260**'ı
ABD'de her bin kişiden **250**'si
Avusturalya'da her bin kişiden **220**'si
Kanada'da her bin kişiden **210**'u
İrlanda'da her bin kişiden **190**'ı
Belçika'da her bin kişiden **175**'i
İsrail'de her bin kişiden **160**'ı
Fransa'da her bin kişiden **155**'i
İtalya'da her bin kişiden **110**'u
Yunanistan'da her bin kişiden **110**'u
İspanya'da her bin kişiden **90**'ı
Türkiye'de her bin kişiden **75**'i

16. Türkiye Gazetesi, 28 Kasım 1996.

Brezilya'da her bin kişiden **40'**ı
Hindistan'da her bin kişiden **20**'si gazete alıyor.[17]

On milyon nüfuslu **Belçika**'da gazetelerin günlük net satışı iki buçuk milyon, haftalık dergilerin tirajı ise üç buçuk milyon.

Belçika'da **bir gazete 15 frank**, bir ekmek **40** frank, bir bardak su **25** frank, bir bardak çay **20** frank. Yani bir ekmek parası ile iki gazete alınabiliyor.

Türkiye'de bugün (2000 yılı) **bir gazete fiyatı** ortalama **100 bin lira**, bir bardak su, çay ve bir ekmek fiyatı ise bir gazete fiyatının yarısı kadar. Yani ortalama **50 bin** lira.

Belçika'da okuyucuya KDV ödeniyor. Devlet, gazete okunmasını teşvik için her türlü reklamı yapıyor.

Türkiye'de ise uzun yıllar behemehal tencere, tava satışına teşvike devam edildi.

Belçika'da ithal gazete kağıdına gümrük vergisi konuluyor, posta idaresi de aboneleri için yüzde 80'e varan indirim uyguluyor.

Bir başka Avrupa ülkesi **Almanya**'da hergün toplam tirajı 25 milyonu bulan 367 günlük gazete yayınlanıyor.

Almanya Büyükelçiliği'nin Ekim 1998'de yayınladığı bültenlere göre, 30'dan fazla TV kanalı ve çok sayıda radyo ve internete rağmen, 14 yaşın üzerinde Almanların beşte biri düzenli olarak bir günlük gazete okuyor. Okuyucuların en fazla ilgisini ise yaşadıkları bölgeyle ilgili haberler çekiyor. Güvenirlilik açısından bölgesel ve yerel gazeteler ön sırada yer alıyor.

Dünya basınında **tiraj** denildi mi, **Japon basını**, ülkedeki gazete satışları ve bu ülkedeki basın etiği hemen dikkat çeker.

Zamanın Japonya Kültür ve Basın Ateşesi **Hisao Nishimaki**, ülkesindeki basın ve tiraj durumunu şu şekilde anlatmış:

"Demokratik ve barışsever bir Japonya'yı yeniden inşa etmede gazetelerin oynadığı rol çok büyük ve önemlidir. Bu fikrin en etkili ve hızlı biçimde yayılabilmesi için ülkedeki tüm gazetelerin yüksek ahlâki standarda uyması, meslek prestijini yükseltmesi ve işlevlerini tam olarak yerine getirmesi gerekmektedir.

17. World Press Trends, 1992.

Japonya'daki gazetelerin toplam tirajı (1990'lı yıllara girildiğinde) ***72 milyon*** *civarında. Buna göre her bin kişiden 584 kişiye bir gazete düşmektedir ki, bu da dünyada en yüksek orandır.*

Japonya'da basılan tüm gazetelerin yüzde 93'ü abonelere doğdrudan dağıtılıyor. Yüzde 6,5'i cadde ve istasyonlardaki gazete satış kulübelerinde satılıyor. Yüzde 0,6'sı da posta ile gönderiliyor.

Ulusal gazetelerin yüzde ***98****'i okuyucunun kapısına doğrudan dağıtılıyor. Bu doğrudan dağıtım sistemini 23 bin gazete temsilciliği (ajans) benimsemiş ve tüm ülkede bu iş için* ***460 bin dağıtım elemanı*** *görevlendirilmiş.*

Dağıtıcıların yüzde 31,4'ünü bayanlar oluştururken, *yine dağıtımda çalışanların yüzde* ***70,6'****sını 18 yaş ve yukarısı, yüzde* ***29,4****'ünü 17 yaş ve altındaki gruplar oluşturuyor."*

Japonya'dan bir örnek daha aktarmak istiyorum. Bu ülkede her yıl "**gazete haftası**" düzenleniyor. Haftaların ise kendine özgü sloganları var. İşte bunlardan birkaçı:

-Gazeteler en küçük sesi bile kuvvetlendirir,

-Gazeteler doğru haberle bol çeşit sunarlar,

-Gazeteler enformasyon toplumunun güvenilir gözleridir,

-Gazeteler gözü yılmaz, mütevazi ve tarafsız,

-Geleceğimiz tam ve uygun haber yazımı üzerine kurulur.

Türk Basını'nda; ilerdeki eleştirel bakışlarda da göreceğimiz gibi, üzülerek ifade etmek gerekirse, belli saplantılarla yarım yamalak ve asparagas habercilikte (istisnalar hariç) ısrar tiraj tıkanıklığının aşılması mümkün mü?

Öyle gözüküyor ki, kendi oluşturduğu **kupon kesen tüketici** ile bu tıkanıklığı giderilmesi mümkün değil.

Şimdi fazla rakamlarla sıkmadan 1990-91 / 1997-98-2000yıllarındaki tiraj raporlarına bir göz atalım.

1990 Ortalama Gazete Satışı

639.501	**Sabah**
519.717	**Hürriyet**
457.174	**Türkiye**
425.995	**Milliyet**
408.156	**Günaydın**
327.155	**Bugün**
175.027	**Tan**
121.212	**Cumhuriyet**
119.556	**Tercüman**
77.503	**Güneş**
60.189	**Zaman**

1991 Ortalama Gazete Satışı

789.473	**Sabah**
574.578	**Hürriyet**
494.386	**Milliyet**
473.666	**Türkiye**
292.240	**Bugün**
103.486	**Cumhuriyet**
98.445	**Günaydın**
86.227	**Tan**
64.646	**Zaman**
34.102	**Tercüman**
33.576	**Güneş**

13-19 Ekim 1997 Net Satış Ortalaması

655.487	**Sabah**
524.779	**Hürriyet**
452.957	**Türkiye**
385.085	**Milliyet**

262.234	**Yeni Yüzyıl**
214.866	**Zaman**
172.448	**Posta**
166.194	**Akşam**
164.679	**Gözcü**
124.205	**Radikal**
102.702	**Ateş**
84.511	**Takvim**
69.011	**Güneş**
47.261	**Cumhuriyet**
38.232	**Akit**
34.465	**Yeni Asır**
24.091	**Milli Gazete**
9.273	**Yeni Şafak**
7.965	**Yeni Günaydın**
6.334	**F. Forum**
5.472	**Liberal**

15-21 Nisan 1998 Net Satış Ortalaması

458.926	**Türkiye**
446.304	**Hürriyet**
408.384	**Sabah**
330.967	**Milliyet**
229.202	**Zaman**
142.587	**Yeni Yüzyıl**
130.952	**Akşam**
75.680	**Radikal**
47.317	**Cumhuriyet**
43.786	**Akit**
21.865	**Milli Gazete**

20-27 Nisan 1998 Net Satış Ortalaması

484 bin	**Hürriyet**
467 bin	**Türkiye**
384 bin	**Sabah**
358 bin	**Milliyet**
228 bin	**Zaman**
171 bin	**Posta**
147 bin	**Yeni Yüzyıl**
129 bin	**Gözcü**
129 bin	**Asabi**
77 bin	**Radikal**
70 bin	**Ateş**
48 bin	**Akit**
47 bin	**Cumhuriyet**
36 bin	**Yeni Asır**
23 bin	**Milli Gazete**
9 bin	**Yeni Şafak**

20-27 Nisan 1998 Net Satış Ortalaması

554.220	Hürriyet
471.963	**Sabah**
397.566	**Star**
334.322	**Posta**
325.821	**Milliyet**
312.495	**Türkiye**
220.664	**Takvim**
218.168	**Zaman**
208.820	**Güneş**
200.071	**Akşam**
108.587	**Gözcü**
103.160	**Akit**
68.571	**Radikal**

50.983	**Yeni Şafak**
48.271	**Cumhuriyet**
26.965	**Dünya**
24.658	**Finansal Form**
17.381	**Milli Gazete**
10.445	**Ortadoğu**
5.355	**Yeni Asya**

Yukarıdaki raporlarda görüldüğü üzere, ilk 4 sıra, **Sabah**, **Türkiye**, **Hürriyet** ve **Milliyet** gazeteleri arasında dönüşümlü olarak paylaşılıyor. Bu değişimin, o tarihlerde verilen promosyon ürünleri ile yakından ilgisi var.

Son rapordaki rakamları alt alta koyduğumuzda 2000 Nisan ayının 20 gazetenin ortalama satışı, **3 milyon 708 bin 486**. Diğer gazetelerle bu rakam 4 milyona yaklaşıyor. 2000 yılının Mart ve Nisan aylarında gazete fiyatlarında uygulanan ortalama yüzde 50'lik indirimin de tiraj artmasına önemli bir katkısı oldu.

1990'lı yıllarda bu rakam zaman zaman 5 milyonu aştı. Örneğin, 30 Ocak 1993 tarihinde sadece Milliyet, Sabah ve Hürriyet gazeteleri toplam **3 milyon 781 bin** satmış.

Promosyonun katkı sağladığı bu durum dikkate alınmazsa, oynak rakamlara rağmen Türkiye'deki gazetelerin satış durumu uzun yıllardır maalesef belli bir sınırda. Normalde 2.5 - 3 milyon civarında dolaşan tiraj, promosyon ve lotaryalar sayesinde 6 milyonlara kadar tırmanıyor.

Gazeteci-yazar **Süleyman Yağız** tarafından yapılan araştırmada, 1990-1996 yılları arasında gazetelerin 1 milyon 602 binlik artış sağladığı, burada da bazı gazetelerin fiyat indirimlerinin (3 bin, 5 bin, 10 bin liralık gazeteler gibi) dikkate alınması gereğine işaret ediliyor.

Yağız'ın araştırmasında şu veriler mevcut:

"Türkiye'de **1927** yılında bin kişiden **3.2**'si gazete satın alabilirken, **1970**'de bu rakam **54.5**'e yükselmiş. **1980**'de **44.2**'ye düşmüş, **1985**'de **85.1**'e yükselmiş, **1990**'de ise yine **57.9**'a düşmüş.

Yağız, tiraj artıramamanın nedenlerini basın-halk arasındaki kopukluk ve diyalogsuzluğa bağlayarak, ekonomik gazetelerin yaygınlaştırılması, büyük nitelendirilen gazetelerin fiyatlarını makul seviyelerde tutmaları ve gazetelerin mutlaka güven vermeleri gereğine işaret ediyor.[18]

"1970'lerde promosyonsuz 1 milyon olan gazete satışı, aradan geçen bunca yıla, nüfustaki bunca artışa rağmen hala aynı düzeyde. Bugün de promosyonlu satışlar dahil edilmezse, toplam gazete satışı 1 milyon civarında..." [19] şeklinde bir değerlendirme yapan Gazeteci-Yazar **Ali Bayramoğlu** da, **Basının Serancamı** isimli yazısında, sorunun temelinde habercilik anlayışı yattığını vurguluyor.

Araştırmacı-yazar **İsmet Bozdağ**, basının toplumdan koptuğu iddiasında. "*...Toplumun okur-yazar sayısı yüzde 85'lere çıkarken ve buna uygun gazete satışlarının artması beklenirken, genel tiraj iki buçuk, üç milyon noktasına takıldı kaldı. Çünkü toplumun çok büyük bir kesimi basını hafifsiyor, hatta küçümsüyordu. Önceleri (**Gazete yazıyor**) demek, **sözün ispatı** kuvvetindeyken, giderek böyle bir söz, iddianın temelsizliğine mesnet haline dönüştü.*

Fakat basın, garip bir anlayışsızlıkla tiraj artırmanın yollarını, basın dışında destekler arayarak bulmaya çalıştı; para verdi, otomobil verdi, ev verdi, kitap verdi; ama tiraj 3 milyonda direnmekte inat ediyordu!...

*Çünkü Anadolu insanı, basını **kendisinden** saymıyordu. Hele radyo dinlemiş, televizyon izlemişse, zaten basının kendisine söyleyecek bir sözü yoktu!... Gazetelerde haberler objektif ölçülerde verilmiyor; (**senaryolu haberler**) modası, bütün gazeteleri, bir meslek sevdası büyüsü ile sarmıştı.! Dünyada ve ülkemizde (haber) yeniden değerlendiriliyor, yeniden tartışmaya açılıyordu.*"[20]

Yapılan bazı araştırmalarda ise, Türkiye'deki tirajın bu öl-

---

18. Süleyman Yağız, Yeni Türkiye, Sayı:11, 1996, S.406.
19. Yeni Yüzyıl, 5 Kasım 1998, S.5.
20. İsmet Bozdağ, a. g. e. , S.199.

çülerde olmasına rağmen, **günlük bir gazetenin ortalama 6 kişi tarafından okunduğu**, dolayısıyla, gerçekleşen satış rakamlarından ziyade daha geniş bir kitleye ulaşıldığı belirtilmektedir.

Özetle:

Türk yazılı basınında tiraj tıkanıklığının giderilmesi için;

1- İçerik: Öncelikle satın alanın ne istediğini iyi bilmek gerekiyor. Klasik anlamda bunun yolu çeşitli anket çalışmalarından geçer. Sektörü idare edenler, kendi bağnaz ya da uçuk düşünce ve ideoloji saplantılarını bir kenara bırakıp, okuyucuların beklediği haber ve yazılarını meslek ilkeleri dahilinde dengelemelidir.

Yaptığım mini anket sonuçlarında; *(bkz. Anket - 1)* Okuyucu, gazetelerde daha çok ekonomi, spor, terör ve kaza haberlerine inanıyor. Bu tür haberlerde ister istemez objektif kalındığı zorunluluğu dikkate alınırsa, okuyucunun doğru, tarafsız ve abartısız haber beklediği açıkça ortaya çıkıyor.

Ulusal gazetelerde bölgesel haberler, çok önemli olaylar hariç, birer ikişer sütunlara sıkıştırılmış kısa kısa ajans haberlerinden ibaret.

Ulusal Gazetelerin Genel Bilgi Analizi çalışmamda, *(bkz. TABLO - 1)* 12 gazetenin sadece ikisinde bölge sayfası mevcut. Halbuki, özellikle büyük kentler için bölge sayfalarına duyulan ihtiyaç hemen her zaman ve zeminde dile getirilmektedir.

Ayrıca, ulusal gazetelerin ortalama 4 sayfayı bulan spor sayfalarında *(bkz. TABLO - 3)* futbol ağırlıkta olmak üzere 4 büyük takımın spor haberleri yoğunlukta. Anadolunun diğer takımları ve diğer spor dallarındaki haber ve yorumlar pek o kadar yer almıyor.

2- Pazarlama: Gazeteci-yazar **Nezih Demirkent**: "*Bir gazetenin gücünü sadece haberle ölçmek, her zaman doğru sonuç vermez.*

Bunun yanısıra o yayının satışı, özellikle idari ve mali gücü önemlidir. İyi bir gazete yapmayı becerirsiniz ama o gazeteyi veya dergiyi okur pazarına ulaştıramazsanız kısa zamanda tükenirsiniz.

Bunun pek çok örneği görülmüştür."[21] diyor.

Doğrudur...Ancak kendilerinin gerek bir gazete yöneticisi, gerekse Türkiye'de basın sektörünün önde gelen isimlerinden birisi olduğunu hatırlatmakta fayda var. İşte basın ve tiraj durumu ortada!

Pazarlamanın iki ana konusu olan **fiyat** ve **dağıtım**'a değinelim:

Yakın bir zaman değerlendirmesiyle; Eylül 1991'de **1200 - 1500 lira** arasında değişen gazete fiyatları 7 yılda tam **100** kat artmış.

1 Temmuz 1997 - 21 Temmuz 1998 arasında (yani bir yıllık dönemde) **temel gıda maddeleri**ndeki artış yüzde 102 ila 162 arasında değişirken, bu tarihlerdeki **gazete fiyatı artışlarının yüzde 275 ila 367 oranlarında** olduğu dikkatlerden kaçmamalı.

Arıştırmamı yaptığım bugünlerde ortalama yüzde 50'lik indirimlerle birlikte yine de okuycu, fiyatın artacağından endişeli. Ulusal gazetelerin satış fiyatları **40 bin lira** ila **250 bin lira** arasında değişiyor. (bkz. TABLO - 1)

Gazetenin maliyetinde girdi fiyatları; (*kağıt yüzde 32, mürekkep yüzde 3, genel gider ve işletme masrafları yüzde 17, personel yüzde 19, promosyon yüzde 28 = yaklaşık yüzde 99*)'dur. [22]

Buradaki girdi fiyatlarının üzerine sadece bugün köşe yazarlarının transfer ve aylık ücretleri konularak gazete satış fiyatları ile karşılaştırılırsa, "**Basın sektörü neden hiç zarar etmez, nereden gelir bu musluğun suyu?**" diye önemli bir soru gelir akla...

Dağıtım konusuna gelince; Türkiye'de gazeteler genelde il ve ilçe merkezlerindeki gazete bayileri, büfe, market ve kırtasiye ve kitapevleri aracılığı ile okuyucuya ulaştırılır.

Posta ile ulaşımda mahalli basın gayret göstermeye devam ederken, elden aboneye dağıtımı **Türkiye** ve **Zaman** gazeteleri gerçekleştirdi. Bunda da başarılı oldular. Hatta bu sayede ayakta kaldıkları söylenebilir.

---

21. Nezih Demirkent, Sayfa Sayfa Gazetecilik, İstanbul, 1982, S. 128.
22. Bizim Gazete, Eylül 1991, Sayı:15, S.6.

Yine dağıtımda altı çizilmesi gereken ayrı bir konu; yazılı basın sektörü küçük yerleşim birimlerini, Anadolu kasaba ve köylerini pek dikkate almamıştır. Araştırılabilir, nedenleri tartışılabilir!

3-Televizyon: Satışı sınırlayan nedenlerden birisi olarak gösteriliyor.

Yerel bir örnek. **Erzurum**'da 40 yıldır gazete dağıtımı yapan **Şahmettin Polat** şöyle diyor: "*1970'den önce **Erzurum**'a gazeteler trenle 3-4 günlük birden gelirdi. O zamanlar şehiriçi dağıtımını at arabaları ile yapardık. Akşama gazete kalmazdı.*

*1970-1985 yılları arasında **Erzurum**'a gazeteler bu kez günlük olarak, ancak akşam saatlerinde gelirdi. Ve bugünkü rakamların üzerinde gazete dağıtırdık, satılırdı.*

*Şimdi motorize olduk. Sabah en geç 09.30 ya da 10.00'da **Erzurum**'da bütün gazeteler hazır. Ancak satışımız eskisi gibi değil. Televizyonun önemli etkisi olduğu kanaatindeyim.*"

Sayın **Polat**'ın değerlendirmesine katılmamak mümkün değil. Ancak bunu, Gazeteci-yazar **Yavuz Donat**'ın bir tarihte Erzurum'da verdiği konferansta söylediği gibi, "**Televizyon Türkiye'ye girdiğinde biz hazırlıksız yakalandık...**" özeleştirisi ile yorumlarsak daha yerinde olur.

4-Yerel Basın: Tiraj çalışmamda, karşılaştığım ve diğer pek çok araştırmada da olduğu gibi, ben de yerel basını şimdilik konunun dışında tuttum. Çünkü Türkiye'de yerel yazılı basın sorunlar yumağında. Eğer yerel basının sorunları aşılıp gelişimi sağlansaydı, tiraj raporlarında, hatta Türk yazılı ve sözlü basınında çok farklı ve güzel değerlendirmeler kaleme alınırdı.

PROMOSYON ÇARESİZLİĞİ

Kupon - Lotarya - Promosyon

Bunlar da Türkiye'de konuşma ve yazı diline iyiden iyiye giren, kullanılan ve artık Türkçe'ye yerleşen kelimeler, kavramlar.

Ancak, anlaşılmakta güçlük çekilen bir nokta; söz konusu kelimelerin kullanım anlamları, "**promosyon**" adı altında kültür hizmeti diye dağıtılan sözlüklerde yok. **Promosyon**u yaklaşık 10 yıldır dilimizden düşürmüyoruz ama Türkçe sözlüklerimiz kabul etmemekte hâlâ direniyor.

Farklı kaynaklardan aldığım bu üç sözcüğün, yazılı basında kullanılan "**hediye dağıtım**"ına en yakın anlam karşılıkları şöyle:

kupon: (coupon) Fransızca bir kelime. Değerli kağıtların para yerini tutan kesilmiş parçası...

lotarya: (lota'rya) İtalyanca. Ad ve numara çekilerek oynanan şans oyunlarının genel adı.

promosyon: (promotion) Latince. Satış artışını sağlama, reklam... Veya teşvik etme, gelişmesine, başarılı olmasına yardım etme, katkıda bulunma.

Kuponla başlamışız bu kelimelerle tanışmaya.

Türkçe yayınlanan gazeteler arasında bugünkü anlamıyla ilk promosyonu 13 Haziran 1926'da **Vakit Gazetesi** yaptı. Gazete, 15 kupon gönderenlere çekilişli kitaplar ve kalemler verdi.[23]

Bugünkü **Sabah Gazetesi**'nin sahibi **Dinç Bilgin**'in "uyuşturucu alışkanlığı"na benzettiği promosyonu daha sonra 1930'larda **Cumhuriyet Gazetesi** uygulamaya başladı.

Okuyucu muhafaza etmek, yeni okuyucular çekmek ve tirajı artırmak amacıyla uygulan bu sistem Türk basınında yaklaşık 50 yıldan beri devam ediyor.

İlk zamanlarda kitap ve ansiklopedi kuponları dağıtan gazeteler, daha sonra verdikleri kupon ya da yayımladıkları şans numaraları arasında çekilişler düzenleyerek çeşitli hediyeler vermeye koyuldu. Okuyucu da kupür yerine kupon kesmeye yöneldi. Ancak **lotarya** diye tanımlanan bu sistem fazla uzun sürmedi.

Nihayet Türk okuru, bugün çılgınlık boyutuna ulaşan **promosyon** kelimesi ve olayı ile 1980'li yıllarda iyice tanıştı. Yaklaşık 20 yıldır devam eden uygulama, gazeteler arasında yoğun bir rekabete sahne oldu.

---

23. Bizim Gazete, 24 Kasım 1995.

Ansiklopedilerden iMac Bilgisayara...

Gazetenin bugünkü görünümü kazanmasında 1984-85 yıllarında başlayan ve magazin (!) olarak nitelenen gazetelerin (**Tan**, **Sabah** vb.) büyük rolü olmuştur.[24]

Yüksek tirajlı gazeteler 1990'lı yılların başında, aralarında **ansiklopedi yarışı** başlattılar. Ancak bu yarış giderek kızıştı ve zamanla gazeteler arasında adeta bir savaş halini aldı.

Serbest piyasa ekonomisinde "**promosyon**", reklam ve propogandanın elbette önemli araçlarından biridir. Ama sadece **araç**tır.

Türk yazılı medyası ise, özellikle son yıllarda promosyonu **araç** olmaktan çıkarıp **amaç** haline getirmiştir.[25] Yani ürün satışı için...

Böylece "**gazete**"nin yerini "**promosyon ürünü**", "**gazete okuru**"nun yerini de "**tüketici**" aldı.

Gazeteler son 10 yılda sevgili okurlarına ne armağanlar vermedi ki!...

1991 Haziran ayında

Bugün Gazetesi: 50 kişiye tüfek, 100 kişiye havalı tüfek, cep tercümanı, Cinsel Yaşam Ansiklopedisi,

Hürriyet: Kendi İşini Kendin Yap Ansiklopedisi, Honda 300 MC kılıfı, BBC yabancı dil kursu,

Meydan: Boş yok: 3 otomobil + 11 motorsiklet + 5 çamaşır makinası + 5 bulaşık makinası + 48 bisiklet + 5 buzdolabı + 5 fırın + 20 televizyon + 300 fotoğraf makinası + daha yüzlerce hediye (hepsi otuz kupona),

Milliyet: Ansiklopedi,

Milli Gazete: Bir cilt genel kültür ansiklopedisi,

Sabah: Akülü 100 otomobil, 100 zayıflama aleti, 200 çocuğa armağan + 10 bilgisayar + 20 motorsiklet + 30 pinpon masası + 40 deniz botu + 50 kaykay + 50 otomobil oyun konsolu, Nobel kitapları, 370 bayram hediyesi, bir kişiye 7 katlı apartman,

---

24. N Nur Topçuoğlu, Basında Reklam ve Tüketim Olgusu, Ankara, 1996, S.33.
25. Kutlay Doğan, Yeni Türkiye, Sayı:11, 1996, S.399.

Türkiye: Vantilatör,

Yeni Asır: Çocuklara tatil armağanı 10 kitap, 222 orta okul öğrencisine bedava kurs, 222 kişiye tek kupona güzellik seti.

1991 Eylül ayında

Meydan: Boş yok. Dayalı döşeli ev, Suzuki araba, 50 cep televizyonu, 50 bisiklet, 20 fırın, 500 fotoğraf makinası, 30 bin kol saati, 100 kaykay,

Bugün: Taka-Tuka 1332 Hediyeli Şans Oyun Kartı ile; Birinci Haftada BMW otomobil, 48 adet Amiga bilgisayar, Vestel CD Müzik Seti, Kodak Galatic Kamera. Beşi bir yerde, tek kişiye Mercedes, BMW, Şahin, Motorsiklet Honda, Dağ bisikleti,

Sabah: 1001 hanıma 1001 mutfak robotu, Nobel kitapları, 501 hanıma firitöz, 101 gence bilgisayar, bulmaca dergisi, takım posterleri, Haftasonu dergileri, 1001 çocuğa Ninja Kaplumbağa, 1001 hanıma çeyizlik harika yatak örtüsü, 1001 hanıma Çin porselen yemek takımı, Jumbo çatal-kaşık takımı,

Milliyet: Ansiklopedi, takım posterleri,

Hürriyet: Çocuklara çeşitli armağanlar,

Güneş: 10 bin öğrenciye okul çantası, defter, kalem, boya takımı,

Günaydın: 1000 okuyucuya fotoğraf makinası,

Yeni Asır: Cep takvimi (herkese), 50 yemek takımı, hergün tek kupona 10 Fiesta bisiklet, oto karavanla rüya gibi bir hafta sonu tatili, 8 kişilik 30 parça 50 personel yemek takımı, motorsiklet, bisiklet,

Yeni Asya: Bediüzzaman seti,

Zaman: Keloğlan maceraları,

Türkiye: Avize, Veysel Karani kaseti, Dini Terimler Sözlüğü.

1992 Mart ayında

Bugün: 18 ayar altın direksiyonlu 5 İsuzu, sofra seti, 1000 kişiye bombardıman ceketi,

Fotomaç: En Yakışıklı Futbolcu Kampanyası (1 renki televizyon, 5 müzik seti, 10 streo kulaklık, 10 kaleci eldiveni, 20 futbol topu,

Hürriyet: 1000 hanıma 1000 gümüş şekerlik, herkese satranç takımı, 200 Longines saat, 1000 hanıma 8 parça borcam seti, 500 renkli televizyon, 10 Ford Festiva, masal kitapları, vergi rehberi,

Meydan: Ansiklopediler, 100 hanıma bulaşık makinası + 150 dikiş makinası (*herhalde birer bulaşık makınasi ile birlikte* ***bir buçukar*** *dikiş makınası verilmiş!*),

Milliyet: 10 dakikada İngilizce seti, Mercedes otomobil, 3 ev, 2 Volvo, 12 motorsiklet + 112 bisiklet, yemek seti, yemek kitapları,

Sabah: 300 renkli televizyon, Türkiye tarihi ansiklopedisi, 30 kişiye 30 Renault, 100 otomatik çamaşır makinası, 250 otomatik çamaşır makinası, 5 kişiye Mazda, yemek kitapları,

Yeni Günaydın: Herkese futbol posteri, altın kaplama çay takımı, 500 kişiye ithal pasta takımı,

Süper Tan: Milyarderler Kulübü Kartı (herkese)

Türkiye: Barbaros Hayrettin Paşa Kaseti + 5 ev + 5 kamyon + Evliya Çelebi Ansiklopedisi,

Yeni Ufuk:(Aydın'ın Çine ilçesinde 15 günde bir yayımlanan yerel gazete) : Okuyucularına prezervatif dağıtınca satışı 2 binden 10 bine yükseldi.

Lütfen Dikkat!

Tarih 28 Temmuz 1996. Elimde bir gazetenin yarım sayfa büyüklüğünde "Bu kupon tek bir seçenek için geçerlidir" alt açıklamalı kuponuna bir bakalım. İçerisinde tam tamına 179 kampanya var. Dikiş makinaları, müzik setleri, elektirikli süpürgeler, çeşit çeşit yemek takımları, rengarenk mutfak gereçlerinden tutun da fotoğraf makinaları, çehiz setleri ve boy boy yatak takımlarına kadar herşey mevcut. Bunların büyük bir bölümü ithal marka.

Bu arada gazetenin diğer sayfalarında bu ürünlerin tanıtım,

dağıtım vs bilgilerine ayrılan yer ölçüsü de küçümsenemeyecek boyutlarda. Gazeteler bu sayılarıyla, sanki büyük marketlerin tanıtım dergisini andırıyor.

Yerli Üretim Baltalanıyor, Tüketim İsrafa Dönüşüyor...

İsraf, önce "asıl" olan gazeteden başlamaktadır. İçerdiği promosyon kuponu nedeniyle milyonlarca adet basılan gazete, satıldıktan sonra sadece kuponu kesilmekte ve okunmadan çöpe atılmaktadır. Bu da binlerce ton kağıdın ve boyanın israfı demektir. Onca gazetenin ülke genelinde dağıtılması için yapılan harcama, yakılan benzin ve mazot da ayrı bir israftır.

İthal ürünlere dayanan promosyon kampanyaları ile yerli üretim büyük ölçüde baltalanıyor. Örneğin, ithal edilen cam veya porselen sofra takımları ile yerli üretimin pazarına haksız bir şekilde girilmekte, pazar payı daraltılmakta, hatta üreticiler kapasitelerini düşürmek zorunda bırakılmaktadır.

Yazılı medyadaki sınırsız promosyon, ayrıca, tüketim eğilimini aşırı ölçüde kamçılamasının yanısıra, tüketimden çok israfa yol açan bir unsur haline geldi.

İsrafın diğer bir aşamasını promosyon ürünleri oluşturuyor. Promosyon yoluyla edinilen ürünlerin çoğu ihtiyaç dışıdır. Okur ya da tüketici, hiç ihtiyacı olmadığı halde, çok cazip rakamlarla ve imkanlarla sunulan ya da öyle gösterilen promosyon ürünlerine ilgi duymaktan kendini alıkoyamamaktadır. Çünkü gazetelerin yayınladığı kuponları biriktirerek ve bu yolla ürün sahibi olmak bazı kişiler için bir kumar veya eğlence haline gelmiştir.[26]

Promosyon Taksitle Satış Halini Aldı...

Bazı mağazaların vitrinlerinde rastlarız. "Günde 100 Bin Liraya Halı", "Günde 50 Bin Liraya Saat".

Günümüzde gazetelerin promosyon uygulaması da hediye vermenin dışında bunun gibi taksitle satış biçimine dönüştü.

Nihayet Sanayi ve Ticaret Bakanlığı duruma el koyma düşün-

---

26. Kutlay Doğan, Yeni Türkiye, Sayı:11, 1996, S.401.

cesiyle, Tüketicinin Korunması Hakkındaki 4077 Sayılı Kanun'a dayanarak 9 Ocak 1996 ve 10 Temmuz 1996 tarihlerinde iki ayrı tebliğ yayınladı.

Ancak bu tebliğler de yetersiz kaldı. Daha sonraları çeşitli cezai hükümler eklendi kanuna. Bu eklemeler ise TBMM'den geçtikten sonra güçlü basınımızın tepkisine maruz kaldı ve kanunun bir sansür olduğu, basın hürriyetini kısıtladığı öne sürülerek nisbi kısıtlamalarla nihai şeklini aldı.

Gazeteler artık kültür amaçlı promosyon ürünü dağıtabileceklerdi.

Amerika, Bayrağını İşte Böyle Diker Evinin Ortasına...

Güçlü basınımız son gelişmeler üzerine gazetelerle birlikte bir kültür kampanyası başlattı ki sormayın.

Sabahleyin gazeteyi aldığımızda, bayii, ayrıca çeşitli maketler tutuşturmaya başladı elimize. Amerikan askerleri, savaş arabaları, topları, kızılderili ve kovboyları...Halbuki Türk okuru daha 20 yıl olmadı **Tommiks**, **Teksas** ve **Zagor**'dan kurtulalı.

O da ne! Bu savaş kahramanlarına bir de **ABD** bayrağı lâzım. Merak etmeyin onu da verdiler. Çocuklarımız bu bayrağı odalarımızın ortasına öyle bir diktiler ki, sıkıysa indirin!

Kültür kampanyaları devam ediyor; "**Ayşegül Sri Lanka'da**",

"**Denizkızı Şebnem Afrika'nın x yerinde**" gibi çocuklara yönelik dergiler.

Rengarenk, boy boy. Baskı kaliteleri oldukça iyi. Ancak çocuklarımız dergilerdeki bu mekanlara, hayvanlara, kahramanlara oldukça yabancı.

Ayşegül neden **Karadeniz**'de, **Topkapı**'da, **Erzurum**'da ya da **Ağrı Dağı**'nda değil de **Afrika**'nın ormanlarında serüven peşinde?

Bu durum çok sürmedi, okulların açılması yetişti çocukların kültür dejenerasyonuna.

Şimdilerde kalem, silgi, defter, pergel var...

Gençlere yönelik yabancı pembe diziler de devam ediyor zaman zaman.

Kültür hizmetleri bu şekilde gidedursun, güçlü basınımız tencere-tava satmanın tadını almış olmalı ki, yasaları bir şekilde deliverdi. Hem de gazete satış fiyatlarına yüzde yüz, yüzde binler ekleyerek.

Araştırmacı basınımız *Market, Pembe, Otomobil, Bahar, Şok, Alışveriş, Fiesta, Volkan, Sezon, Karnaval* ve *Konfor* adı altında ek gazeteler (!) çıkararak armağanlarını okurlarına illa da dağıtmak zorundaydı.

Tek gazete alırsanız ortalama 100 bin lira, promosyon ürünü için ekli alırsanız bunun yaklaşık ikibuçuk katını hatta 10 katını ödemek zorundasınız.

Şimdi kampanyalarda aynı ürünlerin satışı devam ediyor. Bazı evlerde battaniyeler çifter çifter, televizyon cihazı sayısı üçe çıktı, yeni müzik setleri eskilerinin papucunu dama attı.

2000 yılındaki CD kampanyaları teknolojik ihtiyacı biraz giderdi ama, çehiz sandıkları doldu, mutfak dolaplarında ithal takımlar tıka basa...

Promosyon Başka Nelere Mal Oluyor?

Israrla devam eden bu promosyon çılgınlığı, kültür dejenerasyonu, israf ve milli ekonomiye zararlarından başka kendi içinde de büyük tahribata neden oluyordu.

Kupon kesme tutkusundaki tüketici, gazetelerdeki her türlü yanlışı artık umusamaz hale geldi. Birçok gazete ciddiyetten uzaklaştı.

Sansasyonel, skandal, abartılmış duyumlara dayalı haberler, dedikodu, çıplaklık vb konular iri puntolar ve fotoğraflarla gazetelere gömüldü. Hem de TV haberciliği ile paylaşılarak.

Ancak okuyucu kazanmanın en ilkel yöntemi olan ve çanak çömlekle desteklenen bu tür bir habercilik anlayışı nereye kadar gidecek pek merak ediliyor. Çünkü tüketici **okur** olduğunu bir gün mutlaka anlayacaktır.

Promosyon, gazetecilik mesleğini seçen öğrencileri de umutsuzluğa itiyordu. Anadolu Üniversitesi İletişim Bilimleri Fakültesi Öğretim Üyesi **Doç. Dr. Haluk Gürgen**, Türkiye'deki promosyon yarışının basının temel işlevini büyük ölçüde zedelediğini belirterek, şunları ifade ediyor: "Bu durum, gazetecilik eğitimi veren yükseköğretim kurumlarındaki ders programlarının yeniden gözden geçirilmesi zorunluluğunu ortaya çıkarmaktadır. Çünkü basın sektöründe bu anlamda yaşananlar, derslerde anlatılan gazetecilik ahlakı ve ilkeleri ile pek bağdaşmıyor. Bir başka deyişle, olması gerekenle olan arasındaki farklılık her geçen gün artmakta. Başarılı gazetecilik örneklerini ülkemiz basınından bularak sınıflarımızda inceleme olanağımız azalmaktadır."

İstanbul Üniversitesi İletişim Fakültesi Dekanı **Prof. Dr. Nüket Göz** ise, promosyonun, gazete sahiplerinin paralarına para katmalarına yaradığını vurguluyor.[27]

Okuyucunun Görüşü

Yapılan pek çok anket çalışmasında, okuyucunun (!) daha çok hediye için gazete satın aldığı, kampanya bitince gazete almayı bıraktığı, ya da başka gazetelerin kampanyalarına devam ettiği, bu sonuçla promosyonun okur kazandırmadığı ve gazetelerin niteliğini düşürdüğü ortaya çıkmaktadır.

Düzenlediğim anket çalışmasında 228 kişiden 123'ünün promosyon için gazete aldığı, bunlardan 55'i kampanya bitince gazete almayı bıraktığı, promosyon amacıyla gazete alan 123 kişiden 76'sı gazeteyi okumadığını belirtmiş. (bkz. Anket - 1)

İstanbul Üniversitesi İletişim Fakültesi Akamedya Grubu'nca yapılan "**Türk Basını'nda Promosyon Olgusu ve Topluma Etkisi**" başlıklı araştırmada ise: "*Sizce promosyon gazete okuma alışkanlığını artırır mı?*" sorusuna, ankete katılanlardan yüzde 72.5'i "hayır" cevabını vermiş.

Promosyonun "*gazetelerin niteliğini düşürdüğü*" görüşünde olanların oranı yüzde 55.1; "**artırıyor**" diyenlerin oranı yüzde 13.6; "*etkilemiyor*" görüşüne katılanlar yüzde 30.6 oranında.

---

27. Cumhuriyet Gazetesi, 13 Kasım 1995.

Bu ankette denekler ayrıca, gazetenin seçiminde en önemli etkenin "*verdiği armağan türü*" olduğunda birleşiyor.[28]

Bursa Gazeteciler Cemiyeti tarafından yapılan 863 kişiye yönelik başka bir ankette de, deneklerin yüzde 80'i, gazetelerin promosyona son vermeleri gerektiğini belirtiyor.[29]

Dönemin **Sanayi ve Ticaret Bakanı Yalım Erez**, 25 Kasım 1998'de bir açıklama yaparak, "*Promosyon Yasası Anayasa'ya aykırı*" şikayetinin, **Anayasa Mahkemesi**'nce reddedildiğini ve gazetelerin promosyon kampanyalarının durdurulacağını bildirdi.

Netice itibarıyla, demek ki promosyon sözcüğü konusunda bir yanılma var. Bu kavram bugünkü durumu pek yansıtmıyor. Gazeteler bu kavramın arkasına sığınmış. Sözkonusu promosyon tanımının yeniden gözden geçirilmesi gerekiyor.

Gazetenin bugün ağırlıklı olarak eğildiği faaliyetler (lotarya, promosyon, reklam ve pazarlama) temelde gazetecilik fonksiyonundan ve gazetenin toplumsal sorumluluk alanından uzak faaliyetlerdir. Gazete bütün bunların yanısara haber vermektedir.[30]

Promosyonda bu denli ısrar edilmesi sonucu,1999 yılında gazete ürününün de marketlerde ve benzin istasyonlarında promosyon olarak verilmesine tanık olduk.

Bizler gazeteci olarak; **emeğimizin, hakettiği onur değerinde satılmasından yanayız.**

ULUSAL GÜNLÜK GAZETELER

Kısa bir hatırlatma resmi verilere göre, 1998 yılı ortalarında Türkiye genelinde yayınlanan günlük, haftalık, onbeş günlük, aylık ulusal ve yerel gazetelerin toplam sayısının 1837 olduğunu belirtmiştik. Bu rakam 2000 yılında 3 bine yaklaştı.

Günlük yayınlanan ulusal anlamdaki gazete sayısı 36.

Bunlar arasında yapılan kısa analiz, araştırma ve değerlendirmeler şöyle:

28. Cumhuriyet Gazetesi, 21 Nisan 1996.
29. Gazete Pazar, 3 Ağustos 1997.
30. N. Nur Topçuoğlu, a. g. e. , İstanbul, 1996, S. 34.

Önce 1998 yılındaki araştırmaya bakalım

(*Herhangi bir nedenle ve ad koymadan listeleyerek* ***4 grupta*** *alfabetik sıralamayla ele alınan gazeteler*)

1- Akşam, Cumhuriyet, Hürriyet, Milliyet, Posta, Radikal, Sabah, Türkiye, Yeni Yüzyıl, Zaman

2-Akit, Hergün, Milli Gazete, Ortadoğu, Sağduyu, Yeni Asya, Yeni Mesaj, Yeni Şafak

3- Asabi, Ateş, Bulvar, Gözcü, Güneş, Öncü, Takvim

4- Dünya, Finansal Form

5- Fanatik, fotoMaç

Bu guruplandırmada gazeteleri (**fikir-bulvar-magazin**...) gibi kategorilere ayırmak istedim, ancak bu sınıflandırmaya pek muvaffak olamadım.

Günlük yayın yapan ulusal gazetelerimizin herbiri belli bir görüşün, yaşam biçiminin, değişik sosyal ve kültürel aktivitelerin savunuculuğunu yapıyor basın adına. Haberlerini ve fotoğraflarını kendi yayın çizgisine göre özenle seçiyor. Köşe yazılarını, çeşitli tefrika, ekonomi, kültür ve sanat sayfalarını kendi hedefleri doğrultusunda belirleyerek dolduruyor.

Bunlardan bir kısmı fikir, bir kısmı bulvar, bir kısmı magazin gazeteciliği görünümünde ya da iddiasında yayın hayatını sürdürüyor.

Şöyle bir bakalam, Türkiye'de fikir gazeteciliği var mı?

Bu mevzu, kendi sahasında 1960'lardan beri Türkiye'de en çok tartışılan konulardan biri.

"Türkiye'de fikir basını yoktur, kolay kolay da olmaz. Fikir basını bir uzmanlar kadrosu ile oluşur. Bu basının belli kuralları vardır. Belli ölçüler hemen her gün uygulanır. Bu ölçü daima olaydan uzak, fikirden yanadır. Yani bu tip yayın organlarında olaylar daima ikinci hatta üçüncü plana itilir. Daha değişik bir görünüşle üç beş yazarın, üç beş yazısı ile bir fikir gazetesi yayınlamak mümkün değildir. Mutlaka uzman bir kadroya ihtiyaç vardır ve bu uzman kadronun da belli ölçüler içerisinde kalması sağlanmalıdır.

Fikir basını için ortaya atılan modeller vardır. Fransız hayranları **Le Monde**, İngiliz taraftarları **The Times** örneğini verirler. Başka ülkelerin hayranları da bu tip yayın organlarını arayıp bulurlar elbette.

Bu gazetelerden örnek verelim: Boğazdaki bir vapurun diğer bir vapura çarpıp batırması bu gazetelerde en önemli haber olmaz. **Ajda Pekkan**'ın Olimpia'daki Fransız şarkıcı ile el ele tutuşarak şarkı söylemesi birinci sayfada yer almaz. Ya da kuponla, hediye ile fikir satılması yolu denenmez. Bu gazeteler dünyada olup bitenleri değişik bir süzgeçten geçirerek arşivlerindeki bilgileri de katarak uzman kişilerin görüş ve haberleri olarak yansıtırlar. Örneğin **Çin**'de hükümet değişikliği mi olacak, aylar öncesi bu gazetelerden bilgi alırsınız. Ya da altınla doların kavgasını, petrol fiyatlarında beklenen artışı bu gazetelerden öğrenirsiniz. Hani mübalağa etmiş olmayalım, bu gazeteler beklenen petrol fiyatlarını kuruşu kuruşuna okurlarına iletirler.

Fikir gazeteciliği pek kolay bir iş değildir. Sadece istihbarat yeterli olmaz. Alınan istihbaratın değerlendirilmesi vardır ki, o baştan beri söylediğimiz gibi bir uzmanlık işidir.

Biz bu nedenlerden ötürü gazeteciliğimizi fikir basını üzerinde değil bulvar basını üzerinde geliştirmeye çalışıyoruz...

Gazetelerin sütun sütun yazı yayınlaması da onların fikir gazetesi olmasını sağlamaya yeterli değildir. Bu onların sadece bol haber ve yazı yazmak istediklerini gösterir.

Bir başka konu daha: "**Dünyanın hiçbir yerinde fikir gazetesi tiraj gazetesi olamaz".** Onların belirli sayıda okurları vardır, onlarla yetinirler."[31]

İlk gazetenin yayınlandığı Osmanlı'nın son dönemleri ve 1970'li yılların başlangıcına kadar Türk basını, **'fikir üreten'** ve aldığı bilgiyi fikre dönüştüren bir çizgideydi. 1970'li yıllarda **Gü-**

31. Nezih Demirkent, Sayfa Sayfa Gazetecilik, 1982, S. 44-45.

naydın'ın basına girişi, ülkemiz için yeni bir gazetecilik tarzını da gündeme getirdi. Türkiye'de magazin basınının miladı, **Günaydın Gazetesi**'nin ortaya çıkışı olarak değerlendirilmektedir.[32]

Magazin gazeteciliği kavramı Türkiye'de maalesef yanlış algılanmakta ve değerlendirilmeye çalışılmaktadır.

Birileri, kadının erkeğe kendini beğendirme çabasına yardımcı oldukları iddiasıyla yaptıkları işin adına **magazin gazeteciliği** derken,[33] Hafta Gazetesi Yazı İşleri Müdürü **Cahit Poyraz**, "Eğer magazin demekle, artist, şarkıcı takımının renkli renksiz yaşantısından uydurma, abartma haberleri; bazen fotomontaj resimleri kastediyorsanız haklısınız. Fakat magazin, sözlük anlamı itibarıyla, halkın çoğunluğunu ilgilendiren çeşitli konuların ciddi, bilinçli ve bol resimli olarak işlenmesi demektir."[34] şeklinde yorumluyor.

Prof. Dr. Haluk Şahin, **magazin**le neyin kastedildiğinin iyi bilinmesi gerektiğine şu şekilde işaret ediyor: ''Magazin, Frenk dillerinde periyodik '**dergi**' anlamına geliyor. Türkçede ise magazin daha çok '**show business**' diye bazı ülkelerde bilinen müzik ve gösteri dünyasında olup bitenleri bir dedikodu kıvamı içinde ve o üslupla, sansasyonel olarak veren basına deniyor. Yani az olanı çoğaltmak, pireyi deve yapmak anlamı kazanmış Türkiye'de.''

Bugün Türkiye'de basın sektörünün önemli ham madde kaynağı olan eğlence dünyası ve onun müdavimleri, magazin gazeteciliğini adeta tek haber alanı haline getirdi. Medya özellikle son yıllarda, gazetecilik mesleğinin önemli unsurlarından olan magazin haberciliğini dar bir çerçevede ve sadece '**birkaç yüz kişinin yaşamından aykırı kesitler**' şeklinde kamuoyuna yansıtmaya başladı. Oysa, **magazin hayatın kendisidir** ve alanda habercilik yapma, toplumu tüm katmanlarıyla ele alma ve yansıtmayı gerektirir.

Doç Dr. Nurdoğan Rigel, Türk basınının bu yeni dönemini

---

32. Zafer Özcan, Magazin ve Aktörleri, Zaman Gazetesi, 15 Haziran 1999.
33. N. Nur Topçuoğlu, a.g.e., S. 100.
34. N. Nur Topçuoğlu, a. g. e. , S. 100.

değerlendirirken, magazin gazeteciliğinin başlamasıyla, haberin unsurlarından olan araştırma ve gerçekleri ortaya çıkarma gayretinin de bir kenara bırakıldığının altını çizerek, "**Yalan habercilik anlayışı gelişti**, '**asparagas**' da bu dönemde ortaya çıktı. İşte tüm bunlar magazin basınını 'saygın olmayan gazetecilik türü haline getirdi." diyor.[35]

Bu vesilelerle **fikir, bulvar** ya da **magazin** ayrımını okuyucuların değerlendirmesine bırakmanın en doğrusu olacağı kanaatindeyim.

1. Gruptaki Gazeteler

Akşam:

Kuruluş tarihi 14 Eylül 1994. Sahibi Aslı Gazetecilik ve Matbaacılık AŞ. adına Yönetim Kurulu Başkanı **Mehmet Bülent Ergin**. Tiraj sayısı promosyon durumuna göre zaman zaman yüz bini aştı. Gazete, 1982'de **Tercüman**'ın desteği ile yayınlanan ancak 6 yıl sonra bu hüvviyeti ile kapanan **Bulvar Gazetesi**'nin bir alternatifi olarak, yine **Ilıcak**lar tarafından yayın hayatına sokuldu.

Sağ düşüncenin hakim olduğu bulvar niteliğindeki 20 sayfalık, ilk ve son dörder sayfaları renkli olan bu gazetede 14 köşe yazarı mevcut.

Gazetenin satış fiyatı 40 bin lira.

Haber açısından Doğu'ya yönelik zaman zaman bölge sayfası kullanıyor. Bazı bölgelerde kaşeli olarak görevlendirdiği muhabir çalışanlarının dışında, ajans haberleri ve fotoğraflı olay haberleri yoğunlukta.

Cumhuriyet:

7 Mayıs 1924'de **Yunus Nadi** tarafından kurulan gazetenin bugünkü künyesindeki imtiyaz sahibi **Berin Nadi** gözüküyor. Promosyon uygulaması pek olmayan bu siyah-beyaz gazetenin tirajı, gazetede zaman zaman yaşanan yayın çizgisi yönündeki çatışmalar yüzünden 40 bin ila 100 bin arasında değişti.

1924 yılından beri yayın hayatını sürdüren, 12 Eylül 1980

35. Zafer Özcan, a.g.g., 15 Haziran 1999.

sonrası 4 kez toplam 41 gün kapatılan Cumhuriyet Gazetesi'nin mizanpaj, baskı ve yayın çizgisiyle Türk basınında kendine has bir yeri vardır.

Osmanlı İmparatorluğu'nun yıkılmasında rol oynayan batıcı aydınlar, Cumhuriyet'ten sonra bu gazete etrafında biraraya gelerek reformları savunmuş ve İslam'ın tamamen tasviye olmasında rol oynamışlardır.

"Cumhuriyet Gazetesi, son yıllarda tamamen Marksist solun ve sosyal demokratların yayın organı haline geldi. Gazete, gerek batılı devrimler, gerekse Marksist ideoloji karşısında İslam'ı açık bir tehlike olarak görmekte, yayın politikasını bu anlayış doğrultusunda geliştirip yönlendirmektedir. Gazete, (İslamiyet aleyhtarı) tutumunu var olma nedeni saymakta, Türkiye Cumhuriyeti yaşadıkça bu görevini sürdüreceğini sık sık vurgulamaktadır.[36]

15 köşe yazarının yazdığı 16 sayfalık bu gazetede haberlerin ağırlıklı kaynağı yine ajanslar .

Gazete, ulusal gazeteler arasında en yüksek fiyatla, 150 bin liradan satılıyor. (Haziran 1998)

Hürriyet:

1 Mayıs 1948 tarihinde İstanbul'da yayın hayatına başlayan Hürriyet, **Sedat Simavi** tarafından kurulmuştur.

50 yılı geride bırakan Hürriyet Gazetesi, uzunca bir dönem ulusal gazeteler arasında ilk sıralarda yer aldı.

1987 yılında **Sabah**'a yenilen Hürriyet Gazetesi'nin[37] bugünkü sahibi **Aydın Doğan**.

20'nin üzerinde yazara köşe açan gazete tiraj açısından bugünlerde ilk 3 sırada kalma özelliğini koruyor.

Hürriyet Gazetesi özellikle birinci sayfadaki haber çeşitliliği ile hep dikkat çekmiştir. Gazetenin vitrini genelde iyi kullanılmaktadır.

Hürriyet 110 bin liradan satılıyor. (Haziran 1998)

---

36. Talat Uzunyaylalı, a. g. e. , S. 124.
37. Mehmet Sağanak, Medya Politik, İstanbul, 1996, S. 64.

Milliyet:

3 Mayıs 1949 tarihinde İstanbul'da yayın hayatına başlayan Milliyet Gazetesi'nin bugünkü sahibi **Aydın Doğan**.

1960'lı yıllardan beri Hürriyet gibi ilk sıralarda yeralan bu gazete de (Eylül-Kasım 1998) geçici bir süre ile el değiştirdi. Bir anda iki TV kanalı (**Kanal 6** - **Kanal E**), 3 gazete (**Milliyet, Yeni Yüzyıl, Ateş**) satın alan işadamı **Korkmaz Yiğit** (Aralık 1998) tutuklandı. **Aydın Doğan** ise yeniden gazetesinin başında. Bu değişimden sonra Türkiye'de bir de hükümet düşüşü yaşandı.

Milliyet Gazetesi tirajı ile Türkiye genelinde ilk 4 gazete arasında sürekli yer değiştirdi.

Gazetede hafta sonları dahil 30'a yakın yazar köşe yazıyor. Gazetenin satış fiyatı 110 bin lira. (Haziran 1998)

Posta:

23 Ocak 1995 tarihinde çıkarılan gazetenin sahibi **Mehmet Ali Yalçındağ**.

Tirajı zaman zaman 200 binlere vuran bulvar niteliğindeki bu gazetede 10 köşe yazarı yazıyor. Gazete 50 bin liradan satılıyor. (Haziran 1998)

Radikal:

12 Ekim 1996 tarihinde yayın hayatına başlayan Radikal Gazetesi'nin de bugünkü sahibi **Aydın Doğan**.

Milliyet ve **Hürriyet**'e nazaran özde bir sözde farklı farklı bir yayın çizgisi olan bu gazete 100 bin ila 150 bin arasında satış yapıyor.

Gazetede 20'ye yakın köşe yazarı yazıyor. Satış fiyatı 50 bin lira. (Haziran 1998)

Sabah:

İzmir'de başarıya ulaştığı yerel Yeni Asır Gazetesi modelini 1982 yılında Mecidiyeköy'de aldığı bina ile İstanbul'a taşımak isteyen **Dinç Bilgin** tarafından kuruldu.

22 Nisan 1985 tarihinde **Günaydın** türü bir görünüm ve ucuz

fiyatla görücüye çıkan bu gazete ilk günkü 350 binlik satışını zamanla 500 binlere oturttu. Gazete daha sonraki satışlarıyla uzun bir süre ilk üçte olma özelliğini korudu.

Hedef olarak seçtiği **Hürriyet**'in tirajını 15 Şubat 1987 tarihinde geride bırakan Sabah, bugünkü logosunun yanında kullandığı nazar boncuğunu ekledi.

Ancak Kasım 1998'de büyük bir tiraj kayıbı içinde olduğunu pek belli etmemeye çalıştı.

Sabah, 11 Haziran 1992 tarihinde **Kurban Bayramı**'nda yayınladığı gazete ile, bayramlarda gazete çıkarma ilkine de kendi sahasında imza attı.

Sabah'ta bugünlerde hafta sonları dahil 30'a yakın köşe yazarı yazıyor. Gazetenin satış fiyatı 70 bin lira. (Haziran 1998)

Türkiye:

Dr. Enver Ören ve birkaç arkadaşının girişimi ile ilk zamanlar **Hakikat** olarak çıkarılan Türkiye Gazetesi, 22 Nisan 1970 yılında yayın hayatına başladı.

500 liralık sermaye ile kurulan gazete sayesinde bugün sahip olunan yaklaşık 100 trilyonluk holdingle pekçok sektörde artık başa oynanıyor.

3-4 binle başlayan tiraj zaman zaman milyonu aştı, bazen ulusal gazeteler arasında ilk sıraya oturdu.

1988 yılında, bölge haberlerini redakte görevi ile çalıştığım bu gazetede, o günlerde spor sayfasına konulacak futbolcu fotoğraflarında (erkek), şorttan aşağısını makaslardık. Ancak bugünlerde aynı grubun televizyonundaki (**TGRT**) bazı programlara neredeyse kırmızı nokta gerekiyor.

Türkiye Gazetesi'ndeki en önemli başarı, elden dağıtım ve ilk zamanlar sadık işgücünü çok iyi kullanması oldu.

Bölge sayfası olan gazetede 25 dolayında köşe yazarı mevcut.

Gazetenin spor haberciliğindeki başarısı normal haberlerde pek gözükmüyor.

Gazete 75 bin liradan satılıyor. (Haziran 1998)

Yeni Yüzyıl:

Sabah, kendinden 9 yıl sonra oluşturduğu Yeni Yüzyıl Gazetesi'ni Aralık 1994 tarihinde okurları ile buluşturdu. Daha bir modern ya da günümüz deyimiyle entel bir çizgi belirleme gürünüm ve içeriğinde olan Yeni Yüzyıl, Sabah'ın başarısına bir türlü ulaşamadı.

Gazetenin satışı, cezbedici promosyon dönemlerinde 250 bini aştı.

Sinema ilan sayfalarının hayli göze çarptığı bu gazetede de 30'a yakın köşe yazarı var. Gazetenin satış fiyatı 110 bin lira.

Zaman:

Eylül 1986'da Ankara'da mahalli gazete olarak yayın hayatına başlayan Zaman, 3 Kasım 1986'da Türkiye genelinde yayınlanmaya başladı. Kurucu sahibi ve künyedeki isim Alaeddin Kaya.

Elden dağıtım sistemini benimseyen İslami çizgideki bu gazetenin 1990'ın ilk yıllarında 50 bini aşan tirajı bugünlerde 200 bini geçti. İlk sayfa hariç, genelde siyah-beyaz çıkan Zaman'ın bölge sayfası da mevcut.

Gazetede halen 25'e yakın yazar köşe yazıyor. Satış fiyatı 100 bin lira.

2. Gruptaki Gazeteler

Akit:

Kuruluş tarihi 12 Eylül 1993. Sahibi **Müstakil Medya** AŞ. Tiraj sayısı 30 bin ila 40 bin arasında değişiyor.

18 sayfalık bu gazetenin köşe yazarı sayısı 15.

Gazetedeki hemen hemen tüm haber ve yazılar dini yorumlarla değerlendiriliyor. Gazetenin satış fiyatı 75 bin lira.

Hergün:

Kronolojik takvimde bu adla çıkan ilk gazete 12 Kasım 1947 yılında yayınlanmış. En son 1995 yılından itibaren aynı adla yayınlanmaya başlayan gazetenin bugünkü sahibi **Turgut Altınok**.

Birinci ve arka sayfaları renkli, toplam 12 sayfalık gazete, "**Türk Milliyetçiliği'nin Sesi**" adı altında yayın hayatını sürdürüyor.

Gazetenin köşe yazarı sayısı 7, satış fiyatı 75 bin lira.

Milli Gazete:

Hasan Aksay tarafından 12 Ocak 1973 tarihinde çıkarılan gazete, "**Milli Görüş**" ü savunmak amacıyla yayın hayatına girdi. Aynı görüşü devam ettiren gazetenin bugünkü sahibi **Nazım Oktay Başer**.

Tirajı zaman zaman 25 bini aşan gazetede 20 dolayında köşe yazarı bulunuyor. Gazete 75 bin liradan satılıyor.

Ortadoğu:

1964 yılında yayın hayatına başlayan gazetenin sahibi EMTAŞ AŞ. adına **Zeki Saraçoğlu**. "**Fikirde Lider Gazete**" logosuyla yayınlanan gazetenin 12 sayfasından 4'ü renkli.

Gazetede 12 köşe yazarı yer alıyor. 50 bin liradan satılıyor.

Sağduyu:

Mayıs 1998 tarihinde yayınlanmaya başlayan Sağduyu'nun sahibi **Zafer Şanlı**.

Ajans haberlerinin yoğunlukla gözüktüğü gazetenin 16 sayfadan 6'sı renkli. Gazetede 9 köşe yazarı yazıyor. Satış fiyatı 100 bin lira.

Yeni Asya:

21 Şubat 1970 yılında yayınlanmaya başlayan Yeni Asya'nın sahibi **Mehmet Kutlular**.

Köşe yazıları, haber ve çeşitli tefrikaların İslami görüşle yorumlandığı 12 sayfalık bu gazetede 14 köşe yazarı mevcut. Satış fiyatı 100 bin lira.

Yeni Mesaj:

Ocak 1998 tarihinden beri yayınlanan gazetenin sahibi **Mehmet Emin Koç**.

4'ü renkli, toplam 16 sayfalık bu gazete de İslami görüşte yayın hayatını sürdürmeye çalışıyor.

Gazetede 12 köşe yazarı var. Fiyatı 75 bin lira.

Yeni Şafak:

29 Ocak 1995 tarihinden beri yayın hayatını sürdüren Yeni Şafak'ın sahibi **Nevzat Kütük**.

16 sayfasından 4'ü renkli olan bu gazetede de İslami çizgide yayınını sürdürüyor.

Gazetenin köşe yazarı sayısı 12, satış fiyatı 80 bin lira.

3. Gruptaki Gazeteler

Asabi:

10 Aralık 1997'de yayın hayatına başlayan gazetenin künyesindeki sahibi **Mehmet Ali Yalçındağ**.

Tamamı renkli 8 sayfalık gazete, adi suçların konu alındığı adliye ve polisiye haberleri yoğunlukta.

4 köşe yazarı olan 8 sayfalık gazete, diğer gazetelerin beşte bir fiyatına 20 bin liradan satılıyor.

Ateş:

1995 yılından beri yayınını sürdüren gazete **Dinç Bilgin**'e ait.

Yarısı renkli ve çıplak kadın resimleri ile dolu 12 sayfalık bu gazetede de adliye ve polisiye haberleri ön planda.

Gazetenin yayın çizgisindeki köşe yazarı sayısı 4, satış fiyatı 40 bin lira.

Bulvar:

Ilıcaklar'ın 10 Ocak 1982'de adı ile özdeş nitelikte çıkardıkları gazete **Aslı Gazetecilik** adına neşrediliyor.

Şimdilerde tamamen renkli ve çıplak kadın fotoğrafları ile dolu, 30 bin liradan satılan gazetede tek kelime ile cinsellik anlatılıyor.

Gözcü:

15 Mayıs 1996 tarihinde yayınına başlayan Gözcü'nün künyesindeki sahibi **Mehmet Ali Yalçındağ**.

Yarısı renkli 12 sayfalık bu gazetede, birinci sayfada belirlenen genel güncel konular haricinde polisiye olaylar ve yorumlar ağırlıkta. Gazete 40 bin liradan satılıyor.

Güneş:

19 Şubat 1982 tarihinde yayın hayatına başlayan gazetenin değişen logosoyla şimdiki sahibi **Mehmet Bülent Ergin**. Ön ve arkalarda 6'sı renkli toplam 16 sayfalık, 10 dolayında köşe yazarının yer aldığı Güneş Gazetesi'nde adliye haberleri, sanat (!), siyaset haber ve yorumları ağırlıkta. Satış fiyatı 30 bin lira.

Öncü:

Nisan 1997'den beri yayınını sürdüren Öncü'nün sahibi **Bekir Altınok**. "**Yükselen Türkiye**" logosuyla siyasi haber ve yorumların, toplumsal olayların çoğunlukta yeraldığı, 6'sı renkli toplam 12 sayfalık bu gazetede 6 köşe yazarı mevcut. Gazete 100 bin liradan satılıyor.

Takvim:

25 Aralık 1994 tarihinde yayın hayatına başlayan Takvim, **Dinç Bilgin**'e ait başka bir gazete. Yarısı renkli, adliye ve polisiye haber ve yorumların genelde işlendiği gazete "ekonomik" logosuyla 50 bin liradan satılıyor.

4 Gruptaki Gazeteler: Ekonomi Gazeteleri

Ekonomi basını 1940'lı yıllarda başladı. Ama ekonomi yazarlığının başylangıcı 1920'li yıllara kadar inebiliyor. İlk ekonomi yazarı **Mahmut Özartam**'dır. Onu, **Lütfi Arif Kanber, Asaf Borsacı, Lemi Gülman, Zeki Cemal, Baki Çelebioğlu, Hüseyin Avni Şanda** izler.

4 Mart 1953 tarihinde **Bedii Faik** tarafından çıkarılan **Dünya** Gazetesi, 2 Mart 1981 tarihinden itibaren ekonomi alanında yayın yapmaya başladı. Bu tarihten beri gazetenin sahibi **Nezih Demirkent**.

Pazar günleri hariç her gün yayınlanan Dünya Gazetesi, 15

yıldır günlük olarak sahasında tek başına ekonomi haberleri, bülten ve yorumları ile okuyucularının karşısına çıktı. Gazete 150 bin liradan satılıyor. (Aralık 1998)

Dünya Gazetesi'ni, Mart 1996 tarihinde yayınlanmaya başlayan **Finansal Form** izledi. **Aydın Doğan**'ın ekonomi gazetesi olarak çıkarılan Finansal Form da **günlük** baskı ile 150 bin liradan satılıyor. (Aralık 1998)

Ekonomi alanında ayrıca, Şubat 1994 tarihinden beri **Global Finans** adıyla başka bir gazete yayınlanmakta. **İntermedya İletişim ve Basın Hizmetleri** AŞ.'ye ait Global Finans **haftalık** olarak yayınlanıyor.

Ekonomi alanındaki bu gazeteler, kendilerine has özel renkli kağıt ve sayfa düzenleri ile haber ve yorumlarını, para, piyasa ve borsadaki genel durumu okuyucularına aktarıyor.

5. Gruptaki Gazeteler: Spor Gazeteleri

Fotomaç: 1991 yılından beri yayınlanan **Dinç Bilgin**'e ait 12 sayfalık spor gazetesi 50 bin liradan satılıyor. (Haziran 1998)

Fanatik: 1995 yılında yayınlanmaya başlayan **Mehmet Ali Yalçındoğan**'ın sahip olarak gözüktüğü 12 sayfalık bu gazetede 50 bin liradan satılıyor. (Haziran 1998)

Futbolun ağırlıkta olduğu, başka spor dallarının cılız bir şekilde yeraldığı her iki gazetede özellikle Türkiye'nin büyük takımlarına sayfa ve yer ayrılıyor.

TV, bulmaca ve at yarışlarının da izlendiği bu gazetelerde, sporun altyapısı, sağlık, kültür, tarih ve ekonomisine ait haber ve yorumların beklenen düzeyde olmaması dikkat çekiyor.

ULUSAL HAFTALIK GAZETELER

Milliyetçi Hareket, **Kurultay**, **Türkeli**, **Selam**, **Atılım**, **Aydınlık** adı altında yayınlanan gazeteler, Türkiye genelinde haftalık olarak çıkarılan siyasi yayın organlarından birkaçı...

Bazıları küçük boy neşredilen, sayfa sayıları 16 ila 32 arasında değişen gazetelerin satış fiyatları da 100 bin ila 250 bin lira arasında değişiyor. (Haziran 1998)

Türk Milliyetçilerinin Sesi, Türk Milliyetçilerinin Platformu, Vatan için Elele, Bireyden Topluma Ülkeden Dünyaya, Özgürlük ve Sosyalizm Yolunda vb. sloganlarla çıkarılan bu gazetelerin içerik ve yayın çizgileri isim ve sloganlarından rahatlıkla anlaşılmaktadır.

Haber, fotoğraf, köşe yazıları ve tefrikalarını temsil ettikleri görüş doğrultusunda sunan gazetelerin okuyucuları da hemen hemen kendi görüşündeki insanlar.

Bunlar arasında, bazı gazetelerin akademik ünvanlı köşe yazarlarına ağırlıkla yer vermesi, bazılarının milli birlik ve bütünlük ilkelerini hiçe sayarak gazeteciliği kendi hedefleri doğrultusunda provokatörlüğe alet etmesi dikkat çeken hususlar olarak değerlendirilebilir.

Farklı Bir Gazete: Okuyucular, 26 Ocak 1997 tarihinde, "**Bir Günde 6 Gazete**" sloganıyla çıkarılan farklı bir gazete ile karşılaştı.

Fark şuradadaydı; Tam 108 sayfalık haftalık **Gazete Pazar**'ın fiyatı 30 bin liraydı. Bu tarihlerde çıkarılan 32 sayfalık bir gazete ise 40 bin liradan satılıyordu.

"**Türkiye'nin Pazar Gazetesi**" şeklinde neşredilen **Gazete Pazar**'ın ilk 32 sayfalık bölümünde haftalık haber, fotoğraf ve yorumlar yer aldı. İkinci bölüm, bir konunun işlendiği **Joker**, üçüncü bölüm **kültür**, dördüncü bölüm **spor**, beşinci bölümde kadın, araba, alış-veriş ve yemek bilgilerini içeren **stil**, altıncı bölümde ise bulmaca ve çizgi romanların yer aldığı **fasülye** ekleri verildi.

Yüzde 30'u renkli basılan **Aydın Doğan**'ın Gazete Pazar'ı daha sonraları sayfa sayısı bir hayli düşürülerek **Milliyet Gazetesi**'nin eki olarak verilmeye başlandı.

TABLO - 1
ULUSAL GÜNLÜK GAZETELERİN GENEL BİLGİ ANALİZİ

(5.6.1998 tarihinde yayımlanan ulusal gazeteler **alfabetik** sıra ile ele alınmıştır)

(Birinci Grup)

BİRİNCİ GRUP	**Sahibi**	**Fiyat**	**Sayfa Sayısı**	**Köşe Yazarı Sayısı**	**Renkli Fotoğraf**	**Siyah-beyaz Fotoğraf**	**MANŞETTE**
AKŞAM	Mehmet Bülent Ergin	40 bin	20	14	19 haber	25 haber 2 spor	SAĞLAM TEMEL ATTIK
CUMHURİYET	Berin Nadi	150 bin	16	15	yok	5 haber 3 spor	ÇEVRE AĞIR YARALI
HÜRRİYET	Aydın Doğan	110 bin	32	17	23 haber 19 spor	19 haber	HAYDİ GÖREVE (Meclis Yasalar konusunda)
MİLLİYET	Aydın Doğan	110 bin	26	18	17 haber 30 spor	24 haber	TOP ÇANKAYA'DA
POSTA	Mehmet Ali Yalçındağ	50 bin	20	9	16 haber	22 haber	SARIKLIYA HAPİS
RADİKAL	Aydın Doğan	50 bin	24	17	11 haber 5 spor	19 haber 9 spor	YILMAZ MUCİZESİ
SABAH	Dinç Bilgin	70 bin	32	14	53 haber 21 spor	23 haber	ÖLÜMÜNE DÜELLO (Bursa'da cinayet)
TÜRKİYE	Enver Ören	75 bin	24	15	13 haber 12 spor	30 haber	EGE'DE GÜVEN DÖNEMİ
YENİ YÜZYIL	Esra Bilgi Polley	110 bin	24	13	11 haber 15 spor	12 haber	HERKES SEÇİM DERDİNDE
ZAMAN	Alaeddin Kaya	100 bin	20	14	9 haber 5 spor	20 haber 3 spor	İNCİRLİK'TE SKANDAL

TABLO - 1
(İkinci Grup)

İKİNCİ GRUP	Sahibi	Fiyat	Sayfa Sayısı	Köşe Yazarı Sayısı	MANŞETTE
AKİT	Müstakil Medya A.Ş.	75 bin	18	15	DİKTA YASASININ TAŞERONLARI
HERGÜN	Turgut Altınok	75 bin	12	7	ÇÖZÜM DEĞİL KAOS *(Yılmaz-Baykal zirvesinin ardından...)*
MİLLİ GAZETE	Nazım Oktay Başer	75 bin	20	16	HEMEN SANDIK
ORTADOĞU	Zeki Saraçoğlu	50 bin	12	12	İSLAM'I SEÇTİĞİ İÇİN ÖLDÜRÜLDÜ *(Prens Diana'nın ardından İngiliz Gizli Servisi çıktı)*
SAĞDUYU	Zafer Şanlı	100 bin	16	9	ORTA OYUNU GİBİ *(Erken seçim kararı alan Yılmaz-Baykal'ın görüşlerini*
YENİ ASYA	Mehmet Kutlular	100 bin	12	14	ANLAŞMA CİDDİ BULUNMADI
YENİ MESAJ	Mehmet Emin Koç	75 bin	16	6	BAYKAL SAĞLAMCI
YENİ ŞAFAK	Nevzat Kütük	80 bin	20	12	CHP'YE GÜVEN YOK

TABLO - 1
(Üçüncü Grup)

ÜÇÜNCÜ GRUP	**Sahibi**	**Fiyat**	**Sayfa Sayısı**	**Köşe Yazarı Sayısı**	**MANŞETTE**
ASABİ	Mehmet Ali Yalçındağ	20 bin	8	4	RAKİ BİZİM TEK DOSTUMUZ
ATEŞ	Dinç Bilgin	40 bin	12	4	İDAM YEDİ *(Yeni evli sekretere tecavüz etmeye kalkıştı)*
BULVAR	Aslı Gazetecilik	30 bin	8	-	PRANGAYI HAKAN'A TAKACAK *(Türkülerin içli ve hisli sesi, filmlerin seksi oyuncusu Nazlıhan, Hakan Şahin'in fotoğrafı ile yatıp kalkıyor)*
GÖZCÜ	Mehmet Ali Yalçındağ	40 bin	12	6	SEÇİM ÇİLLER'E YARAYACAK *(Yılmaz ile Baykal kendi kuyularını kazdı)*
GÜNEŞ	Mehmet Bülent Ergin	30 bin	16	7	-UCUZCU EV HAYAL -SARIK, CÜBBE VE ÇARŞAFLA DOLAŞANLARA 1 YIL HAPİS
ÖNCÜ	Bekir Altınok	100 bin	12	6	CHP'DE RTÜK ÇATLAĞI
TAKVİM	Dinç Bilgin	50 bin	12	5	BANKAMATİK ÇETESİ

TABLO - 1

(Dördüncü Grup)

DÖRDÜNCÜ GRUP	SAHİBİ	FİYAT	SAYFA SAYISI
DÜNYA	Nezih Demirkent	150 bin	12
FİNANSAL FORM	Aydın Doğan	150 bin	12

TABLO - 1

(Beşinci Grup)

BEŞİNCİ GRUP	SAHİBİ	FİYAT	SAYFA SAYISI
FANATİK	Mehmet Ali Yalçındağ	50 bin	12
fotoMAÇ	Dinç Bilgin	50 bin	12

TABLO - 1'de de görüldüğü üzere;

5 Haziran 1998 tarihinde, 5 grupta ele alınan toplam 29 gazeteden **8**'i, **Aydın Doğan**'ın sahip olduğu **Doğan Şirketler Grubu**'na (Hürriyet, Milliyet, Radikal, Posta, Asabi, Gözcü, Finansal Form, Fanatik), **5**'i de **Dinç Bilgin**'in sahip olduğu **Medya Holding**'e (Sabah, Yeni Yüzyıl, Ateş, Takvim, fotoMaç) ait. Diğerlerinin sahipleri tabloda görüldüğü gibi.

Yıl içerisinde gazetelerden bazıları ya satıldı ya da künyelerde isim değişiklikleri yaşandı.

Gazete fiyatları 20 bin ile 150 bin lira arasında, sayfa sayıları ise 8 ila 32 arasında değişiyor.

8 sayfalık **Asabi Gazetesi** 20 bin, aynı sayfa sayısındaki **Bulvar Gazetesi** 30 bin liradan satıldı. En fazla sayfası olan **Hürriyet** (32) ve **Sabah** (32) gazetelerinin satış fiyatları arasında ise 40 bin lira oynadı. **Hürriyet** 110 bin, **Sabah** 70 bin liradan satıldı.

Bulvar Gazetesi hariç diğer bütün gazetelerin köşe yazarları var. En az köşe yazarı **Asabi** (4) ve **Ateş** (4) gazetelerinde, en fazla ise **Milliyet Gazetesi**'nde (18) tesbit edildi. Gazetelerdeki köşe yazarlarının sayısı hafta içi günler ve hafta sonlarında değişiyor.

Manşet analizinde;

Ekonomi ve spor gazeteleri hariç, diğer 25 gazetenin 15'inin manşetinde **siyaset** ve **politika** var.

Ateş ve Takvim gazeteleri **adliye** ve **polis** haberlerini manşetten kullanmış, Asabi ve Bulvar gazeteleri sıradan iki ayrı haberi **magazin** olarak manşete vermiş, Cumhuriyet Gazetesi **çevreyi**, Zaman ve Posta gazeteleri **iç güvenlikle** ilgili iki ayrı haberi, Güneş Gazetesi **ekonomi**, Türkiye Gazetesi **dış güvenlik**, Ortadoğu Gazetesi de **dış magazinden** bir haberi manşetine almış.

Birinci gruptaki 10 gazetenin (**Cumhuriyet** hariç) hepsinde renkli fotoğraf ağırlıklı şekilde kullanılmış.

En fazla renkli fotoğraf kullanımında, toplam 74 fotoğrafla **Sabah Gazetesi** ilk sırada geliyor. En az renkli fotoğraf **Zaman Gazetesi**'nde (14) belirlendi.

Spor sayfalarında en fazla renkli fotoğrafa **Milliyet Gazetesi** (30) yer vermiş.

Siyah-beyaz resim ve fotoğraflar ise genelde iç sayfalarda tercih edilmiş. En fazla siyah-beyaz fotoğraf **Türkiye Gazetesi**'nde (30), en az siyah-beyaz fotoğraf **Cumhuriyet Gazetesi**'nde olduğu tesbit edildi.

Birinci gruptaki gazetelerin **Akşam, Türkiye** ve **Zaman** dışındaki gazetelerin hiçbirinin Doğu Anadolu Bölgesi'ne yönelik **bölge sayfaları** yok.

Promosyon analizinde;

Akşam, Cumhuriyet, Türkiye ve **Posta**'nın dışındaki gazeteler, elektronik eşya, çeşitli mutfak gereçleri, oyuncak ve kitap türü promosyon dağıttı. Ancak bu tarihte promosyon kampanyası olmayan sözkonusu yukarıdaki 4 gazetenin, başka tarihlerde promosyonlara katıldığı bilinmektedir.

TABLO - 2
ULUSAL GAZETELERİN 1. SAYFA NİTELİK ARAŞTIRMASI

(5.6.1998 tarihinde yayımlanan 10 ulusal gazete **alfabetik** sıra ile ele alınmıştır)

	MANŞETTE NE VAR ?	1. SAYFADA
AKŞAM	SAĞLAM TEMEL ATTIK (Yılmaz-Baykal)	Demirel : "Türkiye öfkeli" / Nato, Ege için devreye girdi / PKK Avrupa'da çocuk satıyor / SSK faturası çok ağır / Siyasi liderlerden kısa spotlar / Başbakan toto oynuyor / Taner: "Türkiye için savaşıyorum" / Sarık ve fes giyenlere 1 yıl hapis
CUMHURİYET	ÇEVRE AĞIR YARALI	Koalisyonun karnesi kırık / Demirel'den Chirac'a uyarı / Koalisyonun yeni hükümet bunalımı / 8 PKK'lı öldürüldü / Futbol şölenine 5 gün kaldı / Çevre raporu / Sonuçsuz zirve / Sömürgeci MAI / Acil eylem
HÜRRİYET	HAYDİ GÖREVE (*Meclis yasalar konusunda göreve çağrılıyor*)	Yılmaz: Mütabakat sağlam / Cep tlf. fatura bombardumanı / Vali: Siyah ekmekte viagra etkisi var / NBA kasırgası / 2 bin yılının polisleri / YSK: Çiftçe seçim bize uygun değil / İş Dünyası: Başbakan Baykal olsun / Yılmaz'ın taktik savaşı / Tekül, Mert Ali'ye aşık / Hürriyet'ten seri ilanda yaz kampanyası
MİLLİYET	TOP ÇANKAYA'DA	Güneydoğu günlüğü / Bugün Dünya Çevre Günü /NBA uykusuz geceler / Kortta iki Bakan / Doğan Holdin'in net kârı 16.7 trilyon
POSTA	SARIKLIYA HAPİS (*sürmanşet*)	Baykal-Yılmaz zirvesi piyasalara ilaç gibi geldi / DYP'li Şeker'e kışla yolu / 4 trilyonluk servet küçük Emine'nin / Rüzgârın çocukları boğazda / Nükhet Duru estetik yaptırdı / Milaslı çiftçinin papatya hüsranı

TABLO - 2 (devam)

	MANŞETTE NE VAR ?	1. SAYFADA
RADİKAL	Başbakan istifa edeceğini açıkladı, ekonomi ihya oldu YILMAZ MUCİZESİ	DİE Başkanı onayladı /Siyasi belirsizlik ortadan kalktı / Anahtar Demirel'de / Top modele top poster / Arnavutlar göç yolunda / Hocaya 3 yıl hapis istendi / En Büyük Asker Bahattin Şeker / Vali Bey'in bir bildiği var (viagra) / Çevre yoksa, kimse yok
SABAH	ÖLÜMÜNE DÜELLO (*cinayet haberi)*	Benzine yüzde 4 zam / Ecevit: "Çin çok uzak" / Yılmaz'in iki şartı / Cindoruk: "İmza atmam" / Baykal: "Demirel'den endişem yok" / Demirel'den yorum yok / Sahte şeyhe infaz / Can pazarı
TÜRKİYE	EGE'DE GÜVEN DÖNEMİ	Karadeniz'e yeni tarih / PKK'ya öfke seli / Başbakan Yılmaz: "Baykal'a verdiğimiz sözü tutacağız" / Türkeye'den karşı atak / Metin Işık DYP'de
YENİ YÜZYIL	HERKES SEÇİM DERDİNDE	Ege'de "it dalaşı" sonaeriyor / İçişleri Bakanı gizli direnişçi / Sarık ve tekkeye 1 yıl ceza / Şeffaf ve sade şıklık / İngiltere 76 Türk işadamına yasak / Soykırım altınları imaj fırsatı / Ankara perde arkası
ZAMAN	İNCİRLİK'TE SKANDAL	Anlaşma sağlam (Yılmaz-Baykal) / Ülkücü ocaklarına saldırı / Başbakan sordu: " Gülaltay MİT mensubu mu? " Akaryakıta zam / Kalıcı reformlar için geçici hükümet (Endonezya...) / Kurumlardan vergi gelmiyor / Kolutanlar gizlice buluşacak / YSK: Çifte seçim zor

TABLO - 2'deki **1. Sayfa Nitelik Araştırması**'nda, manşetteki konulara bir önceki tablo değerlendirilmesinde değinildi.

Manşetin haricinde **1. Sayfalarda;**

Gündemdeki konular değişik puntolarla birinci sayfalarda değerlendirilmiş.

Gazetelerin birinci sayfalardaki ortalama haber sayısı 7. En fazla haber sayısı (10) Hürriyet Gazetesi'nde, en az haber sayısı (5) Milliyet ve Türkiye gazetelerinde görüldü.

Koalisyon hükümeti ile Yılmaz-Baykal görüşmesindeki gelişmeler başta olmak üzere, **iç siyaset** ile **çevre** bu gruptaki tüm gazetelerin ortak ve ağırlıktaki konusu olarak birinci sayfada ele alınmış.

Terör örgütü PKK da değişik haberlerle birinci sayfalarda yine gazetelerin ortak konusu... **Akşam** "PKK Avrupa'da Çocuk Satıyor", **Cumhuriyet** "8 PKK'lı öldürüldü", **Türkiye** "PKK'ya Öfke Seli"...

Hürriyet, Milliyet, Sabah, Radikal ve Yeni Yüzyıl gazeteleri, düzenledikleri kampanyalara ilgili olarak birinci sayfalarında promosyon ürünlerinin tanıtımlarına oldukça geniş yer ayırmış.

Cumhuriyet, Akşam ve Posta gazeteleri, kendi radyo ve ek dergilerini birinci sayfalarından tanıtmış.

Türkiye ve Zaman gazeteleri de birinci sayfalarına reklam almışlar.

TABLO - 3

(1)

ULUSAL GAZETELERİN İÇ SAYFA ADLARI

(5.6.1998 tarihinde yayımlanan 10 ulusal gazete **alfabetik** sıra ile ele alınmıştır.)

	2.SA.	**3.SA.**	**4.SA.**	**5.SA.**	**6.SA.**	**7.SA.**	**8.SA.**	**9.SA.**	**10.SA.**
AKŞ.	Magazin	**Bölge**	Haber Reklam	Ekonomi	Ekonomi	Ekonomi	Güncel	Güncel	Günce
CUM.	Olaylar Görüşler	Haberler	Haberler	Haberler	Ekonomi	Ekonomi	Dış Haberler	Dış Haberler	Kültür
HÜR.	Güncel	Haber	İnsan	Toplum	Güncel	Gündem	Ekonomi	Para Piyasa	Para
MİL.	Reklam	Haber	Yaşam	Yaşam	Haber	Ekonomi	Para Borsa	Haber	Sektör Isınma
POS.	Haber Reklam	Haber Reklam	Yaşam	Toplum	Borsa Finans	Ekonomi	Politik	Politik	Haber
RAD.	İnsan	Türkiye	Reklam	Çevre	Politika	Politika	Türkiye	Dizi	Yorum
SAB.	Reklam Haber	Günün İçinden	Kültür Sanat	Günün İçinden	Melodi	Haberler	Günün İçinden	Ekonomi	Ekonomi
TÜR.	Haber	Haber	dizi yazı Reklam	Ekonomi	Para Finans	Ekonomi	Dış	Dış	Haber
Y.Y	İnsanlar	Türkiye	Yaşam	Türkiye	Türkiye	Politika	Ekonomi	Ekonomi	Finans
ZAM.	Görüşler	Haberler	Dış Haberler	Dış Haberler	Finans	Ekonomi	Politika	Yorum Dizi yazı	Politika

TABLO - 3
(2)

	11.S.	12.S.	13.S.	14.S.	15.S.	16.S.	17.S.	18.S.	19.S.	20. S.
A	Güncel	Güncel	Dünya	Güncel	Yurttan Haberler	Spor	Spor	Spor	Spor	Haber
C	Kültür	TV	dizi yazı, Bulmaca	Spor	Haber devam	Haber	=	=	=	=
H	Para	Ekonomi	Ekonomi	Dizi	Dünya	Dünya	Sanat	Seri İlanlar	İlan Reklam	İlan Reklam
M	Sektör Isınma	Politika Haber	haber yazı	Geniş Açı	Geniş Açı	Dış Haberler	Dış Haber	Tefrika Reklam	Eğitim Gençlik	İlan Reklam
P	Dünya	ÖYS TEST	ÖYS TEST	**Sağlık**	Bulmaca	At yarışları	Spor	Spor	Spor	Haber
R	Dış Haberler	Ekonomi	Ekonomi	Borsa Finans	Borsa Finans	Borsa Finans	sinema	TV	Spor	Spor
S	Ekonomi	Ekonomi	Finans	Dünya Raporu	Günün İçinden	Günün İçinden	Günün İçinden	Dünya Ç. Günü	Dünya Ç. Günü	Dünya Ç. Günü
T	Yorum Haber	Yorum Haber	Yorum Haber	Kültür Sanat	Dini Sağlık	Çizgi Roman	köş.yaz Reklam	**bölge**	**bölge**	yazı dizi Reklaıı
Y	Finans	Finans	Finans	Ekonomi	Tekno Net	sinema ilanları	Dünya	sinema ilanları	Vizyon	Sinema
Z	Politika	TV	Kültür	Haberler	Reklam İlan	**bölge**	**bölge**	Spor	Spor	Haber

TABLO - 3
(3)

	21.S.	22.S.	23.S.	24.S.	25.S.	26.S.	27.S.	28.S.	29/30/31/32. S.
A	=	=	=	=	=	=	=	=	=
C	=	=	=	=	=	=	=	=	=
H	İlan Reklam	İlan Reklam	Kent Gündem	Gündem	Gündem	Gündem	Süper Spor	Süper Spor	Süper Spor
M	Haber	Ekran	Sinema	Spor	Spor	Spor	=	=	=
P	=	=	=	=	=	=	=	=	=
R	Spor	Sinema	Kültür Sanat	Haber Yorum	=	=	=	=	=
S	Reklam	Haberler	Haberler	Günün İçinden	Günün İçinden	Günün İçinden	TV.	Reklam	Spor
T	TV Magazin	Spor	Spor	Spor	=	=	=	=	=
Y	Sanat	TV	TV	Haber	=	=	=	=	=
Z	=	=	=	=	=	=	=	=	=

ULUSAL GAZETELERİN EK VE İLAVELERİ

Akşam:

Hafta içinde 4 sayfalık **İnci** eki (birkaç sanatçı ve kadın fotoğrafı, fal, yemek tarifleri ve günlük televizyon programları). Hafta içinde ayrıca, iki günde bir üniversite sınavları için soru bankası şeklinde 4 sayfalık ilave.

Hafta sonunda ise 40 sayfalık **PS** ücretsiz eki ile birlikte küçük boyutlu haftalık televizyon program dergisi **Akşam TV**.

Pazar günü verilen PS: (*çeşitli tarihi ve güncel konularla ilgili yazılar, sağlık konuları, internet, müzik, otomobil, sinema dünyası, sanatçılardan bol bol resim, fotoğraf ve posterler*).

Cumhuriyet:

Hafta içinde 24 sayfalık **Kitap**, hafta sonunda bilimsel yazıların yer aldığı yine 24 sayfalık **Bilim Teknik** dergileri.

Dünya:

Ekonomi dünyası ile ilgili olarak toplam 24 sayfalık **Borsa, Bölge Eki** ve **Dünya Dosyaları** ilaveleri.

Hürriyet:

Hafta içinde 4 sayfalık **Kelebek** (*bulmaca, fal, Güzin Abla dedikoduları, televizyon sayfası...*) Büyükşehirler için yapılan baskılarda ise bölge sayfaları ve çeşitli ilanlarla ek ve ilaveler daha fazla. Hafta içinde ayrıca zaman zaman değişik adlarla çeşitli ekler vermekte.

Hafta sonunda 28 sayfalık **Gazete Pazar** (*kitap, yaşam, röportaj, reklam, dünya, bulmaca, çizgi roman ve televizyon sayfaları*).

Ayrıca orta boy, tamamı renkli haftalık televizyon dergisi **TV Magazin**.

Milliyet:

Hafta içinde bazen turizm, tatil veya ekonomi gibi değişik konular üzerine ortalama 8'er sayfalık ortaboy ilaveler.

Hafta sonunda cumartesi günleri 16 sayfalık **Vitrin** (*kadın, moda, müzik, yemek...*);

Pazar günleri **Gazete Pazar** (*haber, gençlik, bilim, medya, internet, bulmaca, kültür-sanat, sinema, kitap, kadın-erkek, sağlık,spor vb. konularıyla ilgili*); üniversiteye hazırlık dergisi **Üniversite 2000**;

Pazar günleri yine büyük boy, kuşe kağıda baskılı **Pasha** dergisi (*bol bol çıplak kadın fotoğraf ve posterleri, sosyeteden haberler...*) ile 32 sayfalık haftalık televizyon programı dergisi **Oscar TV**.

Posta:

"Kadın ve TV gazetesi ekidir" logosuyla verdiği hafta içinde 4, hafta sonunda 8 sayfalık **Maksi** (*TV programları, fal, roman, bulmaca ve sosyete dedikodulu fotoğraflar*).

Sabah:

Hafta içinde zaman zaman özel ek ve ilaveler.

Hafta sonunda 32 ve 40'ar sayfalık büyük boy, kuşe kağıda baskılı **Şamdan** ve **TELE Şamdan** dergileri (*ünlülerin çıplak fotoğrafları, sosyeteden kim kiminle haberleri...*) ile haftalık televizyon programı **TV Guide.**

Takvim:

6 sayfalık **MAGAZIN** (*bulmaca, karikatür, fotoğraflar ve cinsellik*).

Yeni Yüzyıl:

Hafta içinde 4 sayfalık spor ağırlıklı **Kale Arkası**.

Hafta sonunda **Pazar** ilavesi (*portre, yaşam, bulmaca, oyunlar, moda dünyası sayfalarından oluşan*) ile 32 sayfalık büyük boy, kuşe kağıda baskılı **Viva** dergisi.

Zaman:

Hafta içinde, birinci sayfası bölge haberlerine ayrılan 4 sayfalık **Zaman 2** ilavesi (*çocuk dünyası, bulmaca, kadın-aile vb konular*).

Yazılı basındaki ek ve ilaveler daha çok 1970 ve 1990'lı yıllarda verildi.

Yukarıda analiz edilmeye çalışılan ek ve ilavelerin sayfa sayıları, kullanılan kağıt ve baskı kalitelerine bakıldığında, maliyetin hiç de küçümsenecek boyutta olmadığı izleniyor. Örneğin (dergi üzerinde çarpı işaret konulmuş maliyet rakamlarına göre) hafta sonu ücretsiz verilen **Viva**'nın 600 bin, **Pasha**'nın 400 bin, **Şamdan**'ın 250 bin lira olduğu dikkate alınırsa, acaba bu dergilerin gideri biriki sayfasına alınan reklamlardan mı karşılanıyor? Gerçi 1999 yılı ortalarında bu dergiler ücretli satılmaya başlandı.

Ek ve ilavelerin içeriğinde ise, başta TV programları olmak üzere, son yıllarda kutu şekillerin dışına çıkarak oldukça çeşitlenen bulmaca ve fallar, sanat adına ünlülerin kim kiminle dedikoduları, çıplak kadın fotoğrafları ve cinsellik (birkaç ek ve ilave haricinde) ortak konuyu teşkil ediyor.

2000 YILINDA NE DEĞİŞTİ?

Gazeler üzerine yapılan araştırmadan 2 yıl sonraki kısa değerlendirmede; bazı gazetelerin kapandığı, yeni gazeteler çıktığı, gazete fiyatları, tiraj raporları, haftalık ek ve ilaveler ile promosyon ürünlerinde çeşitli değişiklikler olduğu dikkat çekmektedir. Aslında, söz konusu bu değişiklikler basında sık sık yaşanmaktadır.

Araştırmamızın önceki bölümünde ele alınan gazeteler arasındaki **Yeni Yüzyıl, Hergün, Sağduyu, Ateş** ve **Öncü** gazeleri ile haftalık **Milliyetçi Hareket** ve **Türkeli** gazeteleri artık gazete bayilerinde gözükmüyor. Bu gazeler 1998 ve 1999 yıllarında kapandılar.

1999 yılında günlük 2 ulusal gazete basın hayatında yerini aldı. Star ve Yeni Binyıl gazeleri.

Star

Televizyon yayıncılığıy.la kamuoyuna adını duyuran **Uzun** ailesi, 11 Mart 1999'da Star Gazetesi ile yazılı basında yerini aldı.

Farklı bir mizanpaj, haber anlayışı ve bol fotoğraflarla sunulan gazete kısa sürede aldığı tirajı birkaç ay korudu. Ancak dağıtımda yaşanan çeşitli sorunlar bir süre sonra nispeten giderilerek birkaç ay korudu. Ancak dağıtımda yaşanan çeşitli sorunlar bir süre sonra nispeten giderilerek kaybedilen tiraja ulaşılmaya çalışıldı. 2000 Nisan ayında ortalama 300 bin tirajı bulan gazete, bu tarihte 100 bin liradan satılıyor.

Bazı haberlerin fotoroman gibi anlatıldığı 32 sayfalık gazetede köşe yazarı sayısının da ayrıca azlığı dikkat çekiyor.

Yeni Binyıl

1999 Haziran'ında Yeni Yüzyıl yayın hayatına veda ederken, 2000'e 14 gün kala (17 Aralık 1999) yeni Binyıl milenyuma "merhaba" dedi.

Binyıl Yayıncılık A.Ş, adına Hasaın İlhan Esen'in sahip olarak gözüktüğü gazetde çizgi hemen hemen Yeni Yüzyıl'ı andırıyor.

24 sayfalık gazete 50 bin liradan satılıyor.

Ulusal günlük gazetelerin birçoğu 1999 yılında, önceki ıyla oranla hemen hemen yüzdü yüze yakın bir fiyat artışına gitti. Ancak yine buhlardan bazıları 2000 yılında yendien fiyat indirdiler.

Hafta içi ve sonlarında verilen kuşa baskılı ek ve ilavelerin yerini, biraz daha az sayfalı, bulmaca ağırlıklı TV, bilimsel ve kültürel içerikli ilaveler aldı.

Promosyonda ise, çeşitli elektronik ürünlerin sertifikalı satışları devam ederken, 2000 yılında VCD ve CD dağıtım yarışı başladı.

Son bir değerlendirme tablosuyla;

2000 YILINDA ULUSAL 11 GÜNLÜK GAZETE

(27 Nisan 2000 tarihinde yayımlanan 11 ulusal gazete **alfabetik** sıra ile gösteriliyor)

BİRİNCİ GRUP	Sahibi	Fiyat	Sayfa Sayısı	MANŞETTE
AKŞAM	Mehmet Bülent Ergin	100 Bin	20	TÖRE KAVGASI (MHP, ülkücü geleneğe ihanetle suçladığı Sadi Somuncuoğlu'nu aforoz etti).
CUMHURİYET	Berin Nadi	250 Bin	18	MHP'DE KAVGA BÜYÜDÜ (Meclisin önünde silahlı MHP'li milletevkillerince önü kesilen Somuncuoğlu sorun oldu)
HÜRRİYET	Aydın Doğan	100 Bin	32	5 LİDERİN SINAVI (Anayasa Mahkemesi Başkanı Sezer'i cumhurbaşkanı adayı gösteren 5 lider, bugün yapılacak ilk turda önemli bir sınav verecek)
MİLLİYET	Aydın Doğan	100 Bin	30	LOJMANDAN KÖŞE (İktidar ve muhalefetin ortak adayı Ahmet Necdet Sezer'in hayatı cumhurbaşkanı olunca büyük bir değişime uğrayacak)
POSTA	Mehmet Ali Yalçındağ	50 Bin	28	LİDERLERİN SINAVI (Tarihi uzlaşmaya imza atan liderlerin partilerine söz geçirip geçiremeyecekleri bugün belli olacak. Sözler tutulursa Sezer ilk turda cumhurbaşkanı seçilecek).
RADİKAL	Aydın Doğan	125 Bin	24	BIYIK KESMEKLE OLMUYOR (MHP; Meclis'teki şiddet gösterisini 'töre'ye bağladı)
SABAH	Dinç Bilgin	100 Bin	34	'SİLAHIM OLSA VURURDUM' (Sadi Somuncuoğlu'na saldırıda başı çeken MHP'li Erginyurt, "Ben sinirli biradamım. İyi ki silahım yanımda değildi" dedi.)
STAR	Cem Uzan	100 Bin	32	ANAYASA BU KAFAYA EMANET (Anayasa Mahkemesi Başkan Vekili Haşim Kılıç, "laik" görüntü verebilmek için bir kocanın eşine yapabileceği en büyük hakaret yaptı. Ön kapıdan çıktı, eşini arka kapıdan çıkardı. Yetmedi. Otomobiline bindi gitti. Ortada kalan eşi, evine taksiyle döndü.
TÜRKİYE	Enver Ören	175 Bin	24	GÖZLER MECLİS'TE (TBMM, 10. Cumhurbaşkanını seçme için bugün sandık başına gidiyor)
YENİ BİNYIL	Hasan İlhan Esen	50 Bin	24	İŞTE MİTİN AJANLARI (Nezih Demirkent, "Mit'çi gazeteci yok" diyenlerle bir araya gelirse bildiği isimleri açıklayacağını söyledi)
ZAMAN	Ali Akbulut	150 Bin	24	İLK TUR GÖSTERGE (Liderlerin vardığı Necdet Sezer uzlaşması için, bugün yapılacak ilk turda nabız yoklanacak, sonucun sonraki turlarda alınması bekleniyor)

KÖŞE YAZARLARI

Genel bir tanımla: Gazetelerin sağ ya da sol köşelerinde, genelde tek sütun mizanpajında, uzmanlaştığı sahada, görüşlerini, düşüncelerini, gazetecilik meslek ilkeleri çerçevesinde edebi bir üslupla (makale, fıkra, sohbet, tenkit) yazıya döken **veya** hemen hergün her mevzuda kendine has tarzı ile allamelik yaparak yazı yazan kişi.

Bu tanımlamada iki ayrı köşe yazarı tipi vurgulanıyor. *Yazar kişiliği olan, toplumun saygısını kazanmış uzman bir gazeteci*[38] ile *yılın üçyüz altmış beş günü bin bir çeşit konuyu okuyucuları adına düşünen yazar türü.*[39]

Türk yazılı basınının hemen hepsinde yukarıda belirtilen tariflere uygun köşe yazarları var.

"Fikir tembelliği köprüsünün mimarı köşe yazarları..." şeklinde bir tanımlama ile Araştırmacı-Yazar **İsmet Bozdağ**, Türkiye'de fikir çekirdeği taşıyan gazete fıkralarının 1940'lı yıllarda başladığını bildiriyor.

"Dünya savaş içindeydi; Türkiye de savaşın kapısına gelmişti. Politik yorum yapmak tehlikeli iş olmuştu. Gazetelerde fıkra yazanlar, hafif konuları seçiyorlar, Belediye işlerini eleştiren yazılar yazıyorlardı. Fıkra'yı kelime anlamı ile (okuyucu güldüren sütun) biçiminde anlayan **Burhan Felek** gibi yazarlar, **Bektaşi, Nasreddin Hoca ...fıkraları** ile süsledikleri yazılar yazıyor ve okuyucuyu böyle avutmak istiyorlardı. Buna karşılık **Vala Nureddin** gibi fıkracılar, günlük haberlerden bunalan okuyucuların rahatlayabilecekleri, **Ahmet Haşim** ile **Nazım Hikmet** arası bir üslupla kaleme aldıkları yazıları sütunlarına geçiriyorlardı. Bunların dışında bir de **Peyami Safa** vardı: Ve bu romancı ve fikir adamımız, insan ve olaylar arasındaki ilişkileri açık-seçik yazıyor ve bugünkü köşe yazarlığını başlatıyordu.

---

38. Nezih Demirkent, a. g. e. , S. 209.
39. Yener Karadeniz, a. g. e. , S. 59.

Büyük şairimiz **Ahmet Haşim** de fıkra yazmıştır. **Yahya Kemal** de... Fakat onların fıkraları, fikir ve huzurun kucaklaştığı yazılardır. Günlük haberlerden bunalan okuyucunun, bir sanatçıya kısa bir misafirliğidir. Bir sabah kahvesi keyfi ve lezzeti gibi bir şeydir. Gerçeklerle katılaşmış ruhlara düşürülmüş birkaç damla ferahlıktır!... Nasıl, büyük bir roman, hızla akan olaylardan sonra yayılarak, genişleyerek okuyucusunu dinlendirirse, fıkra da, olayların başdöndürücü akıntısından sonra, fikrin ve sanatın lezzet havuzlarında okuyucusunu dinlendirir.; güne daha iyimser başlamasını sağlar."[40]

Günümüzdeki köşe yazarları bir ya da birkaç köşeyi kapmış durumda. Kimi, hafif tebessümlü vesikalık fotoğrafının altında olaylara objektif bir şekilde bakmaya çalışıyor, kimi müstear adla birkaç sayfada, başka gazetelerde ve dergilerde dolaşıyor, kimi siyasetçi, kimi sanatçı, kimi de harcıalem gülen fotoğrafının altında ekmeğini yediği gazetenin şarkısını söylüyor.

Köşe yazılarında ise, iç ve dış politikadan, spordan, sanattan, ekonomiden, çeşitli sosyal olaylar ve dini konulardan cinselliğe varana kadar her türlü mevzuu enine boyuna ele alınır.

Ulusal gazetelerin her birindeki köşe yazarı sayısı 5 ila 20 arasında değişiyor. Bazen rakam 32 sayfalık bir gazetenin hafta sonu sayısında 30'u aşıyor.

Bu yazarların bir kısmı yoğun bir tempoda malzeme toplar. Hafta sonuna ya da günaşırı okuyucusuna ulaştıracağı bilgilerin doğru, güvenilir ve objektif olmasına büyük ihtimam gösterir. Bunun için de bazı güncel toplantı ve olayları bizzat takip eder, edindiği geniş çevresini sahip olduğu bilgi birikimi ile iyice yoğurur ve okuyucusunun karşısına öyle çıkar.

Bazı köşe yazarları ise, herkesin bildiği bir konuyu okuyucusuna hakaret edercesine, illa da kendi görüşleri ile aktarmayı görev bilirler. Bunlardan bir kısmı da, ya karşı görüş veya gruptakiler ile amiyane bir şekilde polemiğe girer, yahut işine gelmediği birilerine küfürlü kelimelerle saldırmayı marifet sayar. Yazar **Bozdağ**, is-

40. İsmet Bozdağ, a. g. e. , S. 252.

tisnalar hariç, bugünkü köşe yazarlarını akıl dağıtmakla görevli buluyor: "Oysa günümüzün -eski adıyla **fıkra**, yeni adıyla **köşe yazarları**- her sabah okuyucularının önüne, öfkesinin şimşeğine sarılmış, çatık kaşlı, balyoz yumruklu bir kişi olarak çıkıyor: Dişleri gıcırdıya gıcırdıya herşeyi tekmeleyip tokatlıyor, yöneticileri azarlayıp kulağını çekiyor; Oturduğu köşenin verdiği rahatlık içinde okuyucuya da, devlete de akıllar dağıtıyor!... Dünyanın en kolay şeyi akıl dağıtmak, en zor şeyi de benimseyip, sindirmek değil mi?.."[41]

"Bu yazarlar, sabahın belli bir saatinde gazeteye gelir, kahvesini söyler, sigarasını tellendirir ve başlar o gün çıkan gazeteleri bir baştan bir başa büyük bir dikkatle okumaya... Yazacağı yazının konusunu aramaktadır. Konuyu buldu mu, artık iş bitmiştir, ya kalemi eline alır, ya da daktilonun başına geçip, tuşlara basmaya başlar; Bir saat sonra o günkü yazı hazırdır!

Bu köşe yazarlarının pekçoğu, ya bir siyasi partiye, ya ideololjik bir fikre angajedir. Elbette yazıda ele aldığı konuya, bu açıdan bakarak yaklaşmıştır. Yeter ki, çıkarı ile çatışmasın..."[42]

"Dünyanın hiçbir yerinde, her sabah, her konuda okuyucuya allamelik eden köşe yazarlığı geleneği yoktur. Batı ve özellikle Amerikan basınında, yazısı aynı gün 50-60 gazetede yayınlanan bazı yazarlar vardır ama, bunların geniş kadrolu özel büroları vardır, araştırma servisleri vardır, danışman kadroları vardır; öylece yazarlar ve yazdıkları yazı hem bilimsel, hem gerçek, hem de nefis bir üslupla kaleme alınmıştır. Böylesine geniş bir kadro, bir haftada ancak bir ya da çok çok iki yazı çıkartabilir."[43]

10 Gazetede 561 Köşe Yazarı

1998 yılı Mart ayının son bir haftalık süresinde yapılan bir araştırmada, ekleri ile birlikte 10 ulusal gazetede toplam 561 köşe yazarı tesbit edilmiş.

Milliyet Gazetesi'nin eki Gazete Pazar'ın 15 Nisan 1998 ta-

---

41. İsmet Bozdağ, a. g. e. , S. 253.
42. İsmet Bozdağ, a. g. e. , S. 240.
43. İsmet Bozdağ, a. g. e. , S. 239.

rihinde yayımlanan araştırmaya göre; **Milliyet, Hürriyet, Sabah, Yeni Yüzyıl, Radikal, Zaman, Cumhuriyet, Akşam, Akit** ve **Yeni Şafak** gazetelerinde tesbit edilen yazar sayısı en fazla Yeni Yüzyıl'da (80), en az Akit'de (35) olmak üzere bu iki rakam arasında değişiyor.

Yazarlardan büyük bir bölümünün birden fazla alana eğilmeleri nedeniyle uzmanlık alanlarında kolay bir tasnifden ziyade genel bir değerlendirme yapılmış. En büyük kitleyi, politika dahil her türlü alanda yazı yazanlar oluştururken, 10 gazetede **108** spor yazarı, **50** ekonomi, **50** sanat yazarı, **30** da dış politika yazarı belirlenmiş.

Çift Şapkalı Yazarlar

Son birkaç yılda, hayatın da zorlamasıyla gazetelerde yeni servisler, gazeteciler arasında yeni uzmanlık dalları ortaya çıktı. Yazarlar da bu uzmanlıklara göre arttı. Bugün gazetelerde her konuyu ele alan yazarlar var. Yemek, lokanta, bar, sinema, müziğin birkaç dalı, hukuk, TV, eğitim, maliye, bilişim, sağlık, magazin, otomobil, tüketici hakları, çalışma dünyası, ekonomi kulisi, tarih, medya, dil, her tür mizah (yazarın kendi kendisiyle alay etmesi dahil)...

Bir de çift şapkalı, hatta çift gazeteli yazarlar var. İşte birkaç örnek: **Hıncal Uluç** ve **Selahattin Duman** hem Sabah, hem Yeni Yüzyıl (Kale Arkası) yazarı; 1999'da kaybettiğimiz **Yavuz Gökmen** Hürriyet'te hem kendi köşesini yazdı, hem de spor sayfalarına konuk oldu; **Deniz Gökçe** Akşam'da hem ekonomi, hem spor yazarı; **Haşmet Babaoğlu** Yeni Yüzyıl'da haftalık köşesinin dışında maç yorumları yaptı.

Bazı yazarlar hafta içinde gazetelerin birinci bölümünde yazarken, hafta sonunda pazar ekinde bambaşka bir köşeyle okuyucunun karşısına çıkıyor. Kimi yazarlar da gazetenin içinde yer değiştiriyor. Örneğin **Rauf Tamer** hafta içinde Sabah'ın arka sayfasında yazarken, pazar günleri birinci sayfaya taşınıyor.

Arka sayfa yazarlığı Türk basınında yeni bir alışkanlık; bazı gazeteler bu değerli (gazetenin ikinci 1. sayfaları) sayfada tek bir yazara yer verirken, kimileri de hergün bir başka yazarın yazısını yayımlıyor. Örneğin Cumhuriyet'in arka sayfasında **Raif Ertem, Attila İlhan, Müjdat Gezen, Erdal Atabek**. Yeni Şafak Gazetesi'nde **Mustafa İslamoğlu**, **Gökhan Özcan** ve **Aydın Menderes** yazdı.

Milletvekili Yazarlar

Uzmanlaşma köşe yazarlığını gazetecilere mahsus bir iş olmaktan çıkardı. Eskiden yalnız emekli futbolcular spor yazarı olurdu, ama şimdi basında her meslekten yazar var.

İşte milletvekili yazarlarından birkaçı: **Altan Öymen** (Milliyet), **Dışişleri Bakanı İsmail Cem**, **Yılmaz Karakoyunlu, Ahmet Tan** (Sabah), **Mümtaz Soysal** (Hürriyet), **Rüşdü Saracoğlu** (Yeni Yüzyıl, Liberal, Bakış), **Aydın Menderes** (Yeni Şafak), **Yaman Törüner** (Akşam). Bunların bir bölümünün gazeteci kimliğinin politikacı kimliğinden daha eski, hem daha güçlü olduğunu ekleyelim.

Ekonomi sayfalarında eski bürokratlardan (**Mahfi Eğilmez, Caner Ertuna, Ercan Kumcu, Ali Tigrel, Üstün Sanver** vb.), dünya sayfalarında eski büyükelçiler (**Şükrü Elekdağ, Coşkun Kırca**) var." [44]

Akademisyenler ve akademisyen kökenli yazarlar arasında ise şu isimler sayılabilir: **Ahmet İnsel, Asaf Savaş Akat, Erdoğan Alkin, Erol Manisalı, Faruk Selçuk, İsmet Giritli, Korkut Boratav, Metin Eriş, Mim Kemal Öke, Mustafa Altınbaş, Mustafa Ünaldı, Nur Vergin, Orhan Karmış, Salih Neftçi, Salim Erdoğan, Soli Özel, Turgut Tarhanlı, Yaşar Nuri Öztürk.**

Takma İsimli Yazarlar

Araştırmacı **Ayşen Gür**, takma isimli yazarlar hakkındaki incelemesinde özellikle iki yazar üzerinde duruyor."Biri **Tevfik Güngör Uras**. Kendisi Yeni Yüzyıl yazarıydı ama, Sabah Gazetesi'nde de **Ali Rıza Kardüz** adıyla yazdı; bu iki adı da basında sık sık kullanan **Uras**, yüzünü olduğu gibi gösteren aynı fotoğrafı iki ismiyle birlikte kullanmaktan çekinmedi. (Neyse ki Tevfik Güngör adıyla Dünya Gazetesi'nde yazdığı yazılarda resmi yoktu!)

---

44. Ayşen Gür, Gazete Pazar, 5 Nisan 1998, S. 7.

İkinci örnek **Fehmi Koru;** Zaman'ın başyazarı olarak birinci sayfada yazısı okunur, sayfayı çevirince ikinci sayfada Taha Kıvanç adıyla karşınıza çıkardı. Medya ve politika kulislerinden çeşitli bilgiler verdiği bu takma isimli köşesiyle o kadar başarılı oldu ki, başka yayınlarda **Reha Kıvanç, Baha Kıvanç, Deha Kıvanç** gibi taklidleri bile türedi... *(Fehmi Koru 1998'in ortalarında Zaman Gazetesi'nden ayrıldı).*

Eskiden beri köşe yazarlarının bazıları, takma isimlerle yemek yazıları yazarlardı. Bu alışkanlık sürüyor. Örneğin Hürriyet'in pazar eki Hürriyet Pazar'daki "**Mr. Gurme**", aslında **Serdar Turgut**. **Güzin Abla**, Hürriyet'in bir başka yazarı: Ama adı, okuyucular tarafından öyle benimsenmiş ki, gerçekte kim olduğu önemli mi?

Radikal'de uzun süre yüzünün yarısını saklayan **Mine G.** nihayet dayanamayıp adını açıkladı ve konuya ayırdığı köşe yazısında gerçek adının **Mine Gökçe Kırıkkanat** olduğunu öğrendik. Kendisi aynı zamanda Milliyet'in Paris temsilcisi **Mine G. Saulnier**.

Bir de Zaman Gazetesi'nde, ağdalı, eski bir Türkçe ile mizahi (tenkit) yazıları yazan **İrfan Külyutmaz** var. Kendisi aslında gerçek adıyla da (**Hilmi Yavuz**) aynı gazetede yazdı. Ancak İrfan Külyutmaz'ın kim olduğunu dikkatli bir okur hemen farkedebilir..."[45]

Köşe Olmuş Yazarlar

Günümüzde artık bazı köşe yazarları, yazılı basındaki köşelerinden taştı, sözlü basında da bir uzmanlık dalı geliştirdiler. Onları şimdi televizyonların değişik kanallarında program ve yorumları ile canlı canlı izliyoruz.

Basında zaman zaman yer alan köşe yazarlarının transfer ücretleri milyon dolarlı rakamlarla adeta dudak uçuklatırken, Ankara'da yayınlanmakta olan **Kuva-i Medya** dergisi, 12 Ekim 1998 tarihli nüshasında bazı köşe yazarlarının aylıklarına dikkat çekti. Birkaç gazetede de yayınlanan bilgilere göre aylıklar şöyle:

---

45. Ayşen Gür, Gazete Pazar, 5 Nisan 1998, S. 7.

"**Güneri Civaoğlu,** Milliyet, Kanal D (50 bin dolar)
Fatih Çekirge, Uzan ailesi (40 bin dolar)
Ali Kırca, ATV (40 bin dolar)
Mehmet Ali Birand, EKO TV (30 bin dolar)
Gülgün Feyman, Interstar (30 bin dolar)
Aydın Özdalga, Kanal E (30 bin dolar)
Ufuk Güldemir, Interstar (25 bin dolar)
Mehmet Barlas, Zaman (25 bin dolar)
Reha Muhtar, Show TV (25 bin dolar)
Savaş Ay, Yeni Yüzyıl, ATV (20 bin dolar)
Rauf Tamer, Sabah (15 bin dolar)
Emre Kongar, Cumhuriyet (144 dolar)"

Bugünlerde (Nisan 2000) bir dolar 600 bin Türk lirası. Bu rakam 50 bin dolar maaşla çarpılırsa, aylık 30 milyar Türk lirası ortaya çıkar. Başka bir değerlendirme ile, **sigortasız çalıştırılan** (200 milyon TL maaşlı) tam **150 kameraman** ya da **muhabir aylığı** anlamına gelir.

Cumhuriyet Gazetesi'nin 4 Kasım 1998 nüshasında **Turgay Fişekçi**'nin düştüğü küçük nota göre:

"**Emre Kongar**'ın 22.10.1998 günkü (Medya Notu) ndaki dudak uçuklatıcı sayıları okuduktan sonra, aynı gün bir tanıdık bana daha çarpıcı bir başka örnek anlattı. Listede binlerce dolar maaş alanlar arasında adı geçenlerden **Ali Kırca'**nın sunduğu haber bültenini çeken kameramanlardan biri tanıdığımın yeğeniymiş. Sabahtan gece geç saatlere kadar sigortasız çalıştırılıp, karşılığında da kendisine makbuz karşılığı aylık 75 milyon lira ödeniyormuş. Bundan böyle ATV haber bültenlerini izlerken, karşı karşıya çalışan biri binlerce dolar maaşlı, öteki 75 milyon lira maaşlı ve kadrosuz iki basın emekçisini de düşünün!"[46]

Köşe Yazarları Kendilerini Yorumluyor

"Bunlar, para ve çıkar karşılığında yazı yazar. Basının kendi

46. Dolar Tetikçileri, Akit, 5 Kasım 1998, S. 7.

firmaları vardır... Geçmişte gazete patronlarının büyük ihale işlerini takip ettikleri bile kanıtlanmıştır... Bunlar, devletin zirvesindeki kişilerle her dönem içli-dışlıdır. Onlara gidip dolduruş ve dedikodu yapar... Her türlü pisliği ve yolsuzluğu bunlar bilir. Ama gelin görün ki, yazmaya elleri varmaz... Bunlar şu veya bu nedenle işsiz kalınca, hanedanlar bile devreye girip iş bulur... Ziyafet sofraları onların kahkaha ve fıkralarıyla şenlenir. Devlet büyükleri, para babaları ve egemen kesim, onların görkemli sofralarında ve evlerinde sık sık ağırlanır."[47]

Ve tarih 17 Aralık 1998. Türkiye'de birkaç aydır devam eden kaset furyasına, İçişleri eski Bakanı **Meral Akşener** katılıyor bu kez. **Akşener**, Hürriyet Gazetesi Genel Yayın Yönetmeni **Ertuğrul Özkök** ile dönemin Devlet Bakanı **Güneş Taner** arasında geçen telefon konuşmalarını medyaya açıklıyor.

"Telefon dinletmek suç ve ahlaksızlık! Amenna. Peki gazetecilerin bakanlarla ve Yargıtay üyeleriyle iş bağlaması ne?" yorumuyla görüş belirten Akşam Gazetesi'nin köşe yazarlarından **Yalçın Pekşen**, "Ciğeri Beş Para Etmez Gazeteciler" başlığı altında şunları yazdı:

"...Sözkonusu kasetlerin içi de, dışı da gazetecileri yakıyor. İddia edildiği gibi, gazetecilerin telefonları dinletiliyorsa, mesleğin tehdit altında olduğu açık. Ama gazeteciler bakanlarla, Yargıtay üyeleriyle bu türden ilişkiler içinde iseler, gazetecilik yine tehdit altında. Bu durum bazı gazetecilere ödenen paraların da ne anlama geldiğini açıklıyor.

*Örneğin dünyanın yıldız gazetecileri arasında tartışmasızs 'numara' sayılan **Christian Amanpour**, geçen yıl CNN'e geçmek için bir milyon dolar transfer parası almıştı. O günden beri de savaştan savaşa, hayatı pahasına koşturdu durdu. Son Körfez saldırısında bile, hatırlayacaksınız, haberleri onun ağzından öğrendik hepimiz.*

Buna karşılık bizde ciğeri beş para etmez gazeteciler 2 mil-

---

47. Emin Çolaşan, Hürriyet, 3 Mayıs 1992, S. 5.

yon dolardan aşağı adımlarını atmıyorlar. Bu arkadaşların savaşa gittikleri de yok. Yaşadıkları en büyük tehlike cumhurbaşkanının, başbakanın veya bakanların peşinde iş bağlamak için koşuştururken çıktıkları gezilerde bir trafik kazasına uğrama olasılığı."[48]

Gazete okuyucuları, köşe yazarlarının birbirlerini ağır ithamlarla karalayan, okkalı küfürlü, amiyane tabirli polemiklerine zaman zaman tanık olmaktadır. Bu durum 1940'lı yıllardan beri Türk basınında süregelmiştir. Ancak o yıllardaki tartışmaları, kapışmaları ve o yılların gazeteciliğini mumla aradığını ifade eden Gazeteci -Yazar **Selami Akpınar**'ın görüşü şöyle: "Basında hep kavga vardı. Çok büyük ve çok çirkin kavgalar da oldu. Ama bütün bu kavgalar gazetecilik üzerinde, gazetecilik anlayışı idealine dönük yapılır, en ağır suçlamalar bile bu sınırların dışına taşmazdı. Bugünkü kavgaların bence gazetecilikle bir ilgisi yok. Burada tamamen ticari bir zihniyet var. Kendi adıma çok üzülüyorum. Mesleğimiz adına da utanıyorum."[49]

O dönemle bugünkü gazetelerde köşe yazarlarının birbirlerine yönelttikleri argo sözcükleri bir karşılaştırırsak: "**Be hey sefil paçavralar.. pis tuvalet kağıtları.. utanmaz herifler...**" Bugün ise "**utanmaz yaratık.. liboş.. geri zekalı çöl ajanı.. düzenin mikroplu hücresi.. mega alçak.. Babiali köçeği...**"

Ulusal gazetelerdeki köşe adları üzerinde bir gezinti yaparsak, buraya kadar yazılanlarla konuya daha bir netlik kazandırmış olacağız.

Ulusal gazetelerdeki köşe adları (1998):
(**alfabetik** sıra ile)

AKŞAM

Akşam'dan
Atış Serbest
Bakış
Bölgeden
Buradan Bakınca
Cenk Meydanı
Cüneyt Canver'in Duydukları
Galeri
Halkın Avukatı
Olaydan Söze

48. Yalçın Pekşen, Akit, 24 Aralık 1998, S. 7.
49. Şükran Soner, Cumhuriyet, 28 Ekim 1995, S. 9.

CUMHURİYET

Ankara...
Arada Bir
Bir Bakıma
Güncel
Gündem
Haftaya Bakış
Kedi Gözü
Mercekle Bakınca
Pencere
Politika Günlüğü
Politikada Sorular
Vaziyet
Yazı Odası
Yorum

HÜRRİYET

Açı
Ankara Kulisi
Ankara'dan
Arena Programı
Arka Oda
Bakış
Cuma Sohbetleri
Dipnot
Günün Yazısı
Kurthan Hoca Yazıyor
Onuncu Köy
Politika
Renkler
TekeTek
Yeter Söz Milletin

MİLLİYET

Açık Pencere
Avukatınız
Aynanın İçinden
Bugün
Dipsiz Kuyu
Diyalog
Dünya Değişirken
Dünyada Bugün
Eko Gündem
Günlerin Köpüğü
Günlük
Not
Objektif
Olaylar ve İnsanlar
Onuncu Ses
Öneriyorum
Rating Canavarı
Sivil Toplum
Siyaset Günlüğü
Soru Yorum
Tüketici Gözüyle
Vitrin
Yorum

POSTA

Ankara Kulisi
Kestane

RADİKAL

Bir Başka Dünyadan
Cihannüma
Film Eleştirisi
Zapçının Seyir Defteri

SABAH

Alo Sabah
Aspava
Din ve Siyaset
Gönül Sohbetleri
Gösterişin Sonu Yoktur
Haftanın Sohbeti
Hıncal'ın Yeri
Mali Yaklaşım
Perde Arkası
Sabah Diyor ki
Şeytanın Gör Dediği
Takometre
Talat'ın Kahvesi
Teknometre
Yeni Ufuklar

TÜRKİYE

Cumadan Cumaya
Çevre
Dış Politika
Dünyaya Bakış
Dürbün
Ekran
Entellektüel boyut
Fantazi ve Kulis
Flaş
Gönlümce
Görüş
Gözetme Köşesi
Gün Işığında
Günün İçinden
Haftanın Sohbeti
Sohbet
Tarihin Süzgecinden
Tarihten Sohbetler
Zum

YENİ YÜZYIL

Bam Teli
İzliyorum

ZAMAN

Açık Sayfalar
Arkaplan
Aşk Olmayınca
Devran
Farklı Boyut
Fıkıh Dünyası
Göze Takılanlar
Gündem
Güzeran
Haftaya Bakış
Hodri meydan
Kalemucu
Keyfiyet
Kulis
Kültür Atlası
Millet Kürsüsü
Politik
Şööle Bir Bakıyorum da
Tahlil

Nisan 2000'de

STAR

Engin Ardıç
Halit Kakınç
Salih Neftçi
Mustafa Mutlu
Kürşat Başar
Esen Ünür (kendi adıyla)
Derin Kulis
Çankaya Kulisi

YENİ BİNYIL

Okay Gönensin
Vivet Kanetti
Ali Bayramoğlu
Ercan Uygur
Korkmaz İlkorur
Kürşat Bumin
Metin Münir
Bilal Çetin
Kemal Görmez
Soli özel
Selim Akçin (kendi adlarıyla)
Network
Rüzgâra Karşı

Okuyucu Gözüyle:

Yapılan anketlerde, okuyucu daha çok köşe yazarlarını tercih ediyor. Ve okuyucu, tercih ettiği, sürekli takip ettiği köşe yazılarından dolayı yazarını genelde inandırıcı buluyor. . Ancak, polemik ve kişisel yorumlar yüzünden de inandırıcı bulmadığını hemen ikinci sırada belirtiyor. (bkz. Anket - 1)

YEREL GAZETELER

Türk basını, artık kavram tutuculuğu ve kargaşasından kurtulmalı, çağın şartlarına göre de isim almalıdır.

Genel anlamıyla "**MEDYA**", haber ağırlığı ve yönüyle "**BASIN**", bunları oluşturan **yazılı basın (medya), sözlü basın (medya), görsel basın (medya), işitsel basın (medya), elektronik basın (medya)** gibi kavramlar teknik yapı, görev ve sorumluluk alanları itibariyle bir şekilde yerli yerine oturtulmalıdır.

Burada üzerinde durmaya çalışacağımız mevzuu **yerel gazeteler,. yerel basın** ya da **mahalli basın**'ın yazılı bölümü olacaktır.

Konu bugüne kadar **Anadolu Basını, yerel basın** veya **taşra basını** olarak ele alınmış, incelenmiş, irdelenmiş, sürekli sıkıntı içinde olunduğu vurgulanmış, ancak gelişmeler karşısında kavram, *Milli Mücadele ruhu* arkasında hep aynı yerde kalmıştır.

"Mahalli Basın" akla sadece yerel gazeteleri getirmemeli. Türkiye'de bugün sadece mahalli gazete yok, mahallinde yayınlanan radyosu var, televizyonu var. Bunların hepsine birden **Anadolu Basını**, çalışanlarının tümüne de **gazeteci** diyoruz.

İstanbul Basını-Anadolu Basını, Büyük Gazeteler-Küçük Gazeteler gibi tanımlamalar daha ne kadar sürecek?

Bu duruma kısaca değindikten sonra gelelim yerel gazeteciliğin genel durumuna.

Yerel gazete, il, ilçe ve beldelerde günlük, haftalık veya daha fazla aralıklarla yayınlanan, mahallinde kamuoyu ile halk arasında ayna görevi yapan yazılı yayın organıdır.

"Yerel basın" denince, her zaman akla küçük çaplı işletmeler gelmesine karşılık, bugün üzerinde yaşanılan bu toprakların işgalden kurtulmasına ve Cumhuriyet Türkiyesi'nin kurulmasına en çok emeği geçen kurumlardan birinin de yerel basın olduğu bilinmektedir.

Kurtuluş Savaşı döneminde, İstanbul basını ister istemez susarken, yerel gazeteler, dünyada eşine rastlanmamış bir gazetecilik örneği vermişlerdir. Ülkenin emperyalist güçlerce işgaline karşı toplumun örgütlenme ve haberleşmesinde kıyasıya bir mücadele veren yerel basın, işlevi ve tirajı açısından da en onurlu dönemi yaşamıştır.[50]

Anadolu Basını'nı, Kurtuluş Savaşı'nın "**Gazi Basını**" şeklinde niteleyen Gazeteci-Yazar **İsa Kayacan**, ulusal özelliği itibariyle Anadolu Basını'na şu yorumu getiriyor:

"Anadolu Basını, Türkiye Cumhuriyeti'nin kuruluşunda önemli harcı olan bir basındır. İrade-i Milliye'nin günümüzdeki temsilcileri olan basındır.

Yerel basın yerine, bilerek Anadolu basını deyimini kullanmamızın temel felsefesi, Anadolu sözcüğünde somutlaşan, birleştiricilik, bütünleştiricilik, bir başka ifade ile ulusal birlik, ulusal bütünlük idealidir.

Anadolu Basını, Milli Mücadele'de Edirne'den Kars'a, İzmir'den Van'a, Samsun'dan Sivas'a , Erzurum'dan Kastamonu'ya, Antalya'dan Adana'ya, yurdumuzun dört bir yanında yeniden diriliş ve ulusal kurtuluş için kamu vicdanında bir uzlaşmayı, milli dayanışmayı sağlama erdemini gösterebilmiş bir basındır.

Anadolu Basını, bugünkü konumuyla da, demokrasi terbiyesinin yerleşip kökleşmesinde, çok partili parlamenter rejimin, çoğulcu, katılımcı demokrasinin tabana yayılmasında önemli bir kamu görevi yapmaktadır."[51]

"Anadolu Basın geleneği, 1864 yılında Tuna vilayetinde yayınlanan **Tuna Gazetesi** ile başlıyor. Giderek gelişiyor. 1919-1938 yılları arasında, başta İstanbul ve Ankara olmak üzere 962 dergi yayınlanıyor, aynı dönemde 582 gazetenin yayınlandığı görülüyor."[52]

Anadolu Basını'ndaki pekçok gazete, neşredildiği yerdeki il

---

50. Ahmet, E. "Yerel Basının İşlevi ve Sorunları" Bilim ve Sanat, İstanbul,Aralık 1981, S. 28.
51. İsa Kayacan, Basınımızın Anadolu Cephesi, Ankara, 1996, S. 19.
52. İsa Kayacan, a. g. e. , Ankara, 1996, S. 58.

veya ilçe ismi ile yayınlanır. Yine bunlar arasında birçok gazetede ortak ek isimler dikkat çeker.

" **-Hakimiyet, -Sesi, -Postası, -Ekspres, -Mücadele, -İleri...**"

Ağrı **Hakimiyet**, Karadeniz **Hakimiyet**...

Adayıman'ın **Sesi**, Milletin **Sesi**...

Aziziye **Postası**, Van **Postası**...

Adana **Ekspres**, Doğu **Ekspres**...

Aydın **Mücadele**, Siirt **Mücedele**...

Antalya **İleri**, Yozgat **İleri**...

Görüldüğü şekliyle, halkın sesi, gücü, iletişimi, hızı, mücadeleyi ve ileriyi niteleyen bu isimlerdeki gazeteler günümüzde acaba amacı doğrultusunda yayın yapıyor mu?

Şu satırları yazdığım 1999 yılının ilk aylarında, Türkiye'de yayınlanmakta olan yerel gazetelerin en son sayısını öğrenmek için **Basın Yayın Enformasyon Genel Müdürlüğü**'nü aradım. Telefonun diğer ucundaki bey, 8 ay önce kendilerinden aldığım 3 yıl öncesine ait istatistiki rakamların hala kendilerinde mevcut olduğunu söyledi. *Valilikler ihmal ediyormuş, son rakamlar yokmuş...*

Bir yıl sonra aradım, yine sağlıklı bilgi alamadım. Bu yüzden ben de 1995 rakamlarını vermekle yetinmek zorundayım. Buradan hareketle, yerel gazetelerimizi yukarıdan aşağıya doğru inceleyelim.

1995 yılındaki verilere göre, Türkiye genelinde **günlük 590, haftalık 515, on beş günlük 182, aylık 478** olmak üzere toplam **1765 yerel gazete** yayınlanmış.

Seçim dönemleri dikkate alınmazsa, bu sayı üç aşağı beş yukarı hemen hemen aynı.

Türkiye'de yerel basının olmadığı iddiasında bulunan **Nezih Demirkent**, bakın neler söylüyor:

"...Bir iki istisna dışında Türkiye'de yerel yayıncılık çok kısıtlı, hatta yok. Neden böyle olduğunu tartışmakta fayda var.

...Matbaacıların arzusu bellidir. Şehirdeki kötü adam olmak istemezler. Devlet varlığından pay kapmak isterler. Genelde çıkardıkları gazete adı altındaki yayın, birkaç tane haber veya gelişi güzel alınmış veya bedava yayınlanmış reklamlardan ibarettir. Burada gazeteci olarak çalışmak isteyen arkadaşların yapabildikleri iki olay var. Ya yayının sahibi kavga etmek istiyorsa bir takım insanlarla dalaşacaktır, ya da yayının sahibi kavga etmek istemiyorsa uzlaşma yol ve yöntemi arıyacaktır.

Genelde tablo bu. 656 yayının içerisinde herhalde, çok iyimser söyleyecek olursam, 50 tanesi bu tablonun dışında, 600'ü bu tablonun içindedir. Yani Türkiye'de yerel basın bir ihtiyaçtan doğmamış, aksine tepeden birtakım zorlamalarla gelişir hale dönüşmüştür. Bunun aksini iddia etmek de hayli zordur. Anadolu'daki bazı şehirlerimizde gazete tirajları bin, ikibin bilemediniz beş bindir. Buna rağmen o şehirlerde 4-5 tane gazete çıkmaktadır. Bunların biraraya gelip de güçlü bir gazete oluşumuna öncülük etmesi zordur. Çünkü 4-5 yayının sahiplerinin kişisel menfaatleri ön plandadır.

...Bir matbaa sahibi boş zamanlarında bir yayın çıkartıyor; Bu 200-300 veya 500 tane satıyor, çıraklarla dağıtılıyor, burada gazeteci istihdam etmek günü gelince, onları sigortalamıyor, gazeteci olarak tanımlamıyor, buna mukabil muhterem eşini, çocuğunu, dayısının oğlunu, teyzesini sarı basın kartı sahibi yaptırabiliyor.

*...**Anadolu'daki gazetelere bakacak olursanız, küçük bir bölümü hariç, hepsinin sahip ve yazı işleri müdürleri aynı ailenin insanlarıdır.** Başkasına tahammül etmezler."*[53]

Sayın **Demirkent**, bu yorumuyla haklı olarak gerçeklere ışık tutuyor. Ancak, iyimser rakamlarla verdiği bin ve yukarısı sayılardaki tirajlar pekçok şehirdeki gazetelerde 100'ü bile bulmuyor.

Bunların birçoğunda gazeteci istihdam edilmez. Veya çalıştırılan iki-üç genç muhabire haftalık cep harçlığı verilir. Gazetenin bütün yükünü, ekonomik ömrünü çoktan tamamlamış, üzerine mavi boncuklar asılı bulunan dizgi ve baskı makinelerine sıkı sıkıya

53. Yerel Basın Eğitim Seminerleri Dizisi,: 1, Konrad-Adenauer-Vakfı, İstanbul, 1997, S. 17-18.

bağlı, yıllarca kurşun ve boya kokusu içinde çelimsiz hale gelmiş insanlar çeker.

Genelde patrona saygıda kusur etmemeye özen gösteren bu insanların tek güvencesi ise sigorta ve asgari ücretin altındaki aylığıdır. Onlar sayfaları şakır şakır dizer, kalıplarını alır, gazetenin baskısını yapar, cep tarağı ile onları teker teker kırar (katlar), bazılarını akşam saatlerinde postaya hazırlar, sabahın erken saatlerinde de Vilayet, Adliye, Emniyet, Kütüphane... diye dağıtımını yaparlar. Gazetelerin toplam sayısı 30 dolayında. Birkaç tanede de kendine arşiv yapar, baskı sayısı 30-50 civarındadır.

Sabah matbaaya gelen patronun işi de, çayı ile birlikte masasına konan gazeteye şööyle göz atmaktır. Çayını yudumlarken ilan ebadlarına bir göz atan patron ya memnundur, ya da Vilayet'teki resmi ilan sorumlusuna biraz hayıflanmaktadır.

Tekrar tekrar altını çizerek vurgulamak gerekirse, **istisnalar hariç**, yereler gazetelerimiz bu gerçeği yaşıyor.

Devletin verdiği resmi ilanlarla yerel gazetecilik yapılıyor. Bugünkü rakamlarla günlük bir yerel gazetenin resmi ilan geliri yıllık ortalama 10 ila 12 milyar lira arasında değişiyor.

Devlet ilan mukabilinde aynı parayı bir kişi ile çıkarılan **tipo** baskılı gazeteye de veriyor, 15 kişi çalıştıran **ofset baskılı** gazeteye de veriyor.

Yerel gazetelerin fiyat, ebad ve içerikleri hakkında özetle şu bilgileri verebiliriz:

Ulusal gazete fiyatlarının 20 bin ile 150 bin lira arasında değişen fiyatlarla satıldığı günlerde, yerel gazete logoloranın altındaki fiyatlar 20 bin ile 40 bin lira arasında değişiyordu.

Genelde ulusal gazete boyutlarında çıkarılan yerel gazeteler arasında tabloid türde gazetelere rastlamak da mümkün.

Yerel gazetelerin yine birçoğu hâlâ tipo baskılarda iri puntolarla diziliyor.

Yerel gazetelerin sayfa sayıları 4 ila 20 arasında değişiyor. Sayfa sayısı, baskı kalitesi, içerikdeki haber ve diğer yazı değerleri, gazetenin çıkarıldığı il ya da ilçenin ekonomik, sosyal ve kültürel gelişmişliği ile yakından ilgisi dikkati çeker.

Yer ve gazete ismi belirtmeden yerel günlük gazetelerin içeriğini ise şu şekilde yorumlayabiliriz.

Tipo çıkarılan gazetelerde, siyah-beyaz baskıdan başka bir de gazete logoları kırmızı ya da mavi olarak önceden basılır.

4 sayfalı bir gazetenin birinci sayfasının yaklaşık dörtte biri logodur. Sayfanın diğer bölümünde manşetle birlikte en az 2, iyimser değerlendirme ile en fazla 10 mahalli habere rastlanır.

Gazetenin 2 ve 3'üncü sayfalarında ya patrona ait başka iş kollarındaki tanıtım, varsa **resmi ilan** veya kartvizit anlayışında diğer reklam türleri veya tarih ya da sağlıkla ilgili bazı tefrikalar mevcuttur.

Çerçevelenmiş reklamlara 4'üncü sayfada devam edilir veya hasbelkader en çok 2 ya da 3 normal veya spor haberi konulur.

Ortasına bir veya iki yaprak eklenmiş tipo ya da ofset 6 ve 8 sayfalı gazeteler bunlardan bir kademe ileride görünür.

Birinci sayfada baskı ve logolar birbirlerine çok benzer. Ama bazı gazetelerin birinci sayfalarında genelden (güncel olaylar veya ulusal gazetelerden) konulan haber kalite ve sayısı ile birkaç fotoğrafla desteklenen mijanpajda bir emek olduğu açıkça belirir.

2-3-4-5 ve 6'ıncı sayfalar herhangi bir kitaptan alınma tefrikalar, yukarıdaki türde reklam ve varsa resmi ilanlarla doldurulur. Bazıları nöbetçi eczane ve acil telefonları serpiştirir, bazıları TV programlarını, birkaç bulmaca veya ev hanımlarına yönelik pratik bilgi içerikli yazıları ihmal etmez.

Gazetenin arka sayfasında da durum aynıdır. Birkaç spor haberi, yine bazı gazeteler bunu siyah-beyaz fotoğrafla destekler veya boşlukları reklam veya sıradan haberlerle doldurur.

Mizampajda olduğu gibi haber başlıkları, haberin sunuş biçimi hemen birbirinin aynısıdır. Farklı gözüken haberlerde de ya tehtidvari kızgınlık vardır ya da methiyeler dikkat çeker.

Hemen belirtelim, Türkiye'de yayımlanmakta olan yerel gazetelerin elbette ki tümü bu şekilde değil. **Karadeniz'de, Sakarya'da, Bursa'da, Bolu'da, Antalya'da, Konya'da, Erzurum'da ve daha pekçok ilimizde büyük bir özveriyle çıkarılan günlük ve haftalık öyle gazeteler var ki, bunların büyük bir kısmı baskı kaliteleri ve habercilik anlayışı ile birkaç ulusal gazeteyi gölgede bırakır.**

Yerel gazetelerin büyük bir bölümünü bu standartlara ulaştırmak mümkün. Ancak, şimdi gelin yerel basın ve **Anadolu Basın Birliği**'nden bazı temsilcilerin sürekli dile getirdikleri **ısrarlı ve ilginç taleplerine** bir kulak verelim:

"*-Can çekişen Anadolu Basını'na devlet desteği sağlanmalıdır...*

-Bu sektörde çalışanlara düşük faizli kredi verilmesi devletin görevi olmalıdır...

-Devlet erkanının yurtdışı gezilerine yaygın basınla birlikte Anadolu Basını'nın temsilcileri de davet edilmelidir...

-İlan, reklam gelirlerinin tamamı ya da bir bölümü vergi dışı bırakılmalıdır...

-Resmi ilan fiyatları her 6 ayda bir artırılmalıdır...

*-Siyasiler neden "**konuşan Türkiye**" diyor, "**okuyan Türkiye**" demiyor? Toplumda gazete ve kitap okunmasının özendirilmesi için Kültür Bakanlığı, Milli Eğitim Bakanlığı ile basın kuruluşları ortak çalışmalı. Okullarda yerel gazete okunması özendirilmeli...*

-Meslektaşların konut problemine çözüm getirilmeli...

-Habercilikte yerel gazete ile Anadolu Ajansı, Basın-Yayın bağlantılı haber ağı oluşturmalı, meslektaşların yerel yönetimlerden haber alma imkanları kolaylaştırılmalı...

-PTT ücretleri indirilsin...

-Basın Yayın Enformasyon Genel Müdürlüğü'nce haber, resim ve klişe akımı sağlanmalı..."[54]

54.Yerel Basın Eğitim Seminerleri Dizisi,: 1, Konrad-Adenauer-Vakfı, İstanbul, 1997, S. 40-41-42 / Yeni Türkiye, Sayı 12, 1996, S. 1071- 1072-1074.

Sözkonusu Bu Talepleri Karşılamak Anadolu Basını'nı Kurtarır mı?

Devlet destek sağlasın, düşük faizli kredi versin, patronlarını yurtdışı gezilerine götürsün, ilan, reklam gelirlerinin bir bölümünü vergi dışı bıraksın, resmi ilan fiyatlarını sürekli artırsın, okullarda zorla gazete okutsun, meslektaşlara da birer tane ev yapsın, **Anadolu Ajansı**'nı emirlerine amade etsin, posta ve telekomünikasyon ücretlerini biraz daha indirsin, haber, resim ve klişe akışı sağlansın (!) Ve daha neler, neler...

Dünyanın neresinde böyle yerel gazetecilik sistemi sözkonusu?

Devlet bunları yapacaksa patronları ne yapsın?

Oturtsun mevkutenin başına birer tane de memur!

O zaman bu gazetenin **Pravda**'dan ne farkı kalır?

Bu zihniyetle yerel gazeteler bulundukları durumdan bir adım öteye gidebilirler mi?

Gazetelerin herşeyden önce birer ticari kuruluş olduğuna işaret eden Sakarya Gazeteciler Cemiyeti Başkanı **Necdet Göngörsün,** devletin kredi desteğine bir şekilde karşı çıkıyor:

"Ticari kuruluşların birtakım sorumlulukları vardır. Siz önce ticari sorumluluklarınızı yerine getiriceksiniz, yani önce yatırım yapacaksınız.

Bugüne kadar beş kuruşluk yatırım yapmayacaksınız, sonra (biz Cumhuriyetten bu yana büyük başarılar elde ettik) diyeceksiniz. Nasıl elde ettin? 40-50 gazete basmakla başarı elde edilir mi? Kamuoyunu yönlendirme gücün var mı? Kamuoyunu bilgilendirebiliyor musun? Resmi ilan alacağım diye elli tane gazete basacaksın, 4 tane Savcılığa , 3 tane Vilayete, 3 tane faturanın arkasına ekleyeceksin, ondan sonra diyeceksin ki, ben gazete patronuyum, gazeteciyim. Ne yapıyorsun? Devleti sömürüyorsun. Nasıl sömürüyorsun? Gazetenin ebadına göre 4-5 adam çalıştırıyorsun, naylon kadro ile dolduruyorsun...

Biz gazeteciliği meslek olarak görmüyoruz. Gazete patronu

(bana kredi ver) diyor. Ben çalışanım arkadaş, önce sen haklarımı ver. Devlet sana niye versin? Bana versin de ben çıkartayım gazeteyi....

Bizim Anadolu'da sorunlarımız var. Ama bizim sorunumuz patronun kredi alma meselesi değil, karısına, kızına sarı basın kartı alma meselesi de değil. ***Anadolu'da gazeteci aç, ücreti asgari ücret artarsa artıyor.*** *Bir tanesinin bordrosu asgari ücretten fazlaysa..."*[55]

Umarım sayın ***Göngörsün****, savunduklarını* ***Sakarya****'da uygulayan bir gazetecidir.*

Yeniden Yapılanma...

Bütün bu sorunlar ışığında Türkiye'de yerel gazetelerin bir an önce günümüz şartlarına göre yeniden yapılanma gereği açıkça ortaya çıkmaktadır.

Benzer sorunları ile birlikte sayıları çok kısa zamanda binleri bulan radyo ve televizyonları da yerel gazetelere eklersek, **yerel basın** adına konunun bir bütün olarak ele alınması zaruri gözüküyor.

İddialı bir yaklaşımla; **eğer yerel basın için gerekli düzenleme ve iyileştirmeler yapılırsa, Türkiye'de adı *kartel*'e çıkan, son zamanlarda sürekli olarak *bir kısım medya* diye kendinden söz ettiren ulusal basın da bir süre sonra gerçek kimliğine kavuşacaktır.**

Şöyle ki: *"Yerel kamuoyu, uluslararası ve ulusal kamuoyunun bir parçasıdır. Bir başka deyişle, uluslararası ve ulusal düzeyde oluşan kamuoyunun içinde yerel kamuoyunu oluşturan aynı kitle de yer alabilmektedir. Ancak genel kamuoyu, bunlardan farklı ve bağımsız olarak daha dar alanda, daha lokal ölçülerde, daha sınırlı konularda, yörede yaşayanların birbirlerinden ve yörelerindeki hemen her gelişmeden doğrudan ve hayli yüksek oranda etkilenmeleri ile oluşan bir ortaklık, bütün ve yararlanma grubudur.*

55. Yerel Basın Eğitim Seminerleri Dizisi,: 1, Konrad-Adenauer-Vakfı, İstanbul, 1997, S. 56-57.

Bu kamuoyunun sınırları ve hareket alanı bellidir, beklentiler son derece somut olarak ortadadır. Yörede yaşayanların herhangi bir konudaki etkilenme düzeyi az ya da çok hemen hemen eşit düzeydedir. Yerel kamuoyunda bireysel çıkarlar birbirleriyle daha yakın ilişki içindedir. Bu nedenle de ortaya çıkan ya da çıkabilecek tepki veya ortak ses de aynı düzeyde güçlüdür.

Bir başka deyişle, yerel kamuoyu aslında ulusal düzeyde oluşan ve daha geniş bir alana yayılan diğer gruplaşmalara göre çok daha etkili, keskin ve güçlü bir özellik taşımaktatır...

Çünkü yerel basın, yayınladığı haberler, fotoğraflar, ele aldığı sorunlar, kentin ihtiyaçları, kentteki 24 saat kültürel ve sosyal etkinliklere ilişkin aktardığı bilgilerle, bireye yaşanan yer duygusunu, yaşadığı yerin bir parçası olduğu düşüncesini kazandırmaktadır.

Bu nedenlerle hemen hemen tüm gelişmiş ve gelişmekte olan ülkelerde kitle iletişim araçları iki yönlü bir ilerleme süreci içine girmişlerdir. Bir yönüyle sınırları aşan bir bütünleşme süreci yaşamakta, öte yandan da ***hemen her kasaba, hatta her semt ve mahalle bir lokal gazeteye, radyoya sahip olmaya başlamaktadır.***

Türkiye'de de merkezi ekonomik, siyasi, kültürel, sanatsal ve illetişimsel yönetim anlayışı terkedilerek, merkezde toplanmış yetkinin, ülkenin ve çağın koşullarına uyarak yerel yönetimlere kaydırılması gerekliliği düşüncesi gittikçe daha fazla ağırlık kazanarak ülke gündemine yerleşmiştir. Türkiye'de artık, bölgesel yönetimlerin, meclislerin ve ekonominin ön plana çıkarılması tartışılmaktadır."[56]

2000'li yıllarda, Türkiye'de yerel yönetimlerin yeniden yapılanma sürecinde önemli değişim ve gelişmeler olacağı kaçınılmaz gözüküyor. Yerel basın da, işlevsel sorumluluklarının bir gereği olarak bu değişimde mutlaka yerini almalıdır.

Sözkonusu değişimle ulusal basında da varolan bir boşluk kendiliğinden kapanacaktır.

---

56. Ali Murat Vural, Yeni Türkiye, Sayı 12, 1996, S. 1061-1062-1063.

Kısa bir eleştiriyle; *"Halihazırdaki ulusal basın büyük bir oranda İstanbul basını olma özelliğinden öteye gidememektedir. Ülke, basının bu biçimi ile hemen hemen yanlız İstanbul'u yaşamakta, okumakta, İstanbul haberlerini ve yaşamını satın almaktadır. İstanbul'un su sorunu, gece yaşamı ya da Dolapdere semtindeki soygun, Gaziantep'teki vatandaşı hiç mi hiç ilgilendirmemektedir. Buna rağmen yine de bu vatandaşın 50 bin lira verip, bu haberleri satın alması ya da akşam haberlerini televizyonlardan sorgusuz sualsiz izlemesi beklenmektedir. Aslında bu yapısı ile birlikte, yapılan tüm serzenişlere ve tartışmalara rağmen Türkiye'de İstanbul basını haketmediği düzeyde yüksek bir tiraja sahiptir. Bu haliyle gereğinden, olması beklenen düzeyden fazla satma başarısını gösterememektedirler.*

Tirajlar için ileri sürülen bu görüşler, televizyonların reyting düzeyleri için de geçerlidir. Bunlarda da toplumsal yapıya hakim olan "merkez" e karşı merak duygusunun yanısıra, herşeyi biraz boşvermişlik, biraz da hoşgörü ile karşılama alışkanlığı yatmaktadır.

Ayrıca tüm bunlara bir de basının bugünkü kurum ve organ olarak kendi içinde sahip olduğu sorunları ve zaafiyetleri eklersek, ortaya Türkiye adına büyük bir boşluk çıkmaktadır."[57]

"Ulusal basına malzeme sağlayan yerel basındır" gerçeğinden hareketle; bulunduğu yörede halkla iç içe yaşayan, olaylara en yakın olan ve halkını en iyi tanıyan da yerel basındır.

Yerel basının, yerel kültürü korumak, bulundukları yöre halkının haklarına sahip çıkmak, yöreye saygın bir konum kazandırmak ve yöre halkının kültürel kimliğini korumak gibi önemli görev ve misyonu vardır.

Yerel halk kendi gazetesinde kendi sorunlarını, gelişmelerini, sesini, yüzünü görür. Kendisi ve çevresi ile ilgili herşeyi daha yakından izler; olaylara sahip çıkar.

Yöre halkının moral kaynağı olan yerel basın, bu nedenlerle yöre halkının, çevresiyle ve kendisi ile ilgili yaşamasını sağlar.

---

57. Ali Murat Vural, a. g. e. , S.1065-1066.

Sonuç İtibariyle

Bugün bir berber dükkanı açabilmek için ustalık belgesi aranan ülkemizde gazetecilikte herhangi bir yeterlilik belgesi aranmaması, meslek açısından büyük bir handikaptır. Canı isteyen herkes, Valilik makamına verdiği bir "**Mevkute Beyannamesi**" ile gazete sahibi olabiliyor ve istediği kişiyi çalıştırma hürriyetine haiz oluyor. Sonra da sahip olduğu basın haklarına ve nüfuzuna dayanarak elindeki yayın organını istediği gibi kullanıyor.

Herşeyden önce bu konuda yasal bir düzenleme yapılmalı ve ehliyet, ehline verilmelidir.

Buna bağlı olarak çıkarılmasına izin verilen gazetenin nicelik ve nitelik açısından ne şartlarda olmasına ilişkin mevcut yasaların günün koşullarına göre yeniden gözden geçirilmesi ve uygulanmasında kesinlikle taviz verilmemesi gerekiyor.

Devlet, teknolojik gelişimde, kağıtta, boyada, yerel gazetelere düşük faizle kredi sağlasın, ama sıkı sıkıya takip etsin; kazandırsın, geri alıp bir diğerine takviye etsin.

Devlet, gazetelere gerek yazı gerekse baskı ünitelerine eleman yetiştirilmesinde okul ve kursları ile yardımcı olsun, resmi ilanını da günün ekonomik koşullarına göre artırarak versin, ama eğitim ve emek verdiği elemanın ne şartlarda çalıştırıldığını aynı şekilde tavizsiz kontrol etsin. Resmi ilanlarını da 30-40 baskılı gazetelere heba etmesin.

Devletten haber, klişe, fotoğraf servisi yapmasını beklemek yanlıştır. Devlet yine düşük faizli kredilerle bilgisayar ve teknolojisini eğitimi ile birlikte sağlasın. İnternet ve habercilik hizmetinde kullanılacak iletişim araçlarına indirim uygulasın, haber alımındaki güçlükleri ortadan kaldırsın.

Devlet, yerel gazete çalışanlarına belli dönemlerde mesleki gelişmelerle ilgili kurslar ve seminerler düzenlesin. Sürekli yapılması gereken bu çalışma **gerçek anlamda** birer çatı altında toplanabilecek Gazeteciler Cemiyetlerince de yapılabilir.

Ve devlet, gerek gazetenin dağıtımında ve satışında, gerekse okunmasında birtakım tedbirler alabilir. Yeter ki ideal ölçülerde yerel gazetecilik yapılsın...

DERGİ

Tarih, edebiyat, sanat, siyaset ve ekonomi gibi çeşitli sosyal ve kültürel konuları gazetelerden daha farklı bir şekilde işleyen yayın.

Diğer bir adı ile **mecmua**, belirli okuyucu kitlesine yönelmiş, belli günlerde yayımlanan, değişik sayfa sayısından meydana gelen yayın organı.

Dergi, matbaanın icadından sonra (17. yüzyıl), basının gelişip yaygınlaşması bakımından ayrı bir öneme sahiptir. İlk dergiler bu yüzyılda kurulmuşlardır.

Dergi özelliğindeki ilk edebi ve ilmi gazete 1665 yılında Paris'te yayınlanan **Journal Des Savants** dır. Yine aynı yıl İngiltere'de **Philosopihcal Transactions** adıyla ilk İngiliz dergisi yayınlanmış.

Türkiye'de yayınlanan ilk dergi ise 1861 yılında **Münif Paşa**'nın çıkardığı **Mecmua-ı Fünun**'dur.

Sonraki yıllarda, özellikle edebiyat, sanat ve fikir alanlarında ulusal, bölgesel ve yerel bazda binlerce dergi yayınlanmış.

Basın Yayın Genel Müdürlüğünün Mayıs 1998 verilerine göre; Türkiye'de 35 dolayında dergi **ulusal**; bin 181 kadar yerel dergi **aylık**; 97 yerel dergi de **haftalık** olarak yayınlanmaktadır.

Dergileri **haber, magazin, ekonomi, bilimsel, kurumsal, iş dünyası, tanıtım, kültürel, sanat, fikir, mizah** v.b. kategorilerde incelemek mümkündür.

1998 yılı başında bazı dergilerin tiraj raporları şu şekilde:
Aktüel (29.113), **Aksiyon** (26.450), **Tempo** (23.443), **Ekonomist** (18.453), **Para** (13.941), **Borsamatik** (12.326), **Paramatik** (8.308), **İnt Ekonomi** (7.060), **Nokta** (4.761), **Haber Extra** (4.624), **Ekonomik Trend** (2.849), **Borsacı** (2.221).

2000 yılının ilk ayındaki dergi tirajları ise;

Ekonomist (61.028), **Para** (36.581), **Tempo** (26.601), **Borsamatik** (23.440), **Aksiyon** (21.816), **Aktüel** (14.424), **Ekonomi** (8.943), **Borsacı** (6.279), **Nokta** (2.471).

Türkiye'de yayınlanan mizah, kadın ve erkek gibi magazin (!) dergi satışları ise yukarıdaki rakamları üçe hatta beşe katlayarak yüzbinleri aşıyor. Sözkonusu dergilerin içeriğinde ise cinsellik, sözde sanat, sosyete haberleri ve dedikoduları genel olarak işleniyor. Bu dergilerin büyük bir kısmı büyüme çağındaki gençlere, erlere, öğrencilere ve cinsel sapma içinde olanlara hitap ediyor.

Bugün ortada magazin mi, haber dergiciliği mi diye bir kargaşa var. Sorun ciddi yayıncılıkla magazin yayıncılığının bir arada kullanımıdır.

Magazini 'cinsellik, röntgencilik ve dedikoduya' dönüştüren bugünkü çizginin temellerinin atılmasında 1990'lı yıllara imzasını atan **Tempo** ve **Aktüel** gibi haber dergilerinin, yayıncılık anlayışına getirdiği yeni üslubun payı da inkar edilemez. [58]

Tanıtım , iş dünyası ve değişik kurumlar tarafından çıkarılan (turizm, sendika, belediyeler ve çeşitli meslek gruplarına ait) dergiler de genel olarak abone usulü ve büyük bir kısmı ücretsiz olarak dağıtılan yayınlardır. (*Eğer yoksa, bu sahada geniş bir araştırma yapılabilir!*)

58. Zafer Özcan, Magazin ve Aktörleri, Zaman Gazetesi, 15 Haziran 1999.

II - GÖRÜNTÜLÜ VE SÖZLÜ BASIN

TELEVİZYON

Teknik tanım

Televizyon: Télévision (Fransızca), Television (İngilizce), Fernsehen (Almanca)

tele-, fern- : uzak, ırak,

-vision, -sehen: görmek, bakmak.

Televizyon Yayını:

Ses ve görüntünün elektromanyetik dalgalarla bir yayın biriminden verici antenine, buradan da alıcı cihazına (televizyon aygıtı) iletilmesi işlemidir.

Bu kelime Türkçe'de "**televizyon**" olarak kabul gördü, ancak kulanım alanlarında hâlâ bir keşmekeşlik yaşanıyor.

televizyon : okunuşu Tİ-Vİ,

televizyon : alıcı cihazının adı,

televizyon kuruluşu : televizyon yayını yapan kuruluş,

televizyoncu : cihazı tamir eden, yayın kuruluşunun herhangi bir ünitesinde görev yapan kişi (teknik personel, program yapımcısı, kameraman veya muhabir...)

televizyon kanalı: yayın kuruluşunun adı; dalga boyu; alıcı cihazı veya kumandası üzerindeki rakam veya düğmeler...

TARİHSEL GELİŞİM

Televizyon ile ilgili olarak ilk teknik buluş İrlandalı bir telgrafçı olan **Andrev May** tarafından 1873 yılında yapılmış. **May**, ışık dalgalarının elektirik akımına çevrilebildiğini ve selenium adlı kimyasal maddenin elektiriğe karşı dirençli olduğunu ve bu direncin güneş ışınında daha da azaldığını buldu.

May'ın bu buluşundan 10 yıl kadar sonra bir Alman bilimadamı **Paul Nipkov**, bir resim dönerken tarayabilen "döner disk" adlı aracı geliştirdi.

Bu buluşlara eklenen gelişmelerin ardından **ilk düzenli televizyon yayını 1936** yılında **İngiltere**'de başladı.

Londra'da Alexandra Palace'da kurulan televizyon stüdyosundan yapılan bu ilk yayın büyük ilgi uyandırdı. Ancak yapılan yayınlar, alıcı sayısının az oluşundan dolayı geniş bir izleyici tarafından izlenemedi.[59]

İngiltere'den sonra düzenli televizyon yayınlarını başlatan ikinci ülke **ABD** (1939), üçüncü ülke **Sovyetler Birliği** (1939) olmuştur.

Japonlar 1953, **Çin** 1958, **Türkiye** ise 31 Ocak 1968 yılında ilk düzenli televizyon yayınına başlamıştır.

1936 yılından sonra televizyonun gelişmesi kısaca şu devrelerle özetlenebilir:

1- 1936-1945 ***Deneme ya da başlangıç devresi.***

Bu devrede televizyon birkaç ülkede, örneğin İngiltere ve ABD'de yayına geçebilmiş, II. Dünya Savaşı ise bu gelişmeyi önlemiştir.

2- 1945-1960 ***gelişme ya da olgunluk devresi.***

Televizyonun hemen hemen tüm dünyada yayılmaya, benimsenmeye başladığı dönem.

3- 1960-1980 ***altın çağ devresi***

Bu devrede televizyonun teknik olarak gelişmesinde önemli adımlar atılmış, renkli televizyon yayınları başlamış, yayın türleri artmış, radyo-linkler ile tüm ülkeyi televizyon yayınları kapsamıştır.

4- 1980 sonrası ***uydu çağı***

İletişim teknolojisindeki gelişme sonucu, uydu yolu iletişimde bulunulması, televizyon yayınlarının da bu yolla yapılmasına olanak sağlamış, sınır ötesi yayınlar başlamıştır..[60]

---

59. Prof. Dr. Aysel Aziz, Elektronik Yayıncılıkta Temel Bilgiler, Ankara, 1989, S. 11-12.
60. Prof. Dr. Aysel Aziz, a. g. e. , S. 24.

TÜRKİYE'DE TELEVİZYON YAYINLARI

Türkiye'de 1952 yılında **İstanbul Teknik Üniversitesi**'nde televizyon yayıncılığı üzerinde çeşitli çalışmalar, hatta laboratuvarlarda yayınlar yapılmış, ancak 1968 yılında ilk düzenli yayına geçilebilmiştir.[61]

Şöyle ki; Türkiye'deki televizyon yayınları, radyo yayınlarındaki öncü davranışın tersine, dünyadaki ilk yayınlardan çok sonra, 32 yıllık bir gecikme ile başlamıştır.

1960'larda televizyon kitlesel iletişim aracı olarak dünyada altın çağını yaşarken, Türkiye'de görüntüye dayanan elektronik iletişimin yapılıp yapılmaması tartışmaları sürdürülmekte idi. TRT'nin kurulması ile bu konudaki çalışmaların hızlandığı, dışarıdan gelen uzmanlarla bu konuda raporlar hazırlattırıldığı görülmektedir. Ancak, radyo yayınlarının henüz ülkenin tümünden izlenememesi, televizyon ile ilgili yatırımların fazla harcamayı gerektirmesi gibi nedenler, televizyonun devlet tarafından ele alınmasını daha da geciktirmiştir. Bu nedenledir ki, İkinci Beş Yıllık Kalkınma Planı'nda elektronik yayıncılıkla ilgili yatırımlar radyo konusunda olmuş, televizyonun kurulmasına ilişkin herhangi bir yatırım öngörülmemiştir.

Kalkınma Planı'nda yer almayan televizyon yayınları, TRT'nin dış ülkelerle kurduğu ilişkilerle başlatılmıştır. 1966-67 yıllarında Alman Hükümeti'nce yapılan yardımlar sonucu TRT, Ankara'da 5 kw. güçlü bir televizyon vericisi ile **ilk televizyon yayınını** gerçekleştirmiştir. Ankara'da yaşayan yaklaşık 1 milyon 270 bin kişiye (kurumsal olarak) seslenen bu yayınlar 1972'ye kadar sürmüş, bu tarihten sonra televizyon yayınları hızla yayılmaya başlamıştır.[62]

Türkiye'de televizyonun teknik ve yapım olanakları yönünden gelişmesi daha sonraki kalkınma planlarına dahil edilmiş, artı-

---

61. Yalçın Akdoğan, Görsel İktidar, İstanbul, 1995, S. 34.
62. Prof. Dr. Aysel Aziz, a. g. e. , S. 105.

rılan aktarıcı ve verici güçleri sayesinde 1980'lere gelindiğinde yayınlar nüfus olarak ülkenin yüzde 91'ine, alan olarak yüzde 80'ine ulaştırılmıştır.

Renkli Televizyona Geçiş

Dünyada renkli televizyon yayınlarının net alınması 1950'lerden sonra oldu. 1954 yılında ilk tecimsel renkli televizyon yayını başladı. ABD'nin başlattığı bu yayınlar **NTSC** (National Television System Committee - Ulusal Televizyon Sistem Komitesi) sistemi olarak adlandırıldı.

Daha sonra Fransızlar 1958 yılında **SECAM**'ı (Sequential Couleur a Mémorie), 1963 yılında da Almanlar **PAL** (Phase Alternation Line) sistemini keşfetmiş ve kullanmaya başlamıştır.

1982-84 yılları arasında deneme yayını yapan TRT, 1 Temmuz 1984 tarihinde tüm olarak renkli televizyon yayınlarına geçti.

TRT, 1987 yılında TV 1 ve TV 2 program yayınlarını **uydudan** vermeyi başardı.

Kablolu Televizyon yayını da, 26 Aralık 1988 tarihinde **PTT** tarafından ilk kez **Ankara**'da gerçekleştirildi.

TRT, 1968 yılında **siyah-beyaz** televizyon alıcılarına gönderdiği **ilk düzenli yayın**ın ardından, 6 Ekim 1986'da ikinci kanal yayını **TRT 2** ile izleyicilerini buluşturdu.

Üç yıl sonra 2 Ekim 1989'da **TV 3**, **TV GAP**'ı, 28 Ocak 1990 tarihinde **TRT İnt**'i, Temmuz 1990'da **TV 4**'ü faaliyete geçiren TRT, Nisan 1992'de **TRT Avrasya** ile yurt dışına açıldı.

TRT ayrıca 10 Ocak 1990 tarihinde **"telegün"** adıyla teleyazı (tele-teks) hizmetine başladı.

ÖZEL TELEVİZYONLAR

Türkiye'de özel televizyonlar yayın hayatına başlamadan önce TRT televizyonlarının izlenebilmesi şu oranlardaydı:

TV 1 yüzde 94

TV 2 yüzde 82

TV 3 yüzde 74

TV 4 yüzde 40

TV 5 yüzde 15.[63]

Kamu hizmeti veren TRT, televizyon yayınlarındaki tekelciliğini 1990 yılına kadar sürdürdü.

Dünyadaki radyo-televizyon sistemlerine kuşbakışı göz atıldığında, 1980'li yılların başına değin iki taraflı modelden söz ediliyordu.

Bu modellerden birisi ABD'deki özel sektörün yürüttüğü *"ticari yayıncılık modeli"*, diğeri ise Avrupa'da gelişen ve kabaca devlet tekeli altında yürütüldüğünü söyleyebileceğimiz *"kamu hizmeti yayıncılığı modeli"* idi.

Dünya ülkeleri, kendi coğrafyaları içinde ve kendi coğrafyaları çerçevesinde, ama temelde bu iki modele bağlı kalarak yayıncılık düzenlerini oluşturdu, ticari yayıncılık modeli ve kamu hizmeti yayıncılığı modellerinin çeşitli türevleri veya iki modelin bir arada kullanıldığı karma yayıncılık düzenleri ortaya çıkmıştı.

1980'li yıllara gelindiğinde bu geleneksel ikili yapının Avrupa ayağında oldukça şaşırtıcı ve hızlı bir değişimin yaşandığı gözleniyor. Bu dönemde, Avrupa kıtasındaki demokratik rejimlerin hemen hepsinde devlet tekeli altında yürütülmekte olan yayıncılık sistemlerinin, bir başka deyişle kamu hizmeti yayıncılığını devlet adına yürüten radyo-televizyon kurumları tekellerinin birer birer yıkılmasına tanık olunmuştur.[64]

Avrupa'daki bu değişim rüzgarları 7 yıl sonra Türkiye'de esmeye başladı. 1987 yılından itibaren ülkemizde başlayan özel televizyon tartışmaları, çeşitli hukuki engellemelere rağmen 1990 yılında "**sihirli kutu**" olarak adını duyuran *ilk özel televizyon* şirketi **Magic Bax** ile Türkiye'de yeni bir oluşumun temeli atıldı.

Özel televizyonların yayını konusundaki hukuki engel, bir anlamda dönemin Cumhurbaşkanı **Turgut Özal**'ın çıkışı ile yıkıldı.

63. PTT Dergisi, Sayı: 103, Haziran 1991, S.2.
64. Cem Pekman, Yeni Türkiye, Sayı:2, 1996, S.1014.

Magic Bax - Star 1, Cumhurbaşkanı **Turgut Özal**'ın, yurt dışından Türkiye'ye yapılacak Türkçe televizyon yayınlarının yasal bir sakıncası olduğunu sanmadığını belirtmesinden kısa bir süre sonra, 7 Mart 1990 tarihinde **Özal**'ın oğlu **Ahmet Özal** ve Rumeli Holding'in sahiplerinden **Cem Uzan**'ın Almanya'da kurduğu şirket tarafından yayına başlatıldı. **Magic-Bax** şirketi, "paravan şirketlerin merkezi" olarak bilinen Leichtenstein'de kuruldu ve Federal Almanya'dan Türkiye'ye yönelik yayın yapmak için Eutelsat uydusundan kanal kiraladı.[65]

Uydudan yapılan ve çanak antenlerle alınabilen yayınlarda daha sonra **PTT**'nin link hatlarından da faydalanılarak futbol maçlarının naklen yayınına başlandı, ev hanımları, çocuklara ve gençlere yönelik daha serbest ve farklı programlar ekranlara getirildi.

Televizyon yayıncılığı ile otomobil gibi çeşitli ikramiyeler dağıtmaya başlayan **Magic-Bax**, Körfez Savaşı sırasında **CNN**'e bağlanarak yaptığı yayınla seyirci kitlesini artırdı, bu durum reklam payı bakımından da **TRT**'ye ciddi bir rakip yarattı.[66]

Bir süre sonra iki ortak (**Özal-Uzan**) arasındaki anlaşmazlık, Türkiye'nin *ikinci özel televizyonu* **Teleon**'u Ocak 1992'de çıkardı. Her iki televizyon 1992 yılının sonunda tekrar ortak yayına geçti.

Türkiye, 1 Mart 1992'de Fransa'dan kiralanan bir uydu aracılığı ile yayın yapan *üçüncü özel televizyon* **Show TV** ile tanıştı.

Bu televizyon, Amerikan "Wheel Of Fortune" (**Çarkıfelek**) gibi yarışma, **32. Gün** ve **Arena** gibi haber programları ve maç naklen yayınları ile iddialı bir televizyon kanalı haline geldi. **Erol Aksoy**'un Hürriyet'e ortaklığıyla, Hürriyet de **Show TV**'nin ortağı oldu.[67]

Aradan üç ay geçmedi, **Interstar**'dan ayrılan **Ahmet Özal** bu kez İngiltere'den test yayını başlattığı **Kanal 6**'yı Türkiye'nin *dördüncü televizyonu* olarak 4 Ekim 1992'de düzenli yayına soktu.

---

65. Mehmet Sağnak, a.g.e, İstanbul, 1996, S. 82.
66. Mehmet Sağnak, a. g. e. , S. 83.
67. Mehmet Sağnak, a. g. e. , S. 84.

Bu televizyonu da, 9 Ekim 1992'de yayına giren **Has Holding**'in **HBB**'si izledi. Habercilikte tarafsızlık ilkesi ile yola çıkan **HBB**, *ilk stereo yayını yapan özel televizyon* oldu. Programlarında Meclis'te temsilcisi bulunan siyasi partilere her ay 10 dakikalık serbest konuşma hakkı verdi, cuma günleri hutbe yayınları denedi.[68]

Daha sonra **Göktuğ Şirketler Grubu** tarafından kurulan **Flash TV** Bursa, İstanbul ve İzmit'de 1 Aralık 1992'de yayına başladı.

12 Temmuz 1993'de yayın hayatına başlayan **Sabah Grubu**'nun **ATV**'si Eylül ayında *tam gün yayın* yaptı. **ATV**, Amerikan televizyonlarının program akışını temel aldı. Haberleri seçip değerlendiren, yorumlayan ve ekranda sunan kişi anlamına gelen "**anchorman**" uygulaması da ilk **Güneri Civaoğlu** ile yapıldı.[69]

Bütün bu gelişmeler karşısında **Milliyet Grubu** boş durmadı. **Doğuş Holding**'le birlikte 19 Aralık 1993'de **Kanal D**'yi ekranlara yerleştirdi.

Türk basınında farklı bir imaj güden **Türkiye** ve **Zaman** gazetelerinin bulundukları şirketler de görüntülü yayınlardan geri kalamazlardı. Nitekim **İhlas Holding**'in 22 Nisan 1993'de başlattığı **TGRT**'si, **Zaman Gazetesi**'nin de Eylül 1993'de devreye soktuğu **Samanyolu TV**'si logolarıyla ekranlardan seyredilmeye başlandı.

Ticari Yayıncılık Modeli'nin iyiden iyiye yerleştiği Türkiye'de pastadaki pay gittikçe küçülüyordu. Televizyon şirketleri arasında bir rekabet başladı. Farklı türde yayın ve programlar gerekiyordu. Derken, **Ahmet** ve **Efe Özal** kardeşler Aralık 1992'de Türkiye'nin *ilk pazarlama kanalı* **Kanal Market**'i kurdular. Kanal Market bir yıl sonra faaliyetini durdurdu.

Bu oluşumla birlikte Türkiye *ilk şifreli ve paralı televizyon kanalı* **Cine 5**'le Mart 1993'de tanıştı.

---

68. Bizim Gazete, Sayı 30, Aralık 1992, S.4.
69. Mehmet Sağnak, a. g. e. , S. 85.

Türkiye, farklı bir program ve haber yayın anlayışıyla ekranlarda gözüken **NTV**'yi 19 Haziran 1996'da tanıdı.

İşadamı ve siyasetçi **Cavit Çağlar**'ın bu televizyonu, sürekli haber yayıncılığından ortaya çıkan bir boşluğu önemli ölçüde giderdi. Diğer televizyonlar da bir süre sonra haber bülten saatlerini yoğunlaştırdılar.

NTV, 12 Aralık 1998'de el değiştirerek **Doğuş Holding**'e geçti.

Doğan Holding, 1999 ortalarında sözünü ettiği **CNN Türk**'ü 11 Ekim 1999'da Türk seyircisiyle tanıştırdı.

CNN ve **Doğan Holding** tarafından kurulan bu televizyon kanalı oldu. CNN Türk, haberleri yerinden görüntülmeye, yani habercilikte zamanı sıfıra indirmeye büyük gayret gösterdiği dikkat çekiyor.

Uydular aracılığı ve aktarıcılarla Türkiye geneline ulusal yayın yapan bu televizyonlarla birlikte bölgesel ve yerel televizyon sayısı da bir anda arttı.

Her Mahalleye Bir Televizyon Her Köye Bir Radyo...

Dünyanın bir yerinde bir yasak bir kere delinmeye, yeni bir şey yapılmaya görsün, önüne geçilmesi olanaksız bir salgın hastalık gibi hemen sarıverir dünyanın her tarafını... Sanki mutlak özgürlüğe bir adım daha yaklaşır gibi, kendimizi, sosyal yaşantımızı biraz daha tanımlarız; Toplumun yapısı, düşünüş tarzı biraz daha değişir.[70]

1990 yılında Türkiye'de ilk özel televizyonun yayına başlamasının ardından, "**özel TV mi, değil mi?**" sorusuna henüz cevap aranırken, **Magic Bax**, kısa sürede **TRT**'nin ciddi bir rakibi haline gelmiş, kendisinden sonra birer ikişer ortaya çıkan diğer ulusal özel televizyonlar da yavaş yavaş yerel televizyonlara kapı aralamıştı.

Özel televizyonlar 1990-1994 yılları arasında kuralsız bir şekilde yayınlarını sürdürdü.

70. Aytekin Can, Yeni Türkiye, Sayı: 12, 1996, S. 381.

20 Nisan 1994 tarihinde yürürlüğe konulan yeni **Radyo-Televizyon Kanunu** (3984 sayılı Radyo ve Televizyonların Kuruluş ve Yayınları Hakkında Kanun) ile de aynı zamanda uluslararası sözleşmeye uyum gösterilmeye çalışıldı.

1994 yılı sonlarına doğru ulusal ve mahalli özel radyo ve televizyon şirketlerinin kuruluşunda büyük bir patlama yaşandı. Örneğin 1990 eylül ayında 25 il ve 18 ilçede kurulan radyo ve televizyon şirketi sayısı 70'i buldu.Yani günde ikinin üzerinde şirket kuruldu.

RTÜK'ün 2000 yılı verilerine göre, **16** Ulusal, **15** bölgesel, **229** yerel olmak üzere toplam **260 televizyon**; **36** ulusal, **108** bölgesel ve **1053** yerel olmak üzere toplam **1197 radyo** kuruluşunun bu tarihte faaliyette olduğu belirtildi.

Demek ki, 8 yıl içerisinde **TRT**'nin 5 televizyon kanalı hariç, toplam 255 ulusal ve yerel televizyon şirketi kurularak lisans aldı.

Yerel televizyonlar genelde ya kuruldukları şirket adları, yayın yaptıkları yörenin ismi, trafik plakası veya harf ve rakamlarla logolandılar. **NTV, Çay TV, Çankaya TV, Akdeniz TV, Kanal 16, Kanal 23, Kanal 25, Kanal D, CTV, Kanal 6, Kanal 7** gibi.

TELEVİZYONUN TEMEL İŞLEVİ

Karma Tanımlar

"Aptal Kutusu"
"Kültürel Çöplük"
"Çağdaş Karabasan"
"Halkın Afyonu"
"Beyin Yıkama Aracı"
"Devletin İdeolojik Aygıtı"
"Kitle Pazarlama Aracı"
"Azınlık Gruplarının Sesi"
"Korkunç Bir Silah"
"Ev Eşyası"
"Eğlence Aracı"

"Eğitim Aracı"
"Sihirli Değnek"
"Gerçekleştirilmemiş Pekçok Rüyanın Tecessüm Etmiş Hali"
"Bir İletişim ve Kültür Aracı."

Göreceli bu tanımlamaları herkes kendince yorumlayabilir.

Türkiye'nin televizyonla tanıştığı ilk yıllarda Türkçe'ye tercüme edilmiş (1972) bir kitapta, televizyon, sinemadan çok farklı gösterilmişti, yazılı basından sonraki 5'inci kuvvet olarak lanse ediliyordu.

"Şu küçük televizyon perdesi! Bulunduğu odayı, onun önünde durmadan geçmek aşağı yukarı imkansızdır. Bidonlardan yapılmış ve fakirliğin hüküm sürdüğü mahallelerde bile, bir damın üzerinde sık sık borazan şeklindeki antenlere rastlanır ve bunlar tenekeden yapılmış evin içinde bir televizyon alıcısının bulunduğunu haber verir.

...Televizyon, sinema gibi bir vakit geçiricidir. Fakat televizyon bu hali süratle aşmış durumdadır. Televizyon bugün bir kudret, insan medeniyetini sıçratan bir hadise hale gelmiştir. Birkaç yıl önce haklı olarak basının insan hayatında 4'üncü kuvveti temsil ettiği söyleniyordu. Televizyon günümüzde inkar kabul etmez bir şekilde 5'inci kuvvet olmuştur.

...Kanada'da bir tacirin televizyon yoluyla üç günde mültimilyoner olduğu anlatılır. Bahis konusu tacir, bir Hollanda peynir firmasının Kanada'daki temsilcisiydi. Televizyon takdimcisi, bir yayın programı arasında bu temsilcinin en iyi peyniri sattığını söyledi. Bu propoganda bir çocuk yayını sırasında söylendiği halde tacirin mültimilyoner olmasına yetip arttı.

...Televizyon halen en mevcut, en noksansız ve en çekici bir haber verme aracıdır. Aynı zamanda taklit edilmesi imkansız bir okul terbiye ve kültür aletidir.

...Televizyon medeniyetimizin malıdır."[71]

---

71. Lucien Barnier-Mornuan Lebesque, Dünya'da televizyon, İstanbul, 1972, S. 1-2-14.

1970'li yıllarda televizyon böyle algılanmış ve tarif edilmiş ama Amerikalılar televizyona "**Aptal Kutusu**" demiş.

Peki ama insanlar evlerindeki bu kutudan dış dünyaya açıldıklarını zannederken, o kutuyu yöneten insanların sadece üç-dört düğme kullanarak, bir spiker, bir mikrofon, bir kamera aracılığıyla bütün dünyaya (ve elbette izleyicinin düşünce yapısına da) egemen olduklarını bilmiyor mu? Bunu düşünme fırsatı buluyorlar mı?

Acaba kendilerine sunulan habercilik, gerçekle ilgili bir habercilik mi? Haberler gerçekleri yansıtıyor mu?.. "çok seslilik", "çok renklilik" ve "rekabet" adları altında ekranımıza yansıyan televizyon kanalları gerçekten gerçekleri bizlere ulaştırmak için mi rekabet ediyorlar, birbirlerinden farkları var mı?..

Bu medyanın perde arkasında kimler var acaba? Dünyaya egemen olan güçler hangi amaca hizmet ediyorlar? "Beyin"leri kim?..

Pek çok insan, televizyondan düşünce sistemine yapılan bir sabotajın farkında değil, mahiyetini kestiremediği birtakım güçlerin taarruzu altında olduğunun ayrımına varamıyor, bu yüzden de böyle sorgulamaya kalkışması son derece güç. Yoksa bu "rekabet" denilen şey, bize zikretmek istedikleri düşünce ve yaşam sistemini, sanki "bizim bakış açımız"mış gibi takdim etme yarışı mı?..[72]

Her ne kadar tartışılabilir de olsa, bir sanat ve kültürel dışavurum aracı olan televizyon, **Christopher Anderson**'un dediği gibi bir "**kültürel çöplük**"tür. Bu niteleme son derece önemlidir; çünkü bu benzetme televizyonun heterojen, karmaşık (comblex), iç içe geçmiş çok metinli (intertextual) ve daha da önemlisi postmodern yapısını çok iyi yansıtmaktadır. "(Bir kültürel ve sanatsal dışavurum formu olarak) televizyonun (kendisi)... hiç bir sanatsal metnin özgün olmadığını, tüm öykülerin diğer öykülerin kıyısından köşesinden, şurasından burasından esinlenerek-bir araya getirilerek- oluşturulduğunu kanıtlamaktadır."

Çağdaş kültürün somut bir örneği olan televizyon, karmaşık bir kültürel formdur. Televizyon, kendisini, toplumsal yaşamın akı-

72. Yener Karadeniz, a. g. e. , 1993, S. 207.

şından, inişlerinden ve çıkışlarından soyutlayamaz.[73]

Televizyon 1955'lerde en yakın anlamda salt bir eğlence aracı iken, daha sonra büyük çapta bilgi veren bir nitelik kazanarak hem eğlendiren, hem bilgilendiren bir araç olarak görülmeye başlanmıştır. Kalkınmış kimi ülkeler televizyonu daha çok eğlence aracı olarak alırlarken; kalkınmamış, ulusal bağımsızlıklarına yeni kavuşmuş kimi ülkeler televizyonu, tüm sorunların çözümleyicisi "**sihirli bir değnek**" olarak görmüşlerdir.[74]

Televizyon eleştirmeni **Philip Courtney**, "*Zevkimizin alçalması, geleneklerimizin soysuzlaşması, gençliğin saçma davranışları ve Amerikan toplumundaki benzeri tutarsızlıklar televizyonun etkisi ile ortaya çıkan acı gerçeklerdir.*" diyerek **ABD**'de bedava olan televizyon uğruna toplumun çok şeyini yitirdiğini ve yozlaşmanın yaşandığını belirtiyor. **Walter Lippman** ise televizyonu, markantalizmin tutsağı ve fahişesi olarak niteliyor.

Çok kimse, televizyonun geniş yığınlara yönelik bir araç olmasından ötürü düşük nitelikli, sulandırılmış, yoğunluğu azaltılmış içerikte programlar yayınlamak zorunda olduğundan dolayı **kültürel yozlaşmaya** yolaçtığını öne sürmektedir. Gazeteler de televizyonla olan rekabette okuyucuyu elden kaçırmamak ve pazarı yitirmemek için kültürün yozlaşma sürecine hız verebilmektedir.[75]

Roger Silverstone'un da belirttiği gibi, "*televizyon* -gelişmiş- *bir öykü anlatma aracıdır.*" Televizyonda yayınlanan değişik program türlerinin metinlerini üreten yapılar, anlatıya dayanarak geliştirilmektedir. Bu sözkonusu anlatı modelleri, baskı teknolojisinin ürünü değildir; Bu anlatı modelleri ilk olarak baskı teknolojisinden çok önce -sözlü kültürün egemen olduğu- dönemlerde geliştirilmiş; televizyon bu anlatı modellerini kullanmakla çağdaş toplumlarda sözlü kültürün yeniden merkezi hale gelmesini sağlamıştır.[76]

---

73. Yusuf Kaplan, Televizyon, İstanbul, 1992, S. 15.
74. Yalçın Akdoğan, a. g. e. , S. 36.
75. Yalçın Akdoğan, a. g. e. , S. 52.
76. Yusuf Kaplan, a. g. e. , S. 52.

Günlük ya da haftalık televizyon yayınları, günlük yaşamın akışına göre düzenlenmektedir. Televizyon, izleyicilerini sadece bir birey olarak değil, bir ailenin üyesi ya da çeşitli üyelerinden birisi olarak görür.

Bir başka deyişle, televizyon yayınları, bazı araştırmacıların da belirttiği gibi, "ev/aile yaşamının akışı"na göre düzenlenir. **Ronald Barthes**'ın da ifade ettiği gibi, televizyon yayınlarını izleme mekanı evdir; bu olgu, sinema filmlerinin izlenme "deneyiminin karşıtı" bir olgudur. **Barthes**, konuyu şöyle açımlıyor: *"(Televizyon yayınlarının izlendiği mekan) bildik bir mekandır; bu mekan bildik eşyalarla ve nesnelerle dekore edilmiş, evcilleştirilmiş... Televizyon, bizi aileye mahkum etmektedir ve televizyonun kendisi de tıpkı bir kullanım eşyası gibi ev eşyasından birisi haline gelmiştir."*[77]

Ya da, gerçeği kuruntu, kuruntuyu gerçek sanan modern insan içeriğine uygun bir forma kavuşmuştur ve buna "**sihirli kutu**" denmektedir. Ne hikmet, ne tefekkür, ne etik, ne de düşünsel derinlik...Televizyonun bunlarla başı hoş değildir. Batılı ülkelerin çoğunda televizyon bir pazarlama aracı gibi kullanılmaktadır. Kapitalizmin bir propoganda aracı. Siyasi manipülasyonlarla iktidar ilişkilerine kilitlenmiş bir araç...[78]

İşlevsel Yaklaşımlar

Radyo ve televizyon örgütleri hangi sistemle yönetilirlerse yönetilsinler, kamuya seslenen hizmetlerini yaparlarken belirli ortak işlevleri yerine getirirler.

Genel olarak kitle iletişim araçlarının toplumdaki işlevleri ile ilgili dört ana yaklaşık vardır. Bunlar *otoriter yaklaşım, liberal yaklaşım, komünist yaklaşım ve toplumsal sorumluluk yaklaşım*dır.

Otoriter Yaklaşım

Bu yaklaşım en eski, tarihsel geçmişi yönünden en geniş kabul gören yaklaşım ya da kuramdır. Özellikle, 16'ıncı asır İngiltere-

---

77. Yusuf Kaplan, a. g. e. , S. 28.
78. Sadık Yalsızuçanlar, Görüntü ve Gerçek, Zaman Gazetesi, 6 Mayıs 1997.

sinde krallar dinsel ve siyasal işlerini yönetimlerindeki basın yolu ile pekiştirmeye çalışmışlardır. Buna uygun olarak özel girişimin elindeki kitle iletişim araçları (gazeteler) otoriter bir yaklaşımla yönetilmişlerdir.

Liberal Yaklaşım

18'inci yüzyılda toplumsal gelişmelere koşut olarak ortaya çıkan sistem, yine basında, özellikle 18'inci yüzyıldaki Amerikan düşünce ve anlatım özgürlüğü felsefesinden kaynaklanmış; Amerikan kitle ilitişimindeki felsefenin temelini oluşturmuştur. Aynı düşünce İngiltere'de de kabul edilmiş, basının '**aydınlatma**' işlevinin olduğu ve bunun da hükümet denetimi dışında olması gerektiği düşüncesi savunulmuştur.

Amerikan Anayasası'nda da yer alan bu yaklaşıma göre, basının görevi, dış yetki (otorite)nin denetiminde olmaksızın tüm tanıkları sunarak gerçeği aramaktır.

Komünist Yaklaşım

Bu kuram, 20'inci yüzyılda **Karl Marks**'ın komünizm doktrinine uygun olarak ortaya çıkmıştır. Marksist felsefeye göre, kitle iletişim araçlarının komünist bir toplumda işlevleri, başlangıçta devrimin başarıya ulaşmasına daha sonraları ise bu düzenin yayılmasına ve sürdürülmesine katkıda bulunmaktır.

Toplumsal Sorumluluk Yaklaşımı

ABD'de çağın ortalarına doğru ortaya çıkmıştır. Özellikle basın dışında diğer kitle iletişim araçları olan sinema, radyo ve televizyonun yoğun olarak toplumda kullanılmaya başlaması ile önem kazanmıştır.

Kitle iletişim araçlarının topluma olan doğrudan geniş etkileri, bu araçları elinde bulunanları, bu araçların yönetiminde toplumsal sorumluluğu üzerine alarak gerçeği arayıp ortaya çıkarmaya, vermeye kendilerini zorunlu hissetmeleri ile ortaya çıkmıştır.

Kitle iletişim araçlarını ellerinde bulunduranlar, bunlarla iletişimi sağlama görevini üstlenenler toplumun gereksinim, beğeni ve isteklerine uygun yayın yapmayı üstlenmişler, bu konuda bilinçlenmişlerdir.

Kitle iletişim araçlarının işlevleri ile ilgili olarak tarihsel gelişimi içerisinde ortaya atılan, daha doğrusu o günkü toplumların siyasal ve ekonomik koşullarına göre belirlenen bu işlevler daha çok yazılı basın için geçerli olmuş, 20. yüzyılın ilk çeyreğinden sonra da diğer kitle iletişim araçları için kullanılmıştır. Bugün ise kitle iletişim araçlarının işlevleri ile ilgili bu kuramlar, yaklaşımlar, yine ülkelerin siyasal ve ekonomik yönetim biçimlerine, düzenlerine sıkı sıkıya bağlıdır..[79]

Genel Fonksiyonlar

Radyo ve televizyonların hizmet fonksiyonları genelde 4 grupta ele alınıyor. Bunlar: *Haber verme, Eğitme, Eğlendirme, Mal ve Hizletlerin Tanıtılmasını Sağlama* şeklinde öngörülmektedir.

a) Haber Verme (Habercilik):

Yazılı ve sözlü basının en önemli işlevi haberciliktir. Bir anlamda "basın" demek "haber" demektir.

Haber, kelimenin dar anlamı ile, herhangi bir olgunun bilgilerinin basın kuralları çerçevesinde işlenmiş halidir.

Televizyon bu görevini ses ve görüntü aracılığı ile en seri ve çabuk bir şekilde yerine getirir.

Televizyon haberciliğinde en büyük yenilik ve kolaylık "Elektronic News Gethering" (ENG) elektronik haber toplama kamera ekibinin geliştirilmiş olmasıdır. Hareketli ve ekonomik olan bir ekipman sayesinde, olayın merkezinde rahatlıkla her türlü görüntü ve ses kaydı yapılmaktadır. Olay yerinden toplanan ve olay anında kaydedilmiş görüntüler, seyircinin olaya ekranda göz kontağı kurmasını sağlar.

Televizyon, teknoloji gereği, ekrana getirdiği haberlerde olay ile haber verme süreci arasındaki zaman "sıfır" dır.

Televizyon görsel ve işitsel bir araçtır. Bir konunun "olayın"

---

79. Prof. Dr. Aysel Aziz, a. g. e. , S. 49-50.

gözler önünde haber haline gelmesini sağlar. Böylece izleyici olayın tanığı haline gelir.

Göze ve kulağa yönelik habercilik, haberciliğin meslek oluşundan bu yana ortaya çıkan en önemli yeniliktir. Böylece insanların aynı anda iki duyu organına, göz ve kulağa hitap etme olanağı ortaya çıkmıştır. Bu özelliklere sahip olan, televizyonu izleyen kişilerin belli bir eğitime ya da birikime ihtiyacı yoktur. Bu nedenle televizyon geniş bir izleyici sayısına sahiptir. Eğitim düzeyi farktetmeksizin her kesimden insan televizyonu rahatlıkla izleyebilir.[80]

Televizyondaki gerek haber bültenleri gerekse haber programları, izlenirliliği en yüksek programlardır.

Televizyon haberciliği, çalışmamızın ilerleyen bölümlerinde çok daha geniş bir şekilde ele alınacaktır.

b) Eğitim Fonksiyonu:

Radyo ve televizyon örgütlerinin haber verme işlevinden sonra en önemli fonksiyonu eğitimdir. Televizyonlar yayınlarında bu işlevlerini yaparlerken, örgün ve yaygın eğitimde de ayrı bir görev üstlenirler.

TRT, radyo ve televizyon yayınlarındaki bazı özel programlarla örgün eğitim için önemli bir görev yerine getirmektedir. Kurumun **Okul Radyosu, Okul Televizyonu, Açık Öğretim Dersleri** ile ilgili düzenli yayınları örnek verilebilir.

Bunun dışında kamu ve özel televizyonlarda yayınlanan pekçok **belgesel, tanıtım, anlatı, söyleşi, ekonomi, kültürel ve sosyal içerikli programlar**da yaygın eğitim işlevi yapılır.

Sözkonusu programların içerik ve yayın saatleri eleştiriye açıktır.

c) Eğlendirme Fonksiyonu:

Televizyonların bir diğer görevi de eğlendirme-dinlendirme, bir başka deyişle **hoşça zaman geçirtme** fonksiyonudur.

Televizyonlar stüdyo ya da stüdyo dışındaki değişik mekan-

80. Dr. Serap Yaşar Öztürk, Yeni Türkiye, Sayı: 12, 1996, S.1095.

larda düzenledikleri çok yönlü ve çeşitli eğlence programları ile bu işlevlerini yürütmeye çalışırlar.

Ünlü sanatçı ve oyuncularla hazırlanan bu programlarda son zamanlarda **eğlence-show** ve **promosyonlu şans oyunları** yoğunluk kazanmaya başladı.

d) Mal ve Hizmetleri Tanıtım Fonksiyonu:

Televizlonlarda mal ve hizmetlerin tanıtım fonksiyonu reklamla başlar.

Özel televizyonların yayın amacı, mal ve hizmetlerin satışını artırmaktır. Bu televizyonların tüm harcamaları ve kârları, yayınlarda yer alan reklamlarla karşılanır. Ancak bu işlev sadece reklamla sınırlı kalmaz, herhangi bir toplantı hakkındaki haber, yeni bir buluş ve oluşla ilgili çeşitli tanıtım programları, örneğin yeni çıkan bir şarkının çalınması gibi yayınlar bu fonksiyonun kapsamına girer.

Yayın ve Program Türleri

Radyo ve televizyon yayınları önce, çok genel bir nitelik olarak program yapımında kullanılan söz ve müzik malzemesinin ağırlığı gözönünde bulundurularak kümelendirilir. "**Söz yayınları,**" "**müzik yayınları.**"

Söz yayınları, topluma söz iletisi ile ulaşan radyo ve televizyon yayınlarıdır. **Müzik yayınları** ise, topluma ya da seslendiği kitleye, müzik iletisi ile ulaşan, seslenen yayınlardır.

Söz ve müzik yayın türüne televizyonlarda "**görüntü**" yayın türü eklenebilir. Bu tür yayında ne söz ne müzik yer almakta, buna karşılık hareket ve görüntü olmaktadır. Sözkonusu yayına en güzel örnek pandomimdir.

Uzmanlar, televizyon yayınlarını genelde iki ana unsura ayırıyor. "**Haber**" ve "**Müzik**".

Çeşitli ülkelerde bunların oranları, iç ayrımı - özellikle müzik programlarında- farklı olmaktadır. Radyo ve televizyon yönetimlerinin programlarda yansıması daha çok eğitsel ve kültürel yayınlara yer verilip verilmemesi şeklinde kendini göstermektedir. Özel girişimci radyo ve televizyon yönetimlerinde, yasa ile eğitsel ve kültürel yayın yaparak kamunun kalkınmasına, aydınlatılmasına **yardımcılık görevi** verildiğinden, yayınlarında bu tür programlara fazla rastlanılmamaktadır..[81]

Televizyonların diğer yayın türleri ise şu programlarla sıralanabilir:

Sinema, diğer film ve oyunlar
Eğlence programları
Güncel-Aktüel programlar
Spor programları
Kültürel programlar
Ekonomi programları
Dini programlar
Çocuk programları
Kadın programları
Yetişkin eğitimi ile ilgili programlar
Eğitsel programlar
Okul programları
Tanıtım ve reklam programları

TELEVİZYONLARA GENEL VE ELEŞTİREL BAKIŞ

TRT Nereye Gidiyor?

TRT'nin eski genel müdürlerinden **Tayfun Akgüner**'in ifadesi ile, "*Çoğulcu iletişim düzeninde kamu hizmeti yayıncılığı modelini benimseyen yayın kuruluşları, popüler gereksinimlere yanıt vererek daha çok izleyici, daha çok reklam ilkesiyle hareket eden kuruluşlar karşısında belirli zorluklarla boğuşmak durumundadır.*"[82]

TRT, 1990 yılı öncesi, el üstünde tutulmakla birlikte, iktidar ve muhalefetteki siyasi partilerin gönlünü hoş tutmaya çalışıyor ya da Genel Müdürlükte basılan makam odalarında onlarla kavgalar meydana geliyordu.

81. Prof. Dr. Aysel Aziz, a. g. e. , S. 60.
82. Tayfun Akgüner, Yeni Türkiye, Sayı: 12, 1996, S. 1000.

1970-1990 yılları arasında **altın çağını** yaşayan TRT, televizyonları sayesinde 20 yıl krallar gibi yaşadı. Kurumda birileri bu saltanatı sürerken, birileri de Türk izleyicisine birşeyler verebilmek için gerçekten özveriyle hayatlarından çeyrek yüzyıl ortaya koydular.

O zamanlar televizyon programında konuşmak, oturmak, kalkmak, programa çıkarken giyinmek hepsi çok özel bir durum gerektiriyordu. Programda bacak bacak üstüne atmadan, kravat takmaya kadar herşey ciddi bir eleştiri konusuydu. Haberler büyük bir titizlikle hazırlanır, çok ince süzgeçten geçirilerek aynı itinayla sunulurdu.

"**Haber**" denince ilk akla gelen **Zafer Cilasun, Mesut Mertcan, Mehmet Akarca, Aytaç Kardüz, Ülkü Giray Gürkan, Sevim Canbaz, Tuna Huş, Gülen Albayrak**'ı ve daha pek çok başarılı spikeri unutmak mümkün mü?[83]

Diğer taraftan bu dönemde en küçük daire amirlerine protokollerde yer verilirdi. Pekçok toplantıda kamera ekibi gelmeden söze başlanmazdı. Helikopterlerde, uçaklarda TRT haber ekibi aranır, onlara öncelik tanınırdı.

Müzik ve sanatçı ayrımını o dönemde yaşadık. Halkın bugün dahi severek izleyip dinlediği bazı sanatçılar, ancak yeni yıl ya da bayram geceleri ekrandan "**Bir teselli ver...**" diyebiliyordu.

Bazı dansözler o dönemde meşhur oldu.

ABD'deki yeşil ve çorak vadileri yirmi yıl boyunca seyrettik kovboy filmleriyle...

Bunlarla birlikte **Tatlı Cadı** Sementa'yı, **Kaçak**'taki Dr. Rıchard Kimble'ın bitmek tükenmek bilmeyen serüvenini, **Uzay Yolu**'nu, **Zengin ve Yoksul**'u, **Uzay 1999**'u unutmadık.

Dallas'tan tanıdığımız JR (Ceyar) bu karakterdeki insanlara lakap takıldı. **Pamle**'nin saçlarını bayanlar moda seçti. **Bonanza**'nın dolu dizgin kahramanlarını hep birlikte destekledik. **Kökler**'de beyazlara öfkelendik, çocuklar **Komser Colombo** tiplemesini sokak oyunlarına taşıdı.

---

83. 8. Gün, Hürriyet Eki, 29 Haziran 1980, Sayı: 19, S. 18.

Dünya Kupası maçlarında kahvehaneleri doldurup, **olimpiyat oyunlarında** sabahladık ekran başında.

Türk filmleri için cumartesi akşamlarını iple çeker, pazar günleri öğlene doğru yayınlanan yabancı bir filmin ardından **Pazar Konseri** ile mola verirdik.

Sonraları **Kuruntu Ailesi, Kartallar Yüksek Uçar, Yarın Artık Bugündür, Perihan Abla** oyun ve dizileri yerli yapım olarak yabancı dizileri solladı.

Cenk Koray'ın **Pazar Eğlence** programlarında hoşça vakit geçirir, **Ben Bilirim, Banko** gibi yarışma programlarına bulunduğumuz yerden katılarak kendi bilgilerimizi ölçerdik.

Bugün yeni yeni hayata atılan gençler, o dönem TRT'nin **Heidi, Arı Maya, Şeker Kız Candy** çizgi filmleri ile büyüdü.

İzleyicisini bu şekilde 20 yıl boyunca ekranlara mıhlayan TRT, **soap opera** türündeki **Marianna** ve **Yalan Rüzgarı** gibi seriyalleri ile 1990'lara geldi.

TRT bu süre zarfında gerçek çalışanları sayesinde izleyicileri için televizyonlarında çok güzel yayınlar yaptı.

Ancak 1990'dan sonra özel televizyonlara yavaş yavaş toslayan TRT için yazılı basın artık iyi düşünmüyordu. Değişik tarihlerde TRT ile ilgili haber başlıkları hayli dikkat çekiyordu. İşte bunlardan bazı örnekler:

"TRT'den 'eski bakan kızı' haberleri"nde,[84] stajiyer muhabirlik sınavında başarılı olamayan eski bir bakan kızının, daha sonra sınava girmeden nasıl muhabir yapıldığı, bir süre sonra TRT'nin İstanbul Haber Müdür Yardımcılığı'na nasıl getirildiğini merak edenler **Cumhuriyet Gazetesi**'nin 24 Ekim 1995 tarihli nüshasındaki **Vaziyet**'e bakabilir.

Radikal Gazetesi yazarlarından **Haluk Şahin**, 26 Ağustos 1997'de **"TRT'yi ne yapmalı?"** diyor.

TRT'ye internet harikasını tavsiye eden Şahin, "Acaba? Aca-

---

84. Vaziyet, Cumhuriyet Gazetesi, 24 Ekim 1995.

ba TRT'de hâlâ hayat var mı? Gerçekten varsa, uzun süredir içinde bulunduğu derin komadan çıkabilir mi?... TRT bir daha hiçbir zaman 1990 öncesindeki hegemonyaya sahip olmayacak, ancak günümüzdeki marjinalliği de yazgı değildir."[85] şeklinde umutlarını dile getiriyordu.

11 Aralık 1997'de **Hürriyet Gazetesi**'nde bir haber, **"TRT tahsilat dönemine başladı."**[86] Haberde, Genel Müdür **Yücel Yener**'in kurumdaki savurganlığı önlemek için harcamaları gözaltına aldığı belirtiriyor. Haberde ayrıca, göreve gelmeden maaş aldıkları tesbit edilen kişilerin işlerine son verilmesi de işleniyor.

"**TRT deniz, yemeyen!..**" manşetini atan **Akit Gazetesi**, TRT'nin sanki devletin televizyonu değil de, yöneticilerin hanedan çiftliğine dönüştüğü iddiasında.

"**Dışarıya iş peşkeşi**" çekildiği, **"usulsüz avanslar"** sağlandığı iddia edilen haberde, özetle şu bilgilere yer veriliyordu:

"TRT'nin, (devletin malı deniz, yemeyen domuz!..) mantığı ile yönetildiği, milletvekillerince itiraf edildi.

*Yaklaşık 6 bin çalışanı ile Türkiye'nin en büyük KİT'lerinden biri olan TRT'deki yolsuzluk, talan ve adam kayırmalar ayyuka çıkmaya devam ediyor. FP Bayburt Milletvekili **Suat Pamukçu** ve ANAP İstanbul Milletvekili **Halit Dumankaya**, Meclis Genel Kurulu'nda söz alarak, TRT'nin, (devletin malı deniz, yemeyen domuz!..) anlayışı ile yönetilen bir (çiftlik) haline geldiğini itiraf ettiler.*

*ANAP'lı **Dumankaya**, 1991 ile 1995 arasındaki DYP-(SHP)-CHP hükümetleri dönemindeki yolsuzlukları anlatırken, FP'li **Pamukçu** ise, Anasol-D hükümetindeki vurgunları ortaya koydu.*

*İşte **Dumankaya**'nın gündeme getirdiği yolsuzluklar: TRT'de yetişmiş kadrolar boş dururken, eski Genel Müdür **Tayfun Akgüner** ve ekibi, kurum programlarını, astronomik rakamlarla kurum dışında yaptırarak, kurumu telafisi mümkün olmayan zararlara uğratmıştır. 1992 yılında dışarıya yaptırılan programlar, 1993*

---

85. Haluk Şahin, Radikal Gazetesi, 26 Ağustos 1997, S.5.
86. Hürriyet Gazetesi, 11 Aralık 1997.

yılında yüzde 115 artarak, 100 milyarı geçmiştir. Bu paranın dörtte biri harcanarak, kurumdaki çalışanların işgücü, teknik donanımı değerlendirilirse, daha ciddi programların yapılacağına inanıyorum. Bu şekilde de kurumda çalışanlar, kendilerine güven duyarlar ve çalışma şevkine alışırlardı. Kurumda çalışanların şevki kırılmamış olurdu.

TRT tarafından satın alınan, 1 ile 5 yıl arasında yayınlanmaması nedeniyle ödediğiniz lisans bedeli iade edilmediği için kurum, 1991, 1994 yılları arasında 3 milyon 869 bin 340 dolar tutarında bir kayba uğradı. Bugünkü kurla yaklaşık bir trilyon lirayı geçiyor.

Gelişen dünyada ve ülkemizde bir bakkal dahi hesaplarını bilgisayarla tutarken, TRT, o zamanki bu alımları, düzenli bir bilgisayar sistemi ile değil, birkaç kişinin hafızasına güvenerek, mükerrer alımlar yaptı..."[87]

Yukarıdaki haber, bu iddia ve açıklamalarla devam ederken, aynı gazete 3 gün sonraki nüshasının 11'inci sayfasında **"TRT'yi böyle yemişler"**[88] başlığı ile iddiaları bir bir yazdı.

Yine aynı gazete, yukarıdaki haberlerden bir yıl önce, 29 Mayıs 1998 tarihli nüshasında **"TRT, Deli Dumrul"**[89] haberini sürmanşetten verdi. Haberde, "**Halkın (TIRT HARACI) adını verdiği elektrik faturalarındaki fon, yüzde 7'ye çıkıyor. Böylece TRT, 150 trilyon lira daha yutacak...**" denildi.

27 Ocak 1997 tarihinde **Sabah Gazetesi**, benzer bir haberi **"Elektiriğe TRT Zammı"** şeklinde sürmanşetten duyurdu. Haberin spotunda, **"En büyük devlet çiftliklerinden TRT'nin zararını kapatmak için elektriğe yüzde 6.5 zam yapılıyor."** denildi.

Gazetenin yine birinci sayfasında, **"TRT Genel Müdürlük binasının dünyada bir benzeri yok"** şeklinde verilen fotoğraf altı hayli dikkat çekiyordu: **"...Değil Türkiye'de, dünyanın önde gelen yayın gruplarında bile böylesine büyük hizmet binası**

87. Akit Gazetesi, 19 Mart 1999, S. 12.
88. Akit Gazetesi, 23 Mart 1999, S. 11.
89. Akit Gazetesi, 29 Mayıs 1998, S. 1.

yok. Daha da komiği, TRT stüdyolarının pek çoğu bu dev binada yer bulunamadığı için başka binalarda faaliyet gösteriyor.

"**TRT Gerçeği**"nin anlatıldığı haberde, devlet bütçesinden **2.7 trilyon**, elektirik faturalarında **11 trilyon**, bandrol bedellerinden **3.9 trilyon**, reklam gelirlerinden **500 milyar** lira alan kurum hakkında ayrıca şu bilgilere yer verildi:

"TRT'nin yaptığı harcamalarda ise personele ödenen ücretler yüzde 51 ile ilk sırayı almakta. Onu yüzde 28 ile program harcamaları, yüzde 13 ile işletme masrafları izliyor. Yatırıma ayrılan pay sadece yüzde 3.

TRT'de uygulanan personel politikası, tıpkı diğer KİT'lerde olduğu gibi aşırı istihdamın tipik örneklerinden birini yansıtıyor. Bir yayın kuruluşu olan TRT'deki 6 bini aşkın personelden 4 bin 500'ü idari kadrolarda hizmet veriyor. Yayın hizmetlerinde ise ***ağırlıklı olarak düşük ücretle istisnai akitli denilen elemanlar çalıştırılıyor.*** *TRT halen eleman alımına da devam ediyor."*[90]

1998'in sonunda, at yarışlarını açık öğretim ders yayınlarına tercih eden TRT için, **"Eğitime TRT darbesi"**[91] haberi olarak **Milliyet**'ten duyuruldu.

Bir bocalama süreci içinde olan TRT bugünlerde, kendini izletmek için gazetelere boy boy dizi film reklamı vermeye başladı: "TRT 1'de bugün -TRT'den bir Türk klasiği - KURTLAR SOFRASI - TRT Doğru ve kaliteli ekrandasınız..."[92]

Bu reklamı da hiçbir gazete babasının hayrına sayfalarına koymaz.

Gazeteci **Hıncal Uluç**, kendi üslubu ile TRT'nin o dönemdeki yönetimine şu önerilerde bulunuyor:

"TRT bir özel televizyon değil.. Yani yaşamak için reklamlara, dolayısıyla reytinglere muhtaç değil.. TRT ödenekli.. Ödeneği veren kim?.. Ben.. sen.. o!.. Bizler.. Bizim vergilerimiz..

Şimdi bu önemli özellik TRT'yi özel televizyonlardan ayırma-

---

90. Sabah Gazetesi, 27 Ocak 1998, S. 1.
91. Milliyet Gazetesi, 25 Aralık 1998.
92. Cumhuriyet Gazetesi, 7 Mart 1999.

lı. TRT özel televizyonlarla (affedersiniz) sidik yarışına (reyting yarışına bundan daha yakışan bir benzetme olamaz) girmek zorunda değil.

TRT, özel televizyonların bomboş bıraktığı, kaliteli, kültürel, sanatsal, belgesel yayın alanına yönelmeli..

Öyle mi peki?..

Ne gezer?..

Özel TV'lerde gece yarısı geyik muhabbeti.. TRT aynen.. Özel TV'lerde pembe diziler, Brezilya, Meksika arabeskleri.. TRT aynen..

Özel TV'lerde ne rezillik var, TRT aynen..

Özel TV'lerde spor, sadece futbol.. TRT de futbola endeksli.. 30 yıl önce, kayak atlamaya kadar her türlü sporu tanıtan, sevdiren TRT, artık kış olimpiyatlarını yayınlama gereği duymuyor. Dünya Artistik Patinaj Şampiyonası gibi bir güzellikten vazgeçmiş. İkinci küme maçları veriyor, futbol olsun diye..

Hayır.. TRT tekrar ediyorum bu "sidik yarışı"nın dışında kalmalı..

TRT bu rezilliklere alternatif, kaliteli programlar, sanat değeri yüksek diziler, filmler göstermeli, belgesel programlara ağırlık vermeli ki, insanların bir seçme hakkı olsun..

Kalite isteyen TRT'de aradığını bulsun.. TRT, giderek halkı eğitsin.. Giderek özel kanalları eğitsin.. Giderek kalite yükseltsin..

Bunu yapacak güç TRT'de var..

Para var.. Araç var.. Tesis var. Eleman var.

Kafa yok.. İlkeli kafa yok. İlkel kafa var..."[93]

ÖZEL TELEVİZYONLAR ÖZEL Mİ ÖZEL...

OECD (Ekonomik İşbirliği ve Kalkınma Teşkilatı)'nın "İletişime Bakış 1999" raporuna göre, Türkiye, radyo televizyon yayıncılığında büyüme rekortmeni gösteriliyor.

1995-1997 döneminde radyo-televizyon sektöründeki büyümede **OECD** ortalamı yüzde 3.4 düzeyinde gerçekleşmiş, sektör Türkiye'de ise iki yılda yüzde 24.3 büyümüş.

93. Sabah Gazetesi, 4 Kasım 1998.

Bu dönemde televizyon gelirlerindeki artış, yıllık ortalama yüzde 26.59 olarak belirlenmiş. Yani 1995 yılında 341.20 milyon dolar olar Türk televizyonculuğunun geliri 1996'da 430.40 milyon dolara, 1997 yılında ise 546.81 milyon dolara çıkmış.[94]

Sektör müthiş büyüyordu.Ticari amaçlı özel televizyonlar 1990'dan sonra Türk Medyası'nda yerini aldı, ancak buradaki boşluğu doldurabildi mi?

Özel televizyonlar TRT televizyonları karşısında pek çok tabuyu yerle bir etti, ama bu kez kendilerine has yeni oluşumlar edindiler. Bu oluşumları adeta birer ilke haline getiren televizyonlar, artık seyircisini değil, sadece reytingleri izliyor oldu.

Bu süreçte özel televizyonlar hakkındaki yorumlar da farklı şekillerde aksediyordu.

Gazeteci-Yazar **Can Dündar**, özel televizyonların 10 yılını şu şekilde özetliyordu:

"...Mankenler, film yıldızları, beyaz saçlı prensler, güzellik kraliçeleri sihiri kutuya doluşurken, televizyona yıllarca emek vermiş ustalar küsüp köşelerine çekildiler ve bu çılgınlığın biteceği, bu çocukluk hastalığının iyileşeceği günü beklemeye koyuldular. Bence (**Türk özel televizyonculuğunun ilk 10 yılı**nın özeti budur..."[95]

Meslektaşı **Mehmet Ali Birand**, *"..Bütün bu çıplaklıklara rağmen özel kanallar ülkemizde demokrasinin yerleşmesi, insanların düşüncelerini açıklaması açısından büyük hizmet veriyorlar."*[96]

Bir başka köşe yazarı **M. Emin Kazcı** ise şu görüşte:

"Sırtlarını holdinglere dayamış özel televizyon kanalları yöneticilerinin sık sık çiğnedikleri bir sakızdır. (Efendim, iyi ki biz varız. Yayıncılığa çok sesliliği getirdik. Eskiden bir tek TRT'ye mahkum olan ve herşeyi sadece TRT gözlüğü ile görmek durumunda bırakılan halkı, geniş ufuklara kavuşturduk.) Masal tabii.

Herkesin bildiği bir şey artık; özel kanalların resmi devlet te-

---

94. OECD European Audiovisual Observatory, 1998.
95. Yeni Yüzyıl Gazetesi, 10 Temmuz 1996.
96. Yeni Yüzyıl Gazetesi, 10 Temmuz 1996.

levizyonlarından farklı olmadığı... Onlar da yayınlarında resmi dili ve perspektifi kullanıyorlar. Her türlü objektif habercilik ve hukuk ilkelerini hiçe sayarak, kişileri yukarıdan tavsiye buyrulan jargonlarla tavsif edip, olayları kutsal klişelerle savunuyorlar."

Türkiye'de özel televizyon yayıncılığı yapan kuruluşların hemen hepsi büyük basın kuruluşlarının uzantısı durumunda. Bu televizyonların yayın politikalarını mensup oldukları şirketlerin diğer yazılı ya da sözlü yayın organlarıyla özdeşleştirmek mümkün.

TELEVİZYONDA NE VAR?

Günün herhangi bir saatinde pek çok kez sormuşuzdur kendi kendimize; Televizyonda ne var acaba?

Bununla birlikte ya kanalları şöyle bir dolaşır, ya da gazete veya televizyon dergilerinde, o anki isteğimiz doğrultusunda program seçmeye çalışırız.

Televizyonlar artık sabahlara kadar yayın yapma çabasında. Hemen hepsi saat başı haber sunmaya özen gösteriyor.

Genelde gazete haberleri ya da bir önceki günden derlenen haberler kuşağı ile başlayan sabah yayınları, çocuklar için rastgele çizgi filmerin ardından ev hanımlarına yönelik programlarla gün ortasını karşılıyor.

Öğle haber kuşağından sonra ekonomi dünyası, belgeseller, dizi filmler, sinemalar (şu sıralar 3. sınıf Türk filmleri revaçta), sıradan müzik programları ve pembe dizilerle akşam yayınlarına ulaşılıyor.

Haber kuşağından sonra televizyonlar bu kez yarışma, müzik eğlence, sinema veya dizi film ve show programları birbirleri ile yarış halindedir.

Gece haberlerinin ardından bazıları kırmızı noktayla, bazıları bu noktayı kaale almadan açık saçık filmleri ekrana getirir, bazıları da geyik muhabbetleri, siyasi ya da felsefi konularla gecenin derinliklerine doğru yol alır.

Yayınlarda hafta sonları spor ve sporda futbol ağırlıklıdır.

Güncel önemli konular da gerek hafta içi gerekse hafta sonunda uzun süreli tartışma programları ile eksik edilmez.

Bazen elinizde kumanda 20-30 kanal dolaşır, o an için izleyecek program bile bulamazsınız.

Özel kanalların bu denli hızlı artışında, program yetersizliği ister istemez ortaya çıktı. Ya çok sıradan programlar, ya da her sahnesini ezberlemek üzere olduğunuz filmlerle karşı karşıyayız.

Program yetersizliği, pek tabii olarak yabancı programlara yönelişe sebep oldu.

Kalkınma sorunları çözülmemiş ülkelerde televizyon, bu gibi toplumları ilgilendirmeyen, onlara çok yabancı düşen konulu filmlerin ve yabancı haber ajanslarından gelen haber filmlerinin bir "pipe-line"ı (boru hattı) olmaktan kurtulamaz.[97]

Yabancı yapım film ve diger programlara mahkum kalmanın getireceği kültür dejenerasyonu için fazla söze gerek yok.

Paul Harrison'un, "Üçüncü Dünyanın Batılılaşması" kitabında belirttiği gibi, "Batı kültürü, dünyadaki hakimiyetini herşeyden önce televizyona borçludur."

ACAYİP TELEVİZYON İZLİYORUZ

Öncelikle şu çarpıcı tesbitleri gözden geçirelim:

- *Çocuklar, ilkokuldan liseye kadar 11 bin saat televizyon izleyerek büyüyor...*
- *Türkiye, televizyon seyretme şampiyonu...*
- *Beyaz camdaki büyük tehlike: ŞİDDET...*
- *En çok televizyon seyredenler, yüzde 70 oranla emekliler...*
- *En fazla haberler, ikinci sırada çizgi filmler tercih ediliyor...*
- *Televizyonu aşırı izlemek, fiziksel ve ruh sağlığı bozukluklarına yol açıyor...*

Televizyon izleyicisi her zaman bilinçli olarak aygıtı açmıyor. Çoğunlukla şuurlu olmayan bir şekilde televizyon karşısında konumlanıyor.

ABD'de "**Nielson Indeks**" kuruluşunca yapılan bir araştır-

97. Yalçın Akdoğan, a. g. e. , S. 41.

mada, çocukların ilkokuldan liseyi bitirinceye kadar 11 bin saat eğitim görmesine karşın, çoğunluğu şiddet içerikli film olmak üzere 15 bin saat televizyon seyrettiği tesbit edilmiş.

Araştırmada, bir çocuğun 18 yaşına gelinceye kadar, toplam 18 bin cinayet, hırsızlık, kasten yangın çıkarma ve cinsel suça tanık olması gerçeğinin ürkütücülüğüne dikkat çekiliyor..[98]

Bir başka araştırmada; Türkiye'nin, günde 5 saat ile en televizyon izleyen Avrupa ülkesi olduğu kaydedilmiştir. **Initiative Media** tarafından yapılan bu araştırmada; Avrupa'da günde ortalama 180 dakika televizyon seyredildiği, Türkiye'de ise bu sürenin 300 dakika dolayında olduğu belirlenmiştir. Bu sürenin yaklaşık 180 sayfalık kitap okumaya eşdeğer olduğu da saptanmıştır.[99]

Birkaç ay sonra **UNESCO**'nun yayınladığı "Dünya Haberleşme Raporu"nda da; **Türkiye**'nin, **ABD**'den sonra en çok televizyon izleyen ülke olduğu tesbit edilmiştir. Raporda, Amerikalılar günde ortalama *3 saat 59 dakika* televizyon seyretmede birinci sırada yer alırken, Türk seyircisinin *3 saat 36 dakika*yla ikinci sırada yer aldığı, bu sıralamayı **İtalya**, **İngiltere** ve **İspanya** seyircilerinin takip ettiği belirtilmiş.[100]

RTÜK tarafından yapılan bir araştırmada ise, beyaz camdaki en büyük tehlikenin ŞİDDET olduğu, Türk seyircisinin *haftada bir tam günü* televizyon karşısında geçirdiği ortaya çıkmıştır.

Seyirciler arasında yüzde 70 oranla emeklilerin daha çok televizyon seyrettikleri tesbit edilmiştir.

Günün en çok televizyon seyredilme saatleri ise 19.00-21.00 arası olduğu saptanmıştır.

Araştırmada ayrıca şu ilginç sonuçlar veriliyor:

Hafta içinde 3 saatten fazla süreyi TV karşısında geçirenlerin oranı: Erkekler yüzde 70, kadınlar yüzde 64, çocuklar yüzde 62.

Hafta sonunda 5 saatten fazla televizyon karşısında kalanların oranı: Yüzde 18 çocuklar, yüzde 17 erkekler, yüzde 15 kadınlar.

---

98. Milliyet Gazetesi, 31 Ekim 1995.
99. Akit Gazetesi, 17 Mart 1998.

Meslek gruplarına göre günde ortalama 2-4 saat TV izleyenlerin oranı: Teknisyenler yüzde 77, memurlar yüzde 70, öğretmenler yüzde 68, işçiler yüzde 68, şoförler yüzde 66, işsizler yüzde 61.[101]

REHİNE GİBİ SEYİRCİ

1997 yılı mayıs ayında **Milliyet Gazetesi**'nin "ekran" sayfasında yukarıdaki başlık dikkat çekiyordu.

Acayip televizyon seyrediyoruz, rehine olmak nereden çıktı?

Haberin içeriğine birlikte bakalım.

"TV'ciler, stüdyodan kaçan yevmiyeli seyirciler için ilginç yöntem buldu. TV programlarında (seyirci) sıkıntısı başladı. Programlara (**paralı seyirci**) bulan şirketler, İstanbul'dan katılanların saatlerce süren çekimlerden sıkılıp stüdyodan kaçmaları üzerine ilginç yollara başvurmaya başladı.

Artık çekimlere **Tekirdağ, Çorlu, İzmit, Adapazarı, Gölcük, Gebze** gibi kilometrelerce uzaklardan seyirci getiriliyor. Birçok TV programına izleyici temin eden 5. Boyut'un sahibi **Sami Dündar**, (Saatler süren çekimler artık eskisi gibi insanlara cazip gelmiyor. Kazandıklarından fazlası yol parasına gidiyor.) dedi.

Tam gün süren çekimlere İstanbul civarındaki yerleşim birimlerinden getirdikleri insanların yiyecek, içecek gibi ihtiyaçlarını karşıladıklarını anlatan Dündar, bu seyircilerin günlük kazançlarının 500 bin lira ile 3 milyon lira arasında değiştiğini söyledi. Dündar, genellikle ev hanımları, emekli ve öğrencilerin çekimlerde (yevmiyeli izleyici) olmayı istediklerini belirtti.

Başta (Siyaset Meydanı) olmak üzere birçok tartışma programına da para karşılığında konuşacak seyirci bulduklarını açıklayan Dündar, (Bu tür seyircilerin kazançları iyi. Taban 3, tavan 30 milyon lira...) diye konuştu. "[102]

---

100. Yeni Şafak Gazetesi, 5 Şubat 1999.
101. RTÜK İletişim Dergisi, Ekim-Kasım 1997, Sayı: 2, S. 20.
102. Ali Eyüboğlu, Milliyet Gazetesi, 14 Mayıs 1997.

SEYİRCİ RAHATSIZ

Özel televizyon kanallarının bir kısmının yayınlarına karşı oluşan rahatsızlık, şikayet ve tepkilerin öncelikle kaynaklandığı sebepler şöyle sıralanabilir:

1- Porno mahiyetteki yayın ve reklamlar,

2- Filmlerdeki şiddet, öldürme ve korku sahneleri,

3- Şahıs ve kuruluşları, meslekleri hedef alan kötüleme, karalama nitelikteki yayınlar,

4- Konuşmalarda galiz, çirkin kelimeler, argo kullanılması ile telaffuz ve Türkçe bozuklukları,

4- Siyasi tarafgirlik, siyasi parti ve kişilerin ağır hücumları, ithamları, yanlılık.[103]

Televizyonda Şiddet ve Çocuklar İçin Zararları

Öncelikle yukarıda sıralanan noktalarda ve başka ilave edebilecek olumsuz yayın türlerine karşı toplumda yaygın bir rahatsızlık ve tepki vardır.

Psikologlar ve hukukçular bazı suç ve cinayet türlerinin daha önce Türkiye'de görülmediğini fakat televizyon yayınlarının etkisinde kalan genç ve hatta çocuk yaştakilerin bunları işlemeye başladıklarını, bir kısım pop şarkıcı ve artistlerin uyuşturucu kullandıklarının bilinmesi ile bu narkotik maddelere karşı yine genç yaş grubunda özentinin başladığını ileri sürmektedirler.[104]

Çocuklarımızın izlediği çizgi filmlerde aklın almayacağı kadar yoğun şiddet öğesi var. Kahramanlar sevimli ama şiddet dolu. O küçücük beyinler, televizyonun karşısında şiddetin tohumları ile farkında olmadan güdülenmeye başlıyor. Ayrıca şiddet, büyüklere yönelik inanılmaz sıklıkta mesaj, görüntü ve psikolojik uyarılarla yüklü.

Sonucu ise farkında olmaksızın yüklediğimiz aşırı korku, içine kapanıklık ya da aşırı saldırganlık, aşırı cinsellik, aşırı tepki ve kı-

---

103. Prof. Dr. Nevzad Yalçıntaş, Yeni Türkiye, Sayı: 11, 1996, S. 179.
104. Prof. Dr. Nevzad Yalçıntaş, Yeni Türkiye, Sayı: 11, 1996, S. 179.

saca aşırı olan herşey. Zaten içimizde güdüsel olarak var olan şiddet, öne çıkıp, yaşamın içinde vazgeçilmez ve giderek genişleyen bir alan oluşturmaya devam ediyor.[105]

Yapılan araştırmalarda, televizyonu en dikkatli seyredenlerin 0-5 yaş grubundaki çocuklar olduğu, bir çocuğun haftada ortalama 25 saat televizyon seyrettiği, böylece 18 yaşına gelen bir çocuğun 3 yılını televizyon karşısında geçirdiği tesbit edilmiştir.

Böylece televizyon seyreden çocuklar 18 yaşına kadar bir milyona yakın reklam, 15 bin dolayında cinayet sahnesiyle yüz yüze gelmektedirler.

Bu durum karşısında çocuğun düşünebilen değil, başkalarının düşüncelerine göre yönelen bir tip olduğu, aile bağlarının zayıfladığı, daha korkak veya acımasız ve karamsar olduğu, okumayla da ilgisinin azaldığı belirtiliyor.

RTÜK Kamuoyu ve Yayın Araştırma Daire Başkanlığı'nca, 165 meslek grubundan 32 bin kişi üzerinde yapılan bir ankette, beyaz camın özellikle şiddet yönünün çocuklar için oldukça tehlikeli olduğunu ortaya koydu.

1998 yılında yapılan bu araştırmada, televizyon yayınlarında şiddet ve şiddetin etkisi, haber ve programlarda çocukların istismarı, kötü alışkanlık ve bağımlılıkları özendirme, çocukların televizyon izleme alışkanlıkları konularında çeşitli sorular yöneltildi.

Ankete katılan ailelerden yüzde 85'i, çocukların en fazla televizyon seyrettikleri 17.00-21.00 saatleri arasında şiddet görüntüleri yayınlanmasından şikayetçi olduklarını belirttiler.

Ailelerden 3 bini, şiddet görüntülerinin en fazla yabancı filmlerde görüldüğünü söylerken, 2.252 kişi de çizgi filmlerdeki şiddet görüntülerinin çoğunluğundan yakındılar.

Bin 138 aile ise, Türk filmlerindeki şiddete dikkat çekerken, ailelerden yüzde 66'sı çocukların şiddet ve cinsellik dolu yayınları seyretmesini kontrol edemediklerini itiraf ettiler.

Ankete katılan ailelerin yüzde 73'ü, çocukların fiziksel istis-

---

105. Doç. Dr. Sezer Akarcalı, Yeni Türkiye, Sayı: 11, 1996, S. 554.

mara uğradıklarını ifade etmiş, yüzde 60'ı, televizyon yayınlarının alkol, sigara ve uyuşturucu gibi kötü alışkanlıkları teşvik ettiğine dikkat çekerken, ailelerden tamamına yakını, televizyonlarda Türk gelenek ve görenekleri ile aile yapısına uygun programların yayınlanmasını talep etmiş.

Yine yapılan bir başka araştırmada, Türkiye'deki tüm televizyon kanallarının bir haftalık televizyon programlarında ortalama 400 dizi ve film olduğu, bunlardan yarısından fazlasında dayak, kavga, vurma, kırma, cinsel saldırı, taciz, tecavüz, ırza geçme, hırsızlık, yaralama, öldürme, kaçakçılık, savaş, başkaldırma, bombalama, patlama, yangın, zehirleme gibi görüntülerin bulunduğu tesbit edilmiştir.[106]

Türk televizyonlarındaki şiddet, doğrudan Türkiye'de yapılan filmlerle değil, dış kaynaklı alımlarla gösterime sunulan yapımlardan izleyiciye ulaşmaktadır. Başka bir ülkenin şiddet anlayışını ve kodlanma biçimlerini Türk insanına sunuyoruz. Şiddeti bir bakıma devşiriyoruz.[107]

Şiddet, sadece dizi ve filmlerde değil, haber programlarında, bültenlerinde, reklamlarda, belgesellerde, hatta ve hatta tartışma ve eğlence programlarında bile karşımıza çıkıyor.

Dünyadaki tüm televizyon seyircileri bu durumdan muzdarip. ABD ve İngiltere'de şiddet içerikli filmler televizyonlardan çekilmedi ama, en azından çocukların yattığı saatlerin sonrasına, geç vakitlere kaydırıldı. Seyirciler de ikaz edildi.

Televizyonlar mı topluma şiddeti kabul ettirmek istiyor, yoksa toplum mu şiddete gereksinim duyuyor? Temel soru da bu galiba.

Eğer hangisinin geçerli olduğunu söyleyecek verilere yeterince sahip değilsek, o zaman doğru bir şey yapıp, şiddetin öncelikle dozunu, sonra sayısal olarak miktarını azaltıp, bu yayınların gecenin ilerlemiş saatlerine çekilmesi için uğraş vermeliyiz.

106. Prof. Dr. Suat Gezgin, Yeni Türkiye, Sayı: 11, 1996, S. 560.
107. Doç. Dr. Sezer Akarcalı, Yeni Türkiye, Sayı: 11, 1996, S. 557.

Televizyonları bu konudaki özdenetim anlayışına itmek için kampanyaları başlatmalı ve RTÜK'ü, yetkilerini kullanması konusunda ısrarla göreve davet etmeliyiz.[108]

Televizyonda Müstehcenlik

İzleyicilerin ekrandan rahatsız oldukları bir diğer konu "müstehcenlik."

Cinselliğin direk ya da dolaylı bir şekilde işlendiği bu tür yayınları şiddet gibi televizyonların hemen hemen bütün programlarında görmek mümkün.

Bazı televizyon kanalları gece yayınlarına koydukları müstehcen içerikli filmleri kırmızı nokta, 16 ya da 18 yaş ibareleri ile geçiştirmeye çalışırken, bazıları RTÜK'ün karartısını peşinen kabul ederek öğle sonrası kuşağı ya da akşam ana haber bültenlerinin ardından cömertçe bu tür filmleri gösterebiliyor.

Çocukların televizyonlardaki cinsellikle ilgili sahnelere büyük ilgi duydukları, filmlerdeki süslü kadınların hep elde edilmesi gereken bir varlık olarak yansıtılması, çarpık cinsel mesaj olarak şuuraltına yerleşiyor.

Özellikle erkek çocukları, televizyonda gördüklerini yapma eğilimi içerisine giriyorlar. Yetişme çağındaki gençlerle yaşlılar da TV'deki yaşantı sahnelerinden oldukça etkileniyorlar.

Türkiye'de her yıl 150 bin civarında insanın boşanmasında, fuhuş yapan kadın ve erkek sayısının artmasında, toplumu derinden etkileyen ve sarsan bu sosyal bozulmada, televizyon ve radyoların etkisini artık kimse tartışmıyor. [109]

Vatandaşlar, radyo ve televizyon yayınlarına ilişkin şikayet ve tercihlerini sadece televizyonların düğmesine basarak değil, RTÜK'ün "ALO RTÜK 178" hattını arayarak ortaya koyuyordu.

Bu hatta 1998 yılı içerisinde toplam 17 bin kişi telefon ederek, yayınlara ilişkin 24 bin mesaj iletmiş.

---

108. Doç. Dr. Sezer Akarcalı, Yeni Türkiye, Sayı: 11, 1996, S. 557.
109. Talat Uzunyaylalı, a. g. e. , S. 324.

RTÜK'ün bu mesajlara ilişkin değerlendirmesinde, vatandaşların sırasıyla en çok haber bültenleri, klipler, reklamlar ve show programlarından şikayetçi olduğu, şikayetler arasında cinselliğin başta geldiği ortaya çıkmış.

Yayınlarda cinselliğe yer verildiği gerekçesiyle 1889 şikayet yapılmış, bunu 1209 şikayetle "**toplumun milli değerlerine aykırılık**", 811 şikayetle "**haber programlarında magazine aşırı yer verilmesi**", 790 şikayetle "**yayıncılığın sorumsuzluğu**", 710 şikayetle "**çocukların-gençlerin ahlaki gelişimi**", 622 şikayetle "**müstehcen-çirkin konuşmalar**", 585 şikayetle "**vatanın bağımsızlığı-bölünmezliğine aykırılık**" konuları izlemiş.

Anadolu Üniversitesi Yayınları'ndan, **Yaprak İşçibaşı**'nın doktora tez çalışmasının bir özeti şeklinde düzenlediği "Televizyonda Müstehcenlik, İzleyicinin Kabul Sınırları" (Eskişehir 1998) adlı eseri, müstehcenlik konusunda farklı ülkelerdeki uygulamalar ve Türkiye'deki durum hakkında ilginç veriler sunmaktadır.

Müstehcenlik konusunda, İngiltere ve Fransa'da 1981'de yaşanan krizin Türkiye'de şimdilerde yaşandığına, Türkiye'nin kendisinden daha önce aynı şeyleri yaşamış ülkelerden ders alarak onların ödediği bedel ve kaybettiği zamanı kazanmak gibi akılcı bir rol izlemesi gereğine dikkat çekilen eserde, RTÜK gibi kuruluşun 3 yıldan bu yana var olmasına rağmen, müstehcenlik konusunda hâlâ yeterli bir düzenleme yapmadığına işaret edilmektedir.

Eserde belirtildiği üzere, özellikle ticari amaçlı kanallarımız "özel televizyonlar" müstehcenliği **izleyiciyi çeken bir unsur** olarak kullanmakta, hatta RTÜK cezalarını bir çeşit reklam fırsatı saymaktadırlar.

Hem çocuklara karşı duyarlı olma, hem de utanma duygusu bize insani oluşumuzu bir kez daha hatırlattığı için, müstehcenliğe karşı oluşu insani bir tavır olarak algılamak gerekir.[110]

---

110. Edibe Sözen, İletişim Yazıları, Zaman Gazetesi, 11 Haziran 1998.

Dizi Filmler "Sabun Köpüğü..."

Özel televizyonların devreye girmesiyle, yıllardır gösterimde olan bazı diziler var ki, özellikle ev hanımlarına yönelik. Halk arasında **Brezilya dizisi** ya da **Pembe dizi** olarak tanımlanan bu seriyaller, bir anlamda ürün satma aracı olarak uzun süre ekranlarda tutuluyor.

"Hedef kitlesi, yayın saatleri içeriği ve kurgusuyla bu tür diziler, magazin basının farklı bir amaçtaki görünümü ve yansımasıdır. Yayının evreni sınırsız duygular dünyasıdır. Orada fazlaca zihni yormayan ve kolayca özdeşleşebilir kahramanların sevgileri, beğenileri, ızdırapları, özlemleri, beklentileri, ucuz ve kolay bir sunumla verilir.

Türk izleyicisinin uzun yıllar abone olduğu **Yalan Rüzgarı** soap opera (sabun köpüğü) türünün önemli bir prototipidir. Köken olarak televizyon öncesi dönemde de var olan bu programların tüketimle olan yakın bağları; genellikle sabun, deterjan vb. üreten firmaların reklam vermeleri veya doğrudan sponsorluğunu yapmalarından ötürü güçlüdür. Soap adı da buradan gelmektedir.

Gündüz saatlerinde (sabah veya akşam yayın kuşağında) yayınlanan bu tür seriyallerin "tüketici" olarak ev kadınlarına yönelmeleri rastlantı değildir.

Çünkü ailenin tüketim potansiyelini belirlemede ev kadınının tercihleri önemlidir.

Yalan Rüzgarı'nda da açıkça görüldüğü gibi çok sayıdaki karakter arasında devam eden ağır diyaloglar ve ince duygu örüntüsü daha çok kadının duygu dünyasına hitap etmektedir. Oyunun kurgusu içinde oyuncu ilişkileri sıradan ve kolay içdeşlik kurulabilir bir sunuma sahiptir. Oyun genellikle sabit mekanlarda gelişir ve orada biter. Daha doğrusu biteviye devam eder. O kadar ki, günün belli bir saatinde diziyi izlemek rutin bir alışkanlık haline gelir. Tema endişesi, oyun gücü algısal çerçevesiyle ağırlık taşımayan soap opera, basit, kolay ve ucuz yapımlar arasında yer alması nedeniyle kitle kültürüne yönelik ağır eleştirilerden nasibini almıştır.

Oyun kurgusu karakterlerin duygusal temposuna göre şekillenen, sürekli tekrarlanan diyaloglarla devam eden soap opera içerik olarak yapay bir görünüm sergilemektedir. Ancak bu yapay ve banal gibi görünen içeriğin geniş bir izleyici tarafından büyük bir özenle izlenmesi de gösteriyor ki, rasyonel olmayan, ince duygu bağlarıyla kurulmuş bir ilişki sözkonusudur. Karakterler arasındaki aşk, sevgi, sadakat, beğeni ve fedakârlıkta hep duygu yükü vardır. Bu nedenle soap operada oyuncunun jest ve mimiklerini abartılı bir şekilde izlemeye fırsat verecek bir yakın çekim tekniği hakimdir.

Kurgusu, aksiyonu, teması, dekoru ve sanatı ile incelikten yoksun olan soap operanın göz alıcı malzemesi, karakterlerin durmadan tekrarladıkları sıradan sözler ve kolayca yüzlerine yansıyan duygusal tepkileri olmasına rağmen vazgeçilmez programlar arasında yer alması ile magazin basınının genel durumu arasındaki ilişkiye bakıldığında psikolojik süreçlere verilen önem hemen kendini gösterecektir."[111]

Yerel Televizyonların Azizliği...

Özel televizyonların önünün açılmasıyla birlikte şehir merkezleri ve ilçelerde yayın yapan mahalli televizyon sayısı da hızla arttı.

Denetimsiz ve kontrolsüz bir şekilde kurulan ve yayınlarını sürdüren bu televizyonlara Ekim 1997 tarihinden sonra frekans tahsis edildi ama belli kurallar haricinde denetimsizlik hâlâ devam ediyor.

Televizyonun albenisine kapılıp da çok düşük ücretlerle çalıştırılan, üç beş ay sonra kapının önüne konulan gençlerin iş güvenceleri, televizyonların kazançları vs hâlâ belirsizliğini koruyor. Sadece güvenlikle ilgili konularda hassas davranılıyor.

Yayınlara gelince, bunlardan bazılarının kuruldukları ilk aylarda yöresel diyalektle yayın yapmaları hayli dikkat çekiyordu. Reklamlar dahi yayın yapılan yöre ağzıyla anlatılıyordu ilk zamanlar.

---

111. N. Nur. Topçuoğlu, a. g. e. , S. 89.

Sabah saatlerinde aerobik dansın hareketlerini yöresel ifadeyle anlatan Kanal 25'in spikerinin "*Eciliiinnn....Büçülüüünnn...Ecil...Büçül...Ecil...Büçül...*" komutları, "*yıhırem, çıhırem..Ricoys...Ele ey ki..*", "*Dadaş, siz hele ananızın yağıni mi gullanirsiz?*" reklam anonsları gazete köşelerine konu oldu.

Yine aynı televizyonda bir süre sohbet programı yapan meslektaşım Gazeteci **Mehmet Şener** anlattı. "*Geçenlerde program arasında verdiğimiz reklam sırasında araya porno film görüntüsü girdi. Çocuklar içeriden diğer videonun düğmesine yanlışlıkla basmışlar. Durumu kebapçı olan patrona ilettim. Patron gülerek, (Ha o mu?) dedi. (Geçenlerde de Müftü Efendinin programında aynı sıkıntıyı yaşattılar.) cevabını verdi. Ben de programı öylece bıraktım.*"

Yine başka bir şehirde, yerel bir televizyon kanalı, bir cinayet tanığının ifadelerini yüzünü gizlemeden göstererek tanığın yaşamını tehlikeye attı.

Bir diğer ilçede yayın yapan yerel bir televizyon kanalı da, yörenin zengin işadamlarından birinin kızının düğününü aralıksız tam 40 saat canlı yayınlayarak bir rekora imza attı.[112]

TV'nin Sağlığa Zararları...

Uzmanlar, TV'nin zararlarına karşı hemen hergün seyircileri uyarmakta ve bilgi vermekteler. Örneğin, çok fazla TV seyreden insanın baş ağrısından, görme bozukluğundan şikayetçi oldukları sık sık vurgulanır.

Harward Üniversitesi Psikoloji Bölümü'nde yapılan bir araştırmaya göre; televizyon küçük kız çocuklarını sinirli yapıyor. Özellikle de korku filmlerini izleyen kızlar, erkeklere oranla daha fazla etkilenmekteler.

Prof. Dr. Pierre Moulin, şöyle diyor: "*Gelişmeler, yeni buluşlar, bazan yararlarının yanısıra zarar da getiriyor.*"

Evimizin baş eğlencesi televizyon daha çok çocuklarda görülen, adına "**TV Hastalığı**" da denen yeni bir rahatsızlık türü ortaya

---

112. Cengiz Karakaşoğlu, RTÜK İletişim Dergisi, Ocak 1998, Sayı 3, S. 15.

çıkardı. Bu hastalığın başlıca belirtileri, baş ağrıları, uykusuzluk ve kan dolaşımı bozuklukları.

TV'deki her programı izlemek isteyen çocuklar, masaya oturup doğru dürüst yemek yemiyorlar, gece uykularını alamıyorlar. Baş ağrıları hem sinirlerini bozuyor, hem büyümelerinin gelişmesini önlüyor.

Çocuklarda bu tür belirtiler başladığında alınacak ilk önlem, TV izleme saatlerini yavaş yavaş azaltmaktır. Hem kendimizin hem de çocuklarımızın fiziksel sağlığını koruma adına, izleyeceğimiz programları ve kanalları iyi seçmeliyiz. Televizyon bizi değil, biz televizyonu yönlendirmeliyiz. Art niyetli ve seviyesiz kanalları dize getirmenin mantıklı ve medeni yolu bu olmalı.[113]

TV'lerde Reyting Kaygısı ve Promosyona Katılış...

İzlenme oranı yüksek olan televizyon kanalına reklam verme olasılığı çok daha fazla olduğundan, bu kadar televizyonun bulunduğu piyasada rekabet elbette kaçınılmazdır.

Televizyon kanalları bu amaçla daha çok izlenebilmek için pek çok riski göze alıyor, seyircisini ekran başında tutmaya çalışıyor. Çünkü özel televizyonların gözle görülür en büyük geliri reklamdır. Türkiye'deki reklam payı da artan yazılı ve sözlü basın organlarınnın sayısı ile bir hayli küçük dilimlere bölünmüştür.

Zaman zaman ekranlarda karşılaşırız; "*en çok izlenen televizyon kanalı biziz*" iddasını bir günde en az 4 televizyon kanalı yayınlar. İzleyici de şaşırır. Bu ölçümler kimler tarafından, nasıl yapılıyor ki, her kanal elinde mavi boncukla kendisini birinci ilan ediyor.

Evet, Türkiye'de televizyon izlenme ölçümleri **AGB** adlı bir kuruluşa yaptırılıyor.

Televizyon dünyasında, **peoplemeter**'ların gelişiminde iki şirket öncülük etmiştir. Bunlardan birisi İngiliz AGB, diğeri ise İsviçre'nin Telecontrol şirketleridir. Türkiye'de, 1994 yılı sonlarında, reklam verenler, elektronik eşya üreticileri, televizyon yayıncıları ve bankalardan oluşan bir kurul, diğer bir adı ile Televizyon İzleyi-

113. Canan Ceylan, Akit Gazetesi, 18 Mart 1999.

cileri Araştırma Komitesi (TİAK), yaptığı bir ihaleyle ölçüm işini AGB'ye vermiş. Yapılan ölçümlerden alınan sonuçlar ise hem TİAK hem de Anadolu Üniversitesi tarafından sürekli denetleniyor.

Ancak, kamuoyunda reytinglerin doğru olmadığı, yanlı olduğu, yanlış yönlendirilip, kullanıldığı hakkında eleştiriler yaygın.

"Sistemin çalışması şöyle: Önce, nüfus ve ekonomi kriterlerine göre bazı kentler istatiksel örnek olarak alınıyor. Şu sıralardaki istatiksel örnek iller, Ankara, İstanbul, İzmir, Antalya, Adana, Gaziantep, Konya, Kayseri, Samsun, Bursa, Erzurum ve Kocaeli. Bu kentleri temsil edebilecek mahalleler tesbit ediliyor ve mahalle halkını temsilen de panelistler belirleniyor. Türk izleyicisini 1100 kişiden oluşan bir panel temsil ediyor. Panelist ailelerin her birinin fertlerinin beğenileri, evde bulunma ve televizyon izleme saatleri araştırılıyor. Sonra evdeki televizyona "**peoplemeter**" denen bir bilgi toplama aygıtı takılıyor. Böylelikle, hangi saatte evin hangi ferdinin hangi kanalı kaç dakika süre ile izlediği sürekli olarak peoplemeter'a kaydediliyor. **AGB** merkezindeki bilgisayar, panelist evleri belli aralıklarla arayarak toplanan izleme verilerini alıyor. Sonuçta, dakika dakika hangi televizyon ne kadar süre ile en çok izlenen kanal olmuş ortaya çıkıyor.

Doğal olarak bu ölçümler sırasında her dakikanın birincisi, her yarım saatin birincisi, her saatin birincisi, 20-23 saatleri arası (**prime-time**) birincisi veya tüm gün birincisi tespit ediliyor. Bilgiler, reklâm verenin ve ajansların yanı sıra sisteme katılan televizyonlara da gönderiliyor. İşte bu aşamada her kurum kendinin birinci olduğu bir zaman dilimini bulup, birinciliğini ilan edebiliyor. Ama unutulmamalı, söz konusu olan birincilik, ölçümün yapıldığı zaman dilimi ile sınırlı. En çok kabul gören areyting kriteri ise, tüm gün ve "prime-time" dediğimiz 20-23 arasında yapılan ölçüm ortalamaları."[114]

Televizyonlarda promosyon, özel televizyonların Türkiye'de yayın hayatına başlamasının ardından kısa bir süre sonra devreye girdi.

---

114. Emre Dağdeviren, Yeni Türkiye, Sayı 11, S. 411.

Türkiye'nin ilk özel televizyonu Magic Bax, 1990 yılını 1991'e bağlayan gece özel otomobil çekilişi yaptı. Bu tür çekilişler daha sonraki aylar diğer özel kanalların da katılımıyla artarak devam etti. Özellikle yılbaşı ve bayram geceleri düzenlenen çekilişlere, lüx otomobillerle birlikte ev ve çeşitli elektirikli ve elektronik eşyalar da hediye olarak konuldu. Televizyonlardaki promosyonlar zaman zaman gazetelerle birlikte müştereken de yürütüldü.

Şimdilerde, **Kanal D**'nin promosyon türündeki eğlenceli yarışma programı "**Çarkıfelek**" ile **ATV**'nin aynı şekildeki yarışma programı "**Bay Turnike**" birbirleriyle yoğun bir mücadelede. Telefonla katılım alınan bu yarışmaların başladığı ilk haftalarda Türkiye'de telefonlar adeta kilitlendi. Daha sonra bir çözüm getirildi. Birbirinden güzel lüx otomobillerin teşhir edildiği yarışma programlarında, üçte bir giysili hostes kızlar da otomobiller gibi göz kamaştırıyordu. Program sunucularının yarışmaya katılanlarla gayri ciddi diyalogları, promosyon kelimesinin ilk üç harfi, *tahrik etme* anlamına gelen "**pro**"yu en açık şekilde ortaya koyuyordu.

TRT 1 de son zamanlarda bu televizyonları kıskanarak ya da örnek alarak, donuk bir stüdyoda, kendince bir yarışma programı düzenleyip resmi spikerleri ile izleyici kapmaya çalıştı.

Show TV ise, "**Şans Kapıyı Çalınca**" programı ile hem yarışmacıların kaabiliyetlerini ölçüyor, hem de nedense uzun bir süre fıyatı hiç değişmeyen üç buçuk milyar liralık Reno Twingo'yu diğer ödüllerle birlikte hediye etti.

Sonuç olarak;

"Televizyon formatı içten içe birbirini tamamlayan bir dizi gerçeklik anlayışını zihinlere kazır:

1- Bilindiğin dünyasından, değişen bir şey yok,

2- Dünya işleri son derece karmaşık, bu karmaşıklığa senin aklın ermez, bırak erbabı halletsin,

3- Gerçeklik yapıntıdır, yapıntı ise gerçeklik,

4- Ne senin, ne günümüz dünyasının sorunlar üzerinde uzun uzadiye duracak vakti var, saniyeler çabuk geçiyor.

Bunun sonucu olarak, televizyon izleyicisi yeni oluşanı izlemek için değil, hep aynı kalanı görüp sakinleştirmek için kitle iletişimine açılabiliyor."[115]

RADYO

Teknik tanım

Radyo: Ra'dyo (Fransızca), Radio (İngilizce), Rundfunk (Almanca).

Radyo kelimesi Latince "Radius" sözcüğünden gelme olup "ışıma" anlamındadır.

Radyo Yayını: Elketromanyetik dalgalar enerjisi aracılığı ile seslerin iletilmesi sistemidir.

radyo: Yayını yapan istasyonun adı.

radyo: İstasyon yayınlarını alan araç.

radyo: Dinleyiciye ulaştırılacak programları düzenleyen kuruluş.

radyocu: İstasyonun ya da program hazırlayan kuruluşun herhangi bir ünitesinde görev yapan kişi, alıcı cihazını tamir eden.

TARİHSEL GELİŞİM:

Radyonun elektromanyetik dalgalar aracılığıyla ses unsurunun bir program şeklinde insanlık yararına sunuluşu 1920'lerde başlar.

Sürekli ilk radyo vericisi 2 Kasım 1920'de **A.B.D.**'de çalışmaya başlamıştır. **Pittsburg**'da KDKA adlı bir istasyonda seçim haberleri ile başlayan bu yayını 500-2000 arasında değişen dinleyici izlemiştir. Yayınlarını akşam saatlerinde yapan bu ilk radyo istasyonu 2 yıldan fazla bir süre haber, müzik, spora yer veren programlar yayınlamıştır.

Düzenli yayınlar diğer ülkelerde ise; **İlgiltere, Fransa** ve **Sovyetler Birliği**'nde 1922'de, **Almanya**'da 1923'de başlatılmış.

Radyo ses bandındaki gelişmeler, daha net bir ses alınmasını

115. Yalçın Akdoğan, a. g. e. , S. 89.

sağlayan **FM** bandının 1935'lerde bulunuşu, 1955'lerde **sterio** yayınlarının özellikle müzik yayınlarında kullanılışı, radyonun gelişmesinde başlıca adımlar olarak radyo yayınlarının hızlı yayılışı, izleyici kitlesinin de artmasına neden olmuş, ayrıca alıcıların transistörlü, taşınabilir, küçük olarak yapılması da izleyici kitlenin çoğalmasına yol açmıştır.[116]

TÜRKİYE'DE RADYOCULUK

Türkiye, 1927 yılında 5 kw güçle **ilk düzenli radyo** yayınına geçti.

Bu tarihte haber ve müzikle başlayan radyo yayınları, amatör bir ruhla gerçekleştiriliyordu ve devlet ideolojisinin benimsetilmesi başlıca amaç olarak belirlenmişti.

Radyoculuğumuzun ilk 10 yılında, bu aracın yalnız eğlendirici değil, eğitici işlevi üzerinde de duruluyordu. Radyonun toplumsal işlevleri olduğu ve bu işlevleri yerine getirmesi gerektiği düşüncesi yandaş topluyordu.

Radyodan, devletin resmi görüşünü en uzak köylere değin yayması bekleniyordu ve bu kitle iletişim aracına aynı zamanda bir kültürel ve siyasal eğitim işlevi yükleniyordu.

Radyoculuğun bu ilk döneminde çeşitli eleştiriler yapılmaktaydı ve radyonun partinin elinde olması, Cumhuriyet devrimi ilkelerini içte ve dışta yayması, bir eğitim aracı olarak kullanılması isteniyordu.

27 Mayıs 1960 devrimine değin, radyonun devlet politikasına koşut olarak kullanılması geleneği sürmüştür.

...1961 Anayasası ve buna bağlı olarak çıkartılan TRT yasası, radyo ve televizyona özerk bir yapı getirdi. Ancak bu düzenlemeler, özerkliğin tam anlamıyla yaşama geçirilmesine yetmedi. TRT kurumu, 1 Mayıs 1964 tarihinden başlayarak, "*yeterli, doğru ve tarafsız (yansız)*" yayın yapmakla görevlendirilmişti.[117]

---

116. Prof. Dr. Aysel Aziz, a. g. e. , S. 10.
117. Doç. Dr. Özden Çetinkaya, Yeni Türkiye, Sayı: 12, S. 1031-1032.

TRT daha sonra **Radyo 1**, **Radyo 2**, **Radyo 3**, **Radyo 4** ve **TRT FM** istasyonları ile radyo yayınlarını sürdürdü.

TRT radyoları dışında Türkiye'de oldukça uzun süre yayın yapan ve geniş dinleyici kitlesi bulunan **Polis Radyosu** 1954'de yayina başladı. Başlangıçta Ankara, İstanbul ve İzmir'de yayın yapan bu radyo, özel radyoların devreye girmesiyle birlikte diğer illerden de dinlenmeye başlandı. Polis hizmetlerini halka götürme amacında olan radyoda genelde Türk Sanat, Türk Halk ve Türk Hafif Müzik yayınları ağırlıkta. Bu yayınlar arasında polisle ilgili söz programları ve uyarıcı anonslara da yer verilmektedir.

TRT radyoları dışındaki bir başka radyo ise "**Meteoroloji Radyosu**"dur. Türkiye'deki hava durumu ile ilgili hizmetlerini, en hızlı araç olan radyo yayınları ile topluma ulaştırma amacı güden Meteoroloji Genel Müdürlüğü'ne bağlı olarak kurulan bu radyo istasyonu, diğer radyo istasyonlarında olduğu gibi yayınları arasında popüler müzik yayınlarına da yer vermektedir. Ankara'da bulunan istasyonun yayınları, Ankara ve çevresinden dinlenilmektedir.

Nostalji

Kısa bir hatırlatma ile geçmişe uzanmak gerekirse; evlerimizde kullandığımız radyo alıcıları, yıllar önce bir odaya yerleştirilen, mutlaka orada durması, yerinden oynatılmaması gereken, dış anteni, toprak teli genellikle pencere altından geçirilen, dinlemek için o odaya gidilmesini, orada oturulmasını zorunlu kılan ve belirli bir elektrik akımı kaynağına bağlı araçlardı.[118]

Evlerde, işyerlerinde açılıştan kapanışa kadar susturulmazdı. Köylerde, tandırbaşı ve köy odalarından tarlalara kadar zevkle taşınan bu alıcılar, yine susturulmadan ağaç dalarına itinayla asılırdı.

Müzik yayınları keyif verirdi çiftçiye. Köylüyü şehirliyi, şehir hayatını tanıtmaya çalışır, şehirli Ankara'yı, Ankara ve Türkiye dışındaki gelişmeleri dinlerdi can kulağıyla... Özellikle ana haber bültenleri büyük bir sessizlik içerisinde dikkatle dinlenirdi.

---

118. Semih Tuğrul, Türkiye'de Televizyon ve Radyo Olayları, 1975, S. 14.

İnkılapların kadife eldiveniydi radyo. En acil, gece yarısı veya sabaha karşı okunması gereken bildiriler radyo aracılığıyla duyurulurdu.

Sabahın erken saatlerinde, özellikle çiftçiye yönelik eğitim yayınları arasına serpiştirilen **Ali Ekber Çiçek**, **Nida Tüfekçi**, **Neşet Ertaş** ya da **Neriman Altındağ Tüfekçi**'nin hoş ezgileriyle uyanır, halk hikayeleri ve 7.30 haber bülteninden sonra Demirbank'ın "**iyi günler**" dilekleriyle okul yolunu tutardık. Akşam, **Ocakbaşı** programları ve 19.00 ana haber bülteninin ardından **Arkası Yarın** radyo oyunlarını, bugün ilgiyle izlenen televizyon dizileri gibi adeta iple çekerdik.

O güzelim çocuk radyosu programlarını, hafta sonu radyo tiyatrolarını, müzik eğlence ve yarışma programlarını unutmak mümkün mü?

Yine o yıllar radyoya has hışırtılı dalga sesi ile **Türkiye'nin Sesi, Polis** ya da **Meteoroloji** radyo frekanslarını bulmaya çalışır, arabesk müziğe hasret giderirdik.

Yıl 1990. Şimdi artık malum "özel radyo"larımız var.

ÖZEL RADYOLAR

Türkiye'de özel radyolar da özel televizyonlar gibi 1990 yılından itibaren seslerini duyurmaya başladı, çok geçmedi kısa bir sürede metropol ve yerel yüzlerce radyo kuruldu.

Kuruluş ve yayınları özel televizyonlar gibi yasal olmayan bu radyolar 1993 yılında susturulmak istendi. Ancak büyük bir güç haline gelen radyolar, tek vücut olarak yaptıkları yayın ve çağrılarla **siyah kurdeleli** tepkilerinden olumlu sonuç aldılar. Dönemin hükümet yetkililerinden bir hanımefendi, "**Benim oğlum radyo dinleyecek...**" dedi, böylece radyoların sesi daha bir açıldı.

1993 yılında Anayasa'nın 133. maddesinde bir değişiklik yapıldı. **"Radyo ve televizyon istasyonları kurmak ve işletmek kanunla düzenlenecek şartlar çerçevesinde serbesttir. Devletçe kamu tüzel kişiliği olarak kurulan tek radyo ve televizyon ku-**

rumu ile kamu tüzel kişilerden yardım gören haber ajanslarının özerkliği ve yayınlarının tarafsazlığı esastır.”

10 Temmuz 1993 tarihli Resmi Gazete’de yeralan bu değişimle özel radyo sayısı hızla arttı.

Yapılan tahsislerle, 2000 yılına gelindiğinde 36’sı **ulusal**, 108’i **bölgesel**, 1053’ü **yerel** olmak üzere Türkiye genelinde yayın yapan özel radyo sayısı 1197’yi buldu.

Bu radyo zenginliği ne yazık ki kırsal kesime kadar aynı cömertlikle ulaşamıyor. FM radyosunun kısa mesafelere dönük yapısı, şehir merkezlerinden uzakta bulunan köylere radyo yayınlarını götüremiyordu. Bu yüzden kırsal kesimin birçok bölgelerine çok az sayıda radyo yayını ulaştı. Hatta TRT’nin böbürlenmelerine rağmen hiç radyo yayını ulaşmayan köy sayısının hayli yekün tuttuğu yaygın rivayetler arasında.[119]

TRT’nin eski yönetim kadrosundaki elemanlarından, Türkiye Yazarlar Birliği Yöneticisi **Mustafa Çetin Baydar**’ın, Türkiye’deki radyo alıcıları ve dinlenme süreleri ile ilgili olarak yaptığı ilginç araştırmada şu sonuçlar ortaya çıkıyor:

Ev, işyeri, oto, öğrenci ve gençlik ortamı radyoları tasnifi ile Türkiye’deki radyo alıcı sayısı 26 milyon civarında olduğu tahmin edilebilir...

Özel radyoların, TRT’nin “**soğuk, didaktik ve rejim meddahlığı**”nı esas alan yayın anlayışına benzemeyen, yasaksız, sansürsüz, tekellüfsüz yeni bir üslupla yayına başlaması, radyodan soğumuş yığınları tekrar radyo tiryakiliğine doğru çekmeye başladı.

Yapılan hesaplamalarla, Türkiye’de radyoların yayın yaptığı her an, ülkede mevcut 26 milyon radyo alıcıdan 1 milyon 150 bini çalışıyor, yani 1 milyon 150 bin insan her an radyo dinliyor. Bir başka deyişle, ülkedeki her 25 radyodan biri her an açıktır ve çalmaktadır.

Yapılan araştırmalar ev kadınları, öğrenciler, esnaf ve sanatkârların daha yüksek bir sıklık ve süre ile radyo dinlediklerini gös-

119. Mustafa Çetin Baydar, Yeni Türkiye, Sayı: 12, S. 1037.

teriyor. Buna bir de oto sürücülerini ilave etmek gerekiyor. Oto radyoları sadece radyo dinlemeyi teşvik etmiyor, aynı zamanda radyo dinleyiciliğinden uzaklaşmış kişileri de tekrar radyo yayınları ile tanıştırıyor.

Ege Üniversitesi İletişim Fakültesi'nin 554 kişi üzerinde yaptığı bir araştırmaya göre, radyo dinleyicilerinin yüzde 56'sı evlerinde, yüzde 12'si işyerlerinde, yüzde 6'sı otolarında, geri kalanı ise yerine göre bunların hepsinde birden radyo düğmesini çevirdiklerini belirttiler.

Yapılan araştırmalar, radyo dinleyenlerin ortalama günde **bir saatlik bir dinlemede** bulunduklarını ortaya koyuyor. Bir hesaba göre, günde 18 saat yayın yapan bir radyoya saat başına bir dinleyici birimi olmak üzere 18 dinleyici birimi isabet ediyor. Bu projeksiyonu, ortalama **Türkiye Dinleyici Rakamı** (1 milyon 150 bin) ile çarpacak olursak, 20 milyon 700 bin rakamı ortaya çıkar.

İşte projeksiyon yöntemiyle bulduğumuz Türkiye radyo dinleyici sayısı, bir başka ifade ile **Türkiye'deki radyoların tirajı** budur.

Radyoları kültürel-ideolojik çizgileri ile sınıflandıracak olursak şöyle bir tablo karşımıza çıkar:

A) Finansörlerin Kimliğine Göre

a) Gazete ve televizyon sahibi işadamlarının uzantısı olan radyolar: (**Radyo Kulüp** / Aydın Doğan, **Show Radyo** / Erol Aksoy, **Süper FM** / Cem Uzan, **Power FM** / Dinç Bilgin, **TGRT** / Enver Ören vs.)

b) Cemaat radyoları: (**Burç, Dünya FM** / Fethullah Gülen, **Akra** / Esat Coşan, **Mesaj** / Haydar Baş, **Moral** / Yeni Nesil Grubu Nur Cemaati vb.)

c) Siyasi partiler paralelinde faaliyet göstermek üzere finanse edilen radyolar: (**Üsküdar FM, Marmara FM, MGV-RP, Mozaik, Çankaya, Sol-CHP**)

d) Kâr amacı gözeterek finanse edilen radyolar: **Tatlıses FM, Best FM, Ses Radyo** vb.

e) Kültür hizmeti amacıyla finanse edilen, ancak ticari amaçları da olan radyolar: (**Radyo Birlik, Yimpaş Holding, Veyis FM** vb.)

f) Devlet kuruluşlarının finanse ettiği radyolar: (**TRT, Polis, Üniversite, Meteoroloji** vb.)

B) Dinleyicilerin Kimliğine Göre Radyolar

a) Dinleyicilerinin çağdaşlık ve uygarlık eğilimlerini dikkate alarak yayınlarını biçimlendiren radyolar.

b) Dinleyicilerinin milli, dini, kültürel eğilimlerinden yola çıkarak yayınlarını biçimlendiren radyolar.

C) Kurulduğu Yerleşim Birimlerine Göre Radyolar

a) Taşra Radyoları

b) Metropol Radyoları (1- Metropol varoş radyoları, 2- Metropol seçkinleri radyoları)[120]

D) A.A RADYOSU (Radyo Anadolu)

Anadolu Ajansı'nın bir kuruluşu olan bu radyo, 1993 yılında Ankara'da yayına başladı. "**Radyo Anadolu**" adıyla FM bandından önce Ankara sonra da İstanbul'a yönelik olarak yayına başlayan A.A radyosu, daha sonra Diyarbakır ve Gaziantep'te 5'er kw güçle dinleyicilerine ulaştı.

Radyo Anadolu, yaptığı yayınla Türkiye'de bir ilke imza attı. Her yarım saatte bir en taze haberler dinleyiciye ulaştırıldı. Bununla birlikte, haber saatleri dışında Türkiye ve dünyada meydana gelebilecek en sıcak gelişmeler anında yine dinleyiciye aktarıldı.

Aktüaliteyi de yakından takip eden Radyo Anadolu'nun özel radyolar arasında önemli bir ayrıcalığı oldu.

Ancak, Radyo Anadolu 1999 yılında kapatıldı.

eFeM'in SESİ HOŞ AMA...

Türkiye'de özel radyoculuk yapılıyor mu acaba?

---

120. Mustafa Çetin Baydar, Yeni Türkiye, Sayı: 12, S. 1039.

Radyonun işlevi haber vermek, eğitmek ve eğlendirmekse, bu sorunun cevabı tek kelimeyle "hayır..."

FM'in sesinden hoş müzikler geliyor ama, içerikte pek farklı birşey yok.

Herşeyden önce haber konusuna bir bakalım. Topluma haber sunumunda radyo, en hızlı aktarım açısından kitle iletişim araçları arasında ilk sırada yer almaktadır. Ancak özel radyolarda habercilik alanında, **Radyo Anadolu**'nun dışında maalesef pek bir gelişme olmadı. Haberi çabuk veren, olayların yorumunu **Basın Meslek İlkeleri** çerçevesinde yapan radyo sayısı çok az. Pek çok radyo, genelde günlük gazete haberlerini -kaynak göstermeden- kendi haberiymiş gibi okuyor. Bunların dışında mali durumu biraz iyi olanlar, ya güçlü bir haber ekibiyle ya da haber ajanslarına abone olarak, haber bülteni sunmaya çalışıyor.

Radyonun bir diğer işlevi eğitimdir. İnsanın eğitiminde, özellikle yaygın eğitim sahasında radyolara önemli görevler düşmektedir. İyi planlanmış eğitim programları sayesinde dinleyici ile sıcak bir ilişki kurmak mümkün. Hedef kitlesi, yayın saati iyi belirlenip radyo diline uygun hazırlanan eğitim programları ile dinleyicinin gelişmesine önemli ölçüde katkı sağlanabilir. Ancak, bugün Türkiye'de 1200 radyodan kaç tanesi için bu söylenebilir?

Eğitimle birlikte radyo kültürüne önce adlarından bir bakalım. **Best FM, Number One FM, Power FM, Radyo Flash...** Ya bunların programları; **Bungo Show, Best Party, Power Hits, Coco On Air, Non Stop, Life Stlye...**

Program sunucularının Türkçeyi yanlış kullanmaları, dinleyici ile diyalog kurma adına, içi boş söyleşiler yapmaları, artık, kamu hizmeti görmesi gereken radyoların işlevinin tartışılması gerektiğini ortaya koymaktadır.

Fax ve telefonlarla programa katılmanın, içi düşünsel ve kültürel değerlerle doldurulmadıkça, demokratik bir toplum yaratabilme yolunda gerçek bir katılma olmayacağı ortadadır.

Sunucularla yapılan amaçsız ve içeriği boş söyleşiler, iletişimde bulunmanın, düşünceleri özgürce açıklayabilme kavramlarının gerçek anlamlarına gölge düşürmektedir. Şarkı isteyerek dileğini iletenler, gerçekten bir kamu iletişim aracıyla düşüncesini açıklamış gibi rahatlamakta, gerçek yaşamdaki katılma gereksinmesini yerine getirmiş duygusuna kapılmaktadır.

Radyoların gerçek bir kitle iletişim aracı olabilmeleri için, dinleyicilerin gerçek yaşama, günlük gereksinmelerine ilişkin düşüncelerini özgürce açıklayabilmeleri gerekir. Bu da, toplumun içindeki çeşitli düşünce ve çıkar gruplarının (sendikalar, siyasal partiler, meslek odaları, demokratik kitle örgütleri gibi...) radyolarını kurabilmeleri ve düşüncelerini özgürce açıklayabilmeleri ile olasıdır.[121]

Türkiye'deki pekçok özel radyo (istisnalar hariç -genelde- taşra radyoları) sabahın erken saatlerinde, batıda **pop** ya da **cazla**, Anadolu'da ise "*Nereden Sevdim O Zalim Kadını*" gibi arabeskleriyle güne başlar.

Benzeri müzik türleri, sıradan reklam program ve anonsları, bu radyoları dinleyenlerin katıldıkları telefon sohbetleri, ara sıra çalıntı haberler, isteklerle devam eden yayın akşam saatlerine kadar böyle gider. Aynı şekilde süren akşam yayınları, gecenin ilerleyen saatlerinde yerini geyik muhabbetlerine bırakır.

Mahalli Yayıncılığın İlginç Yüzü

RTÜK İzleme ve Değerlendirme Daire Başkanlığı'ndan **Cengiz Karakaşoğlu**'nun yaptığı bir tesbite göre, bu kadar çok yayın kuruluşunun olduğu ülkemizde elbette, acemilikten, bilgisizlikten kaynaklanan yüzlerce de gariplik yaşanıyor. İşte bunlara birkaç örnek:

* Bir ilçe radyosunda eşinin adına şarkı isteğinde bulunulduğunu belirten bir koca, birkaç saat sonra isteğin yayınlandığı radyoya canlı yayın sırasında telefon ederek, ağır hakaretlerde bulunur.

Beyefendi, eşinin adının kendi rızası ve izni olmadan hiçbir

121. Doç. Dr. Özden Çetinkaya, Yeni Türkiye, Sayı: 12, S. 1035.

yerde yayınlanamayacağını belirtir. Eşinin adının bir radyo programında geçmesinin kendisi için ağır bir hakaret olduğunu, bu nedenle dostlarına ve arkadaşlarına rezil olduğunu ifade eder.

* Bir sabah, küçük bir kasabamızda yayın yapan yerel radyonun sahibi canlı yayında, başta belediye başkanı olmak üzere bütün kasaba halkına küfürler yağdırır.

Şikayet üzerine polisin radyoya yaptığı baskın sonucu, radyo sahibinin sarhoş olduğu görülür ve radyoda çok sayıda bira ve votka şişesi bulunur.

* Bir ilçe radyosundaki canlı yayında, terör örgütü başının İstanbul'da Galatasaray maçını seyrettiği ifade edildi. Ertesi gün de bir büyük gazetemiz bu haberi birinci sayfasından ciddi ciddi kullandı.

* Yine bir yerel radyo, boşanmak için mahkemeye başvurmuş ve ilçede oldukça tanınmış çiftin boşanma haberini verirken, boşanmak üzere olan hanımı da programına konuk eder. Olmadık soruların sorulduğu canlı yayını dinleyen koca, öfkelenerek radyoyu basmaya kalkar.

* Bir ilçenin üçüncü ligdeki maçı yerel radyodan canlı olarak yayınlanır. Maçın son dakikalarında hakem, ev sahibi takım aleyhine bir penaltıya karar verir. Sen misin bu kararı veren. Maçı anlatan spiker canlı yayında hakeme yönelik olarak en hafifi "...Allah belanı versin!..." şeklinde ağza alınmayacak küfürler savurur.

*Radyosundan, kızdığı bir kişiye meydan okuyan bir başka radyo sahibi, hırsını alamayarak; "Pasajın içinde...Tuvaletin hemen yayında.." diyerek, göğüs göğüse mertçe bir çarpışma için radyonun yerini de rakibine tarif etmeyi ihmal etmez.

*Bir radyo programının şaka programında sunucu, bir bayanı telefonla arayarak eşinin kendisini aldattığını söyler. Bayan başlangıçta eşinden emin olduğunu, bu nedenle kendisinin kesinlikle aldatılmayacağını ifade eder. Ancak spiker o denli ısrar eder ki, bayan dayanamayarak programda ağlamaya başlar.

*Yerel bir radyoya canlı yayın sırasında telefon eden bir dinleyici, radyodaki reklamlara inanarak aldığı kömürün yanmadığını, bu nedenle radyoyu dava edeceğini söyler.

*Gözde bir tatil bölgemizde yayın yapan bir radyonun sahibi, düştüğü mali kriz sonucu batma aşamasına gelince, bolca içki içtikten sonra mikrofonu eline alarak, kendisine kredi vermeyen banka müdürüne ve para yardımında bulunmayan kayınbiraderine verir veriştirir.

Son bir istek parçasıyla radyoyu kapatalım!

* Spiker sorar "Efendim kimler için çalalım?"

Telefonla radyodan istek talebinde bulunan şahıs, "Efendim ben bu parçayı eşim, kayınvalidem, kayınpederim, kayınbiraderler ve baldızlarım için istiyorum."

Spiker tebrik edasıyla, "Beyefendi hakikatli bir damatsınız. Ne çalalım onlar için?"

Adam da o günlerin meşhur parçasını talep eder; "Belalarını belalarını, Allah versin belalarını!"

III- HABER AJANSLARI

Haber ajansları, toplayıp derlediği yazılı, sözlü, görüntülü haber ve fotoğrafları abonelerine en seri şekil ve araçlarla ulaştıran kuruluşlardır. Yani, gazete, dergi, radyo ve televizyonlar için haber toplayıp tevzi eden müesseselerdir.

Ajansın Ortaya Çıkışı

Dünyanın en eski gazetesinin 911 yılında ortaya çıktığı söyleniyorsa da, ajans tarihi 19'uncu yüzyıldan öteye gitmez.

Basın tarihi kitaplarında ajansın tarihçesi için genelde şu şekilde bir başlangıçtan söz edilir:

"*1811 yılında **Amerika**'nın ticaret merkezi olan **Boston**'da, dünya hadiselerini bugünkü gibi vaktinde, günü gününe gazetelerden takip etmek imkanını bulamayan halk, limana gelen bir gemiyi büyük bir alaka ve heyecanla karşılıyor ve gemicilerden Avrupa'da cereyan eden hadiseler hakkında malumat almaya çalışıyordu. Bu-*

*nu gören **Semuel Gilbert** adında bir tüccar, yazıhanesinin bulunduğu hanın bir katını okuma ve çay salonu haline getirdi. Bu salonda daima iki büyük defter tutuyor ve gemicilerden aldığı malumatları bu defterlere günü gününe kaydediyordu. Gilbert, bu ticari teşebbüsü ile hanına topladığı kimselere de mallarını satma imkanı buluyordu.*

*Salonun gördüğü rağbet karşısında Gilbert, yanına **Topliff** adında bir de muavin aldı. **Topliff** adındaki bu delikanlının görevi, sabahtan akşama kadar limanda dolaşarak gemilerden havadis toplamak ve bu topladığı havadisleri akşamları defterlere kaydetmek üzere halka arz etmekti.*

Zamanla gazeteler de, kendileri için büyük bir noksan teşkil eden bu usulü tatbik etmek mecburiyetinde kaldılar. Ve sandallarla limanda haber toplamak için bir yarışma başladı.

İş bununla da kalmıyordu, toplanan haberlerin karayoluyla gazetelere ulaşması ise ayrı bir mesele idi. Bunun için de telgraf kumpanyaları ile anlaşmak lazımdı. Bostan ve New York arasındaki tek bir telgraf hattından istifade için de ayrı bir mücadele başlamıştı. Yeni telgraf kumpanyalarının haberleri ticari bir meta olarak satmaya teşebbüs etmeleri de başlı başına bir mesele teşkil ediyordu.

30-40 sene süren bu mücadeleden sonra iktisaden de büyük külfetler altına giren gazetelerin bazıları, müştereken haber toplamak için bir teşekkülün meydana getirilmesi lüzumunu duydular."

İLK AJANSLAR

Türkiye'de gazetelerin yeni yeni kurulmaya başladığı yıllarda Avrupa ve Amerika'da gazeteler için artık haber ajansları kaçınılmaz gözüküyordu. Bu yıllarda kurulan ilk ajanslar, bir süre sonra uluslararası boyuta ulaştı. Bunlardan bazıları halen dünyanın en önemli ve güçlü ajansları olarak işlevini sürdürüyor.

ULUSLARARASI HABER AJANSLARI

Havas Ajansı

Kayda değer ilk haber ajansı, **Charles Louis Havas** tarafından 1835 yılında Paris'te kuruldu.

Avrupa basınında çıkan haberleri Fransız basınına aktaran bu ajans, Londra, Brüksel ve Paris arasında güvercinlerle haber taşıtmış ve Avrupa'nın belli başlı şehirlerinde muhabirler çalıştırmıştır.

"*Çabuk haber alır, haberi çabuk ulaştırır*" sözü o dönemler bu ajansın simgesidir.

1856 yılında bir reklam ajansı da takviye eden ajans, daha sonraları Balkanlar, Mısır, Uzakdoğu ve Güney Amerika'da yayınlanan gazetelere haber ulaştırdı.

Ancak Havas Ajansı, Fransa'nın işgaliyle Alman orduları tarafından kapatılmıştır.

Wolf Ajansı

1849 yılında Havas memurlarından **Bernhard Wolf** tarafından kurulan ve ilk yıllarda ekonomi haberleri çalışan ajans, 1939 yılına kadar faaliyetlerini sürdürdü.

Reuter Ajansı

Reuter Ajansı, daha önceleri Havas Ajansı'nda tercüman olarak çalışan **Paul Julius Reuter** tarafından 1851 yılında İngiltere'de kuruldu. Hızlı bir şekilde büyüyen bu ajans, 1878 yılında anonim şirket halini aldı.

Kurulduğu ilk yıllarda ticari habercilikle yoğunlaşan Reuter Ajansı, sonraları diğer haberlere yöneldi, günümüzde ise beş büyük ajanstan biri durumuna gelmiştir.

Türkiye dahil halen 86 ülkede 128 bürosu bulunduğu belirtilen Reuter Ajansı, yaklaşık 600 muhabiri ve part-time çalışan toplam 4 bin 500 elemanı ile faaliyetini sürdürmektedir.

Ajansın yazılı haberleri (RWS) tarafından üretilmektedir. Bunun dışında 20 bölgesel servis merkezi vardır.

İngilizce haberlerin, Londra, New York, Hong Kong, Bahreyn, Nairobi olmak üzere 5 ana merkezi vardır.

Ajans ayrıca Fransızca, Almanca, Arapça ve İspanyolca dillerinde de hizmet vermektedir.[122]

Associadet Press (AP)

1846-1848 yıllarında Meksika Savaşı'nın çıkmasıyla New-York'taki 6 gazete bir araya gelerek "New-York Associadet Press" adı altında haber kooperatifi gibi bir ajans kurdu. 1892 yılında ajansın adı "Associadet Press" olarak bugünkü halini aldı. Ajans yine bu yıllarda Avrupa haberlerinin Amerika'ya, Amerika haberlerinin Avrupa'ya iletilmesi için Avrupa'da kurulmuş bulunan **Havas, Reuter** ve **Wolf** ajansları ile işbirliğine gitti.

Uluslararası haber ajansı olarak Associadet Press'in kuruluşu aslında önemli bir gelişme olmuştur. Çünkü, zamanla anlaşıldığı ve en iyi çözüm biçimi olarak görüldüğü üzere, AP bizzat gazeteler tarafından yönetilen ilk ajanstır. Kâr amacıyla kurulmuş bir şirket olmayıp, bir kooperatif olduğundan, masraflar da üyeleri arasında bölüşülmektedir.

AP, bugün New York, San Fransisco, Londra ve Tokyo'daki vericilerle haber dağıtımını yapmaktadır. Genel merkezin bulunduğu New York'taki bina bilgisayarlarla donatılmış bir kontrol kulesini andırır.

Londra, Avrupa başkentlerine yayın yapan Ortadoğu, Hint Yarımadası, Afrika ve Avusturalya'dan gelen haberleri toplayan bir merkezi konumdadır.

Tokyo ise, Uzakdoğu için haber toplama işlevini yürütmektedir.

Ajansta 1942 yılında *yayıncılık*, 1946'da *spor*, 1967'de *ekonomi*, 1972 yılında *fotoğraf* servisleri kuruldu.

Bilgisayarlararası yapılan bilgi aktarımı bugün dakikada 80 bin kelimeye kadar çıkmakta, haber dağıtımı uydular aracılığı ile sağlanmaktadır.

---

122. Mehmet Ali Bulut, Yeni Türkiye, Sayı: 12, S. 1230.

İngilizce verilen haberler varış noktasında ilgili ülkenin lisanına çevrilmekte, bunun tek istisnası Latin Amerika olup buradaki ülkelere yayın İspanyolca yapılmaktadır.

Son dönemde **CNN**'in etkisini keşfeden **AP**, kurduğu **APTV** televizyonu ile de bugün 67 ülkedeki 93 bürosundan yararlanarak, global ve yöresel bazda görüntülü habercilik de yapmaktadır. [123]

AP de, dünya ajansları arasında ilk 5'de gösterilmektedir.

United Press International (UPI)

İlk 5'de yer alan diğer bir ajans United Press International (UPI), Amerika'da 1907'de kurulan "**United Press Assocition**" ile 1909 yılında kurulan "**International News Service**" ajanslarının 1958'de birleşmeleriyle kurulmuştur.

Associadet Press'in en büyük rakibi olarak da görülen bu ajans, 1970'li yıllardan sonra girdiği sıkıntılar sonucu, başta Amerikan basını olmak üzere diğer ülkelerde de irtifa kaybetti. Bu durum karşısında haberlerinin kalitesini artırma yoluna giden ajans, kaybettiği güveni yeniden kazanmaya çalışarak bugün ilk beşler arasında yerini muhafaza ediyor.

Agance France Press (AFP)

Kökü Havas Ajansı'na dayanan Agance France Press (AFP), 1944 yılında Fransa'nın haber ajansı olarak İngiltere'de kurulmuş, savaştan sonra anavatanı Fransa'ya yerleşmiş.

Başlangıçta Fransa ve Fransızca konuşan ülkeler tarafından tercih edilen AFP, haberlerini bugün Fransızca, İngilizce, Almanca, Arapça ve Portekizce olarak sunmaktadır.

Günde yaklaşık 30 bin fotoğraf ve bir milyonu aşkın haber kelimesiyle müşterilerine ulaşan ajansın bugün, 100 milli haber ajansı, 7 bin dolayında gazete, yaklaşık 2 bin 500 radyo ve 400 televizyon kanalı abonesi olduğu söyleniyor.

İlk beşte yer alan ajansın Fransa ve diğer ülkelerde, yarısı kaşeli, yaklaşık 4 bin çalışanı var.

---

123. Mehmet Ali Bulut, Yeni Türkiye, Sayı: 12, S. 1229.

Tass Ajansı

Dünyanın beş büyük ajansından biri de, Rusya'da 1917 yılında kurulan Tass Ajansı'dır. Uzun yıllar Sovyetler Birliği'nin resmi sesi olarak bilinen Tass, haber toplama, işletme ve dağıtımında diğer uluslararası haber ajansları gibi çalışmıştır.

Habercilikte adeta dünyaya hükmeden bu uluslararası haber ajansları dışında, Almanların **DPA** (Deutsche Presse Agentur), Japonların **KYODO** (Japon Haber Ajansı) ile günde 24 saat aralıksız haber yayını yapan **CNN** ve bu televizyona haber temin eden **WTN** (Worldwide Television News) kuruluşları dünyanın her tarafına haber ulaştıran güçlü haber ajanslarıdır.

Ayrıca bu ajansların dışında, bugün dünyada 100'ün üzerinde ulusal haber ajansı olduğu bilinmektedir.

DIŞ HABERLER BEŞ BÜYÜK AJANSIN GÜDÜMÜNDE

Burada öncelikle, 1946 yılında Türkiye'de yayımlanmakta olan "**İstanbul**" adlı dergiden bir alıntıyı dikkatlerinize sunmak istiyorum.

15 Mart 1946 tarihli derginin 56. sayısında şöyle denilmiş:

"*Birkaç sayı önce bu dergide uzunca bir yazı ile **Lazareffe**'in (Fransa'da Basın Rezaletleri) adlı bir kitabından bahsetmiş, bir çok da fıkralar almıştık. Bu kitapta Lazareffe, **Balzac**'dan faydalanarak **Havas**'ın iç tarafını anlatır: Balzac der ki: (Halk bir çok gazete olduğuna inanabilir, fakat hakikatte bir gazete vardır. Bu gazete M. Havas tarafından idare edilir... M. Havas'ın bir ajansı vardır. Bunun iç yüzünü açığa vurmak ne bakanların, ne muhalif gazetelerin, hasılı kimsenin işine gelmez. Sebep şu: M. Havas dünyanın her tarafı ile muhabere eder... M. Havas'ın havadis toplamak için fazlasıyla masraf ettiğini gören Paris gazeteleri tasarruf olsun diye ayda muayyen bir para ile M. Havas'tan para ile havadis almaya başladılar. Böylece gazeteler farkında olmadan ancak Başbakan'ın yayınlanmasına izin verdiği haberleri alıyorlar. Taşra gazeteleri de aynı şeyi yapıyorlar ve gittikçe gazetecilik denen muazzam makina;*

bir fino köpeğinin döner kebap çevirmesi kadar basitleşiyor."[124]

Birleşik Amerika ve Avrupa dışındaki tüm dünya ülkelerindeki yazılı ve sözlü basın-yayın organları dış habercilikte **AP** (Associadet Press), **UPI** (United Press International), **AFP** (Agance France Press) ile **Reuters** ve son yıllarda görüntülü alanda kendini kabul ettiren **CNN**'in güdümündedir.

Örneğin, bunlar arasında bir Reuters'in 1997 yılındaki yıllık cirosunun 560 trilyon lira, kârının da 135 trilyon lira olduğu dikkatlerinize sunulursa, büyüklük yaklaşımının hiç de abartılı olmadığı kabul edilir.

Basının tek malzemesi haberdir. Haber toplama kaynakları da çoktur ama her kaynağa bir muhabir tayin etmek hem pahalı hem de mümkün değildir. Önemli yerlerde muhabir bulundurulur, diğer yerlerde gönüllülerden istifade edilir, uzak yerler için de eliniz mecburdur ajanslara. Ve o ajans büyüklüğünü kabul ettirmişse, servise koyduğu malzemeyi işleyerek ya da ham bir şekilde her halükarda kullanacaksınız.

Bir basın elemanı, gerçeği yazmak için davransa ve gereken her özeni gösterse -gerçeği ister istemez kendi kültürünün içinde göreceği için- yazacağı haber, kendi ülkesinin çıkarına uygun bir haber olacaktır.

Bu durumda basının bağımsızlığı teoride kalmaktadır. Dış kaynaklı haberlerin hemen tamamına yakın bir bölümü, dışarıdaki haber kaynaklarından aktarıldığından, "bağımsızlık"tan söz açmak kolay olmayacağı gibi, "ülke çıkarı" da sözkonusu edilemez. Çünkü ajanslar, verecekleri haberi ister istemez, kendi ülkelerinin çıkarlarına uygun düşecek yapıda biçimleyeceklerdir. Eğer bir de "sayfa sekreterleri" bu haberlerin başlıklarını çıkarırken, milli kaygıyı duyacak biçimde bilinçlendirilmemişlerse, yayın organının görevi, bir hoparlör görevinden farksız hale gelir.[125]

Geri kalmış ve gelişmekte olan ülkelerin kitle iletişimdeki dı-

---

124. A. Kayılı, İstanbul Dergisi, 15 Mart 1946, Sayı: 56, S. 7.
125. İsmet Bozdağ, a. g. e. , .S. 237.

şa bağımlılığı teknolojiyle birlikte habercilikte de olduğu açıkça gözükmektedir.

Burada önemli olan, dışarıdan gelen haberlerin çok iyi etüd edilerek yorumlarla birlikte servise konulmasıdır. Bu konuda da özellikle yazılı basına önemli görevler düşmektedir.

TÜRK HABER AJANSLARI

Anadolu Ajansı (A.A)

* 6 Nisan 1920'de **Mustafa Kemal Atatürk**'ün direktifiyle kuruldu.

* **Halide Edip Adıvar**'ın önerdiği "**Anadolu**" ismiyle kurulması benimsendi.

* Kuruluş amacı, ulusal mücadele sırasında Türk halkının iddia ve haklarını dünyaya aktarmaktı.

* Osmanlı Bankası'ndan alınan bir daktilo ve "şapigrof" denilen ilkel bir teksir makinasıyla faaliyete başladı.

* İlk bülteni 12 Nisan 1920'de yayınlandı. Bu bülten "**Anadolu halkına çağrı**" niteliğindeydi.

* O dönemde dağıtıcı askerler, "**ajans**" diyemez, "**ecenis**" diye bağırırlardı.

* Kuruluşundan kısa bir süre sonra personeli 10 kişiydi.

* 1940'da teleks ünitesi kuruldu.

* 1986'da bilgisayar kullanmaya başladı.

* 1992'da televizyon ünitesi kuruldu.

* 1993'de, bünyesinde oluşturulan Radyo Anadolu Ankara'da FM bandından yayına başladı.

* Yine 1993 yılından itibaren fotoğraf toplama ve dağıtma işlemleri bilgisayar aracılığıyla yapılmaktadır.

* Eylül 1997 yılında da haberler uydu aracılığıyla aboneye ulaştırılmaya başlandı.

Bu kısa kimlik bilgilerinden sonra Anadolu Ajansı'nın kuruluş ve gelişim bilgilerine özetle değinelim.

A.A'nın Kuruluşu

Anadolu Ajansı'nın kuruluşu, Ulusal kurtuluş mücadelesi sırasında, "*Bütün dünyada emperyalizme karşı beliren tepkileri ve Türk milletinin iddia ve haklarını aktarmak*" ihtiyacının doğduğu 6 Nisan 1920 tarihine rastlar.

İşgal döneminde, İstanbul'daki müttefik kuvvetlerin sansür uygulamalarını aşmak için, haberleşme ağının, **Mustafa Kemal** önderliğindeki Ulusal Kurtuluş Mücadelesi'ni yürütenlerce kontrol altına alınması gerekiyordu.

İstanbul'daki işgalciler, Mondros Mütarekesi'nden sonra, Damat Ferit Hükümeti nezdinde girişimde bulunarak, "**Türkiye-Havas-Reuter**" (THR) adıyla bir basın kurdurmuşlar ve ulusal çıkarlar aleyhine haberler yayılmasını sağlamışlardı.

Mustafa Kemal ise Ulusal Kurtuluş Mücadelesi'ni başlatmak amacıyla Anadolu'ya geçer geçmez, işgalcilerin çıkarına haber yayan bir ajansı etkisiz bırakmaya yönelik önlemlere girişir.

Orhan Koloğlu, "Havas-Reuter'den Anadolu Ajansı'na" adlı yapıtında bu konuyu şöyle anlatır:

"*Haber yayma (ajanscılık) kavramının telgraf ağını ve telgrafcılıkla özdeşleştirildiği o dönemde, bunu gerçekleştirmenin ilk koşulu, telgraf hatları kontrol altına almaktı. İttihat ve Terakki, doğu toplumları, belki de insanlık tarihinde, telgraf hatlarına hakim olarak ihtilal gerçekleştirmiş bir örgüttü. İkinci Meşrutiyet, bu sayede ilan ettirilmişti. O kadroların içinden gelen* ***Atatürk'****ün, Havza-Amasya bölgesine yerleşir yerleşmez (25 Mayıs-26 Haziran 1919) Anadolu'daki telgraf şebekesini kontrolüne sokması olaylarından Anadolu, ancak telgraf aracılığıyla haberdar olabiliyordu. Ayrıca, İstanbul'un Anadolu'daki gelişmelerinden hızla haber alabilmesinin tek aracı telgraftı.*"

Anadolu içine doğru haber akımını kontrole almak ve içeriden sadece birlik bulunduğu izlenimini yaratacak haberlerin çıkmasını düzenlemek, İstanbul'da milleti temsil eden bu meclisin faaliyette bulunması sırasında yeterli olabiliyordu.

Nitekim ilk aşamada 1 Ocak 1920 tarihinde Ankara'da **Haki-**

miyeti Milliye Gazetesi'nin kurulmasıyla bu konuda birinci adım da atılır. Bunun yanısıra "Heyeti Temsiliye adına Mustafa Kemal" imzasıyla bütün valiliklere, komutanlıklara ve bağlı örgütlere telgrafla ülkedeki ve dışarıdaki olaylar hakkında ayrıntılı bilgi gönderiliyordu.

16 Mart 1920 tarihinde İstanbul'un işgali, Meclis'in dağıtılması ve milletvekillerinin Malta'ya sürgün edilmesi karşısında ise haberleşme konusunda yeni yapılanma zorunluluğu doğar.

1920 Mart ayının son günü, Ulusal Kurtuluş Mücadelesi'ne katılmak üzere İstanbul'dan kaçıp Geyve'nin Akhisar istasyonunda bir araya gelen Türk aydınlarından, Yenigün Gazetesi'nin sahibi **Yunus Nadi** (Abalıoğlu) ve **Halide Edip** (Adıvar), bir ulus ajansının gereği üzerinde konuşurlar. Halide Edip, "**Türk**", "**Ankara**", "**Anadolu**" gibi isimler önerir ve "Anadolu" adında karar kılınır.

Aralarında **Doktor Adnan** (Adıvar), **Yusuf Kemal** (Tengirşek), **Rıza Nur, Hüsrev** (Gerede) **Cami** (Baykurt) gibi ünlü isimlerin bulunduğu grup, 2 Nisan 1920 tarihinde Ankara'ya ulaşır ve "var olan haberleşme mekanizmasının mesleki uzman bir kurum haline dönüştürülmesi" önerisini **Mustafa Kemal**'e iletir. **Mustafa Kemal**'in bu öneriyi çok yerinde bulması üzerine, **6 Nisan 1920**'de, Anadolu Ajansı'nın kurulmasına karar verilir ve 8 Nisan tarihli bir genelge ile bu durum her yere duyurulur.

İlk Ulusal Kurum

TBMM'nin 23 Nisan 1920'de açılışından 17 gün önce kurulan Anadolu Ajansı, genç Türk Devleti'nin "**ilk ulusal kurumu**" olma onurunu kazandı.

Anadolu Ajansı, Ulusal Kurtuluş Savaşı sırasında çok önemli görevler üstelendi. Haber bültenleri, telgraf olanağı olan yerlere maniple, işgal sırasında da yakılıp yıkılmış en uzak köşelere at sırtındaki görevliler tarafından ulaştırıldı.

Anadolu Ajansı'nın yayınladığı bültenler, hem Anadolu'daki gelişmeleri Türk halkına duyurarak ulusal bilincin şahlanışında etkin rol oynadı, hem de Anadolu'daki ulusal mücadelenin haklı sesini dünyaya duyurdu.

Atatürk'ün Gösterdiği Hedef

Mustafa Kemal Atatürk, ülkenin düşman işalinden kurtarılması ve Türkiye Cumhuriyeti'nin kurulmasından sonra, Anadolu Ajansı'ndan övgüyle söz etti.

Büyük Önder, Ajans'ın yeni hedefini şu sözlerle gösterdi:

"***Anadolu Ajansı, Türkiye'nin Sesini Bütün Dünyaya Duyuracaktır.***"

Anonim ortaklık statüsü

Ajans, **Atatürk**'ün isteği üzerine 1 Mart 1925'de "anonim ortaklık" haline getirilerek yeniden yapılandı. Böylelikle A.A, Cumhuriyetin ilk "**özerk**" kurumu da oldu.

Yeni ortaklığın hisse senetlerinden yarısı, dönemin önde gelen bir grup aydını tarafından alındı. Diğer yarısı ise, aralarında Anadolu Ajansı'nın ilk Genel Müdürü **Alaaddin Bey**'in de bulunduğu dönemdeki çalışanlara verildi.

Anadolu Ajansı, bugün hisselerinin yarıya yakını Hazine'ye ait olan anonim ortaklık statüsündedir.

Çalışma İlkeleri

Anadolu Ajansı her zaman **tarafsızlığı** temel ilke edindi.

Ajans haberlerinde yoruma yer verilmez. Haber değeri taşıyan her olay ve gelişme, habercilik ilkeleri doğrultusunda abonelere ulaştırılır. Çünkü, Ajans aboneleri arasında değişik okur kitlelerine hitap eden çok sayıda yayın kuruluşu vardır.

Anadolu Ajansı bültenleri aynı zamanda bir belge niteliği taşıdığı için haberlerin tarafısız verilmesi koşulu da kendiliğinden ortaya çıkmaktadır.

Anadolu Ajansı, kurulduğu ilk günden bu yana **doğru haberi, en hızlı** şekilde abonelerine ulaştırdı. Ajans, yanlızca Türkiye'de değil tüm dünyada doğru ve hızlı haberciliğin saygın kurumlarından biri oldu.

Ajans bültenlerinde yer alan haberler, gelişmeleri kaynağından, hiçbir kuşkuya yer vermeyecek şekilde toplanarak, en hızlı yoldan servise konulur.

Anadolu Ajansı çalışanları, haberciliğin **zamana karşı yarış** olduğu bilinciyle görev yapmaktadırlar.

Anadolu Ajansı, kurucusu **Atatürk**'ün belirttiği "Türkiye'nin sesini dünyaya duyurmak..." amacı doğrultusunda adeta dünyaya açılan bir penceredir.

Anadolu Ajansı, dünyanın en büyük 5 ajansı gibi **24 saat aralıksız haber** üretmektedir. Ajans, yurtta ve dünyadaki gelişmeleri anında abonelerine ulaştırırken, Türkiye ve dünya arasında bir köprü görevini üstlenmektedir.

Yılda yaklaşık 50 milyon kelimeden (günde ortalama 500 haber) oluşan haberlerini abonelerine sunan Anadolu Ajansı, Türkiye'nin "**haber bankası**" konumundadır.

Habercilikte çeşitliliğe önem veren Anadolu Ajansı, politikadan ekonomiye, kültür-sanattan eğitime, bilim dünyasından kent haberlerine, yerel haberlerden dış dünyaya kadar günlük yaşamın her alanı ile ilgili zengin bir haber mönüsüne sahiptir.

AP, Reuters, AFP, DPA gibi uluslararası ajansların yanısıra yaklaşık 100 ülkenin ulusal haber ajanslarıyla işbirliği yapan Anadolu Ajansı'na, bu kaynaklardan her gün binlerce haber akmaktadır. Aldığı haberleri medyanın hizmetine sunan A.A, bu ajanslara da Türkiye'deki gelişmeleri duyurmaktadır.

Fotoğraf, Görüntü ve Radyo Hizmetleri

Habercilikte, fotoğrafın taşıdığı önemi dikkate alan Anadolu Ajansı fotoğraf hizmetlerinde de en gelişmiş teknolojiyi kullanmaktadır.

1969 yılında fotoğraf servisinin kurulmasıyla başlanan noktadan günümüze alınan yolda, milyonlarca fotoğraftan oluşan arşiv ile Türkiye'nin en zengin haber görüntü kaynaklarından biri gerçekleştirilerek olaylara ve tarihe tanıklık etmektedir. Filmotek (negatif film arşivi) aracılığıyla yıllar öncesinin fotoğraflarına birkaç saniyede ulaşmak mümkündür.

Anadolu Ajansı'na günün her saatinde ulaşan fotoğraflar bilgisayar sistemleri aracılığıyla özenle işlenerek hizmete sunulmaktadır. Dünyanın belli başlı fotoğragf ajansları, Türkiye'deki önemli gelişmelerin fotoğraflarını, Fotoğraf Haberleri Müdürlüğü ile bağlantı kurarak kısa sürede edinme olanağına sahiptir. Dijital hatlar sayesinde bu talepler çok kısa sürede kaliteli bir şekilde yerine getirilmektedir.

Anadolu Ajansı, hem nitelikli haber fotoğrafları hem de teknik kalitesiyle Türk ve dünya basınında saygın bin konumdadır.

Anadolu Ajansı'nın fotoğrafları uydu aracılığı ile Türkiye'nin her tarafına, Avrupa ülkelerine ve Orta Asya'ya anında iletilmektedir.[126]

Görüntü ve radyo hizmetlerinde ise; 1992 yılında özel radyo ve televizyonların "defacto" biçimde yayına başlaması ile Anadolu Ajansı, faaliyetlerini bu alanı da kapsayacak biçimde genişletme gereği duymuştur. Başlangıçta CNN türü bir TV haber kanalı kurulması hedeflenmişse de, pahalı bir yatırımı gerektirmesi yüzünden bundan vazgeçilmiş, haber ağırlıklı bir radyo kurulması ve özel televizyonlara görüntü hizmeti sunacak birimin teşekkülü ile yetinilmiştir.[127]

Anadolu Ajansı'nın ortaklığı ile kurulan Anadolu Radyo ve Görüntü Hizmetleri A.Ş. (ARG) halen hizmetlerini bu doğrultuda sürdürmektedir.

Anadolu Ajansı, 1986 yılından bu yana haber alma, işleme ve iletme işlevini bilgisayar aracılığı ile yapmaktadır. Ajans, Eylül 1997 yılından itibaren de haberlerini abonelere uydu aracılığı ile iletmeye başladı. Bu sistem sayesinde, Ankara'dan yayına verilen haber en geç 30 saniye içerisinde aboneye ulaşmaktadır.

Merkezi Ankara'da bulunan Ajans'ın halen yurt içinde 20 bürosu, yurt dışında 18 temsilciliği bulunmaktadır.

THA (Türk Haberler Ajansı) :

Gazete sahipleri tarafından 1950 yılında İstanbul'da kuruldu. İlk yıllarda daha ziyade radyoları dinleyip haber yayınlarını izleyen

---

126. Muhabirin El Kitabı, Anadolu Ajansı Yayını, S. 8-12.
127. Hilmi Bengi, Yeni Türkiye, Sayı: 12, S. 1122.

ajans, özellikle Orta Doğu radyolarının haberlerini Türkçe'ye çevirerek gazetelere servis yapıyordu. Daha sonraları gazete ve dergilerle birlikte TRT'ye de haber hazırlayan ajans, 1982 yılında Güneş Gazetesi'nin satılmasıyla birlikte bağımsız hüviyetini kaybetti.

HHA (Hürriyet Haber Ajansı) :

1 Mayıs 1963 tarihinde kurulan ajans, Hürriyet Gazetesi ve bünyesindeki yayın organlarına servis yaptı. Fotoğraflı haberlerle birlikte görüntülü haber hizmeti veren ajans, büro ve personel açısından Türkiye'deki en yaygın yurt haber ajanslarından biriydi. Ajans, 1999 yılında Milliye Haber Ajansı ile birlikte kapatılarak Doğan Haber Ajansı (DHA) çatısı altında bileştirildi.

ANKA (Ankara Ajansı)

3 Mart 1972'de Altan Öymen tarafından kurulan ajans, bu yıllarda Günaydın Gazetesi'nin öncülüğünde faaliyet gösterdi. 1977 yılında 7 ortaklı anonim şirket haline getirildi. Daha çok araştırma ve ekonomik ağırlıklı haberler yapan ANKA, günde ortalama 50 dolayında haber üretmektedir.

AK AJANS (Akdeniz Haber Ajansı) :

1974'de kurulan ajans, 1985 yılına kadar Tercüman Gazetesi'nin finansörlüğünde haber servisi faaliyetlerini sürdürdü.

UBA (Ulusal Basın Ajansı) :

29 Ekim 1979 yılında kurulan ajansın merkezi Ankara'dadır. Son yıllarda teşkilatını genişletme girişimleri başlatan ve görüntülü haberciliğe de yönelen ajans, Türkiye'nin her ilinde bir muhabir ve kameraman bulundurma yönünde örgütlenmeye çalışıyor.

MİLHA (Milliyet Haber Ajansı) :

1984 yılında kurulan ajans, Doğan Medya Grubu'na hizmet vermektedir. 1999 yılı sonlarında kapatılan ajans HHA ile birleştirilerek, Doğan Haber Ajansı (DHA) oldu.

YHA (Yurt Haber Ajansı) :

1995 yılında kurulan ajans, bir yıl sonra görüntülü haber üretimine başladı. Ulusal, bölgesel ve mahalli televizyonlara görüntülü haber servisi yapan ajans, aynı zamanda Kanal 7 Televizyonu'nun yurt haberleri hizmetini sürdürmektedir.

İHA (İhlas Haber Ajansı) :

Türkiye Gazetesi'nin bünyesinde oluşturulan İHA, 1993 yılında faaliyetine başladı.Yurt içi ve yurt dışındaki geniş bir temsilcilik ağı kurmayı kısa sürede başardı. Fotoğraflı ve görüntülü haber servisi de yapan ajansın özellikle son yıllardaki görüntü haber çalışmalarındaki başarısı dikkat çekmektedir.

CHA (Cihan Haber Ajansı) :

1 Ocak 1994 tarihinde Zaman Gazetesi bünyesinde kurulan ajansın İHA gibi yurt içi ve yurt dışında geniş bir temsilcilik ağı vardır. Görüntülü haber çalışmalarına da yönelen ajans, bu yöndeki faaliyetlerini artırma çabasında.

Bunların haricinde, yurt dışından magazin haberi servisi yapan **ABC** (1975), yabancı televizyonlara Türkiye'den haber film servisi yapan **Bağımsız Basın Ajansı/BBA** (1982), iktisadi bülten çalışan **İktisadi Haber Ajansı / İKA** (1954) ile spor haberi servisi yapan **Türk Spor Ajansı, Türk Basın Ajansı / TÜBA** (1973), **Uluslararası Haber Ajansı / UHA** (1991), **AKS Haber Ajansı** (1991), **Artı Haber Ajansı** (1972), **Bilgi Haber Ajansı** (1992), **Ekonomi Basın Ajansı** (1969), **Ekonomi Haber Ajansı / EKA, Magazin ve Aktüel Haberler Ajansı / MAKAJANS** (1981) gibi kuruluşlar kendi alanlarında faaliyet gösterdiler.

IV - BASIN-YAYIN ENFORMASYON GENEL MÜDÜRLÜĞÜ

Türkiye Büyük Millet Meclisi'nin kurulmasından hemen sonra yeni Türk Devleti'nce ihdas edilen ilk kuruluşlardan biri de "**Matbuat ve İstihbarat Müdüriyeti Umumiyesi**" olmuştur. 7 Haziran 1920 tarihinde, 6 sayılı kanunla ve **Atatürk**'ün direktifleriyle, TBMM ve aynı zamanda **İcra Vekilleri Heyeti Reisi**'ne doğrudan bağlı olarak kurulmuştur.

Atatürk tarafından kaleme alınmış 6 sayılı kanunun gerekçesi şöyleydi:

"*Milli çıkarlarımızın savunulmasında silah kadar etkin olan siyaset ve fikir teşkilatının öteden beri ihmal edilmiş olması birçok kötülüklere sebep olmuştur. Avrupa'nın en küçük bir devleti yoktur ki, bu yolda kabil olduğu kadar geniş bir teşkilatı bulunmasın. Bir taraftan Avrupa basınında milli ve meşru davamızı savunmaya yönelik yayınlarda bulunmak, yabancı basını devamlı inceleyerek fikir akımlarını anlamaya çalışmak, öte yandan içeride de zamanın emrettiği fikir ve ruh birliğini sağlamak için her vasıtadan yararlanarak yayınlarda bulunmak zarureti vardır.*"

Bu tarihten sonra çalışmalarını farklı isimler altında ve değişik bakanlıklara bağlı olarak sürdüren Genel Müdürlük, nihayet 18 haziran 1984 tarihinde yayımlanan 231 sayılı Kanun Hükmünde Kararname ile **Basın-Yayın ve Enformasyon Genel Müdürlüğü** adı altında teşkilatlandırılmıştır.

Bu kararnameye göre, Basın-Yayın Enformasyon Genel Müdürlüğü'nün görevleri şunlardır:

a) Devletin tanıtma siyasetinin ve tanıtma ile ilgili alanlarda Hükümetçe uygulanacak stratejilerin tesbitine yardımcı olmak,

b) Kamuoyunun ve ilgili makamların zamanında ve doğru bilgilerle aydınlatılmasını ve bu faaliyetler için gerekli aydınlatıcı ve tanıtıcı bilgi akımını sağlamak,

c) Hükümet faaliyetlerinin ve yapılan hizmetlerin iç ve dış kamuoyuna etkin bir biçimde yansıtılmasına ve bunların kamuoyu üzerindeki etkisinin belirlenmesine ait hizmetler yapmak,

d)Basınla ilgili münasebetlerin düzenlenmesi ve basının güçlendirilmesi için gerekli faaliyetlerde bulunmak,

e) Yerli ve yabancı basın-yayın organlarının ve mensuplarının çalışmalarını kolaylaştırmaya yönelik tedbirleri almak, bu hususta gerekli düzenlemeleri yapmak,

f) Türkiye aleyhindeki propoganda faaliyetlerini takip etmek, değerlendirmek ve sorumlu kamu kuruluşları ile işbirliği yapmak, gerekli karşı tedbirleri almak,

g) Yabancı ülkelerde Türkiye'nin menfaatleri doğrultusunda yapılan aydınlatma faaliyetlerine katılmak,

h) Enformasyon ve aydınlatma faaliyetlerini Türkiye'nin dış politikasını destekleyecek şekilde düzenlemek ve Dışişleri Bakanlığı ile işbirliği suretiyle yürütmek.

Gazeteciye haber almada kolaylık sağlayan, 1938 yılında tescil edilen belge niteliğindeki sarı basın kartları da bu teşkilat tarafından verilmektedir.

Basın Yayın Genel Müdürlüğü, 212 sayılı **Basın Yasası**'na tabi olarak çalışan yerli gazetecilere "**Sarı Basın Kartı**" tanzim ettiği gibi, Türkiye'ye gelen yabancı basın mensuplarına da, mesleki çalışmalarında yardımcı olmak için "**Mavi Basın Kartı**" vermektedir.

Basın Yayın Genel Müdürlüğü'nün İstanbul, Diyarbakır, Adana, Antalya, İzmir, Trabzon ve Erzurum'da **İl Müdürlükleri**;

Yurtdışında ise, Atina, Bern, Bonn, Brüksel, İslamabad, Kahire, Lefkoşa, Londra, Moskova, New York, Paris, Riyad, Roma, Tahran, Viyana, Washington, Almatı, Aşkabat, Bakü, Bişkek, Duşanbe, Taşkent ve Tokyo'da **Basın Müşavirlikleri**;

Berlin'de de **Basın Ateşeliği** mevcuttur.

V- RTÜK (RADYO VE TELEVİZYON ÜST KURULU)

1990 sonrası kamusal yayıncılıktan özel yayıncılığa geçiş sürecini takiben Anayasa'mızın 133'üncü maddesinde yapılan değişiklikle "*Radyo ve televizyon istasyonları kurmak ve işletmek kanunla düzenlenecek şartlar çerçevesinde serbesttir*" hükmü getirilmiş ve **3984** sayılı kanunla "düzenleme görevi" **Radyo ve Televizyon Üst Kurulu**'na (**RTÜK**) verilmiştir.

13 Nisan 1994 tarihinde TBMM'de kabul edilen RTÜK Yasası, 20 Nisan 1994 tarihinde Resmi Gazete'de yayımlanarak yürürlüğe girmiştir.

TBMM, Radyo ve Televizyon Üst Kurulu 'nu da belirleyerek, yayın ilkelerine uygun kuralları, yayıncılığı denetleyen ve onlara izin verme gibi görevleri de bu kurula vermiştir.

Kurul daha sonra kısa sürede teşkilatlanarak, radyo ve televizyonlarla ilgili yayın, lisans, frekans, reklam ve sözleşmelere ilişkin yönetmelikler hazırladı, bunları uygulamaya koydu.

Radyo ve televizyonların tamamen izlenmesinin parasal kaynak ve insan yönünden mümkün olmadığını ileri süren RTÜK, 1998 yılında kurduğu "**178 Alo RTÜK**" servisiyle, vatandaşlardan şikayet ve denetim için yardım istedi.

9 üyesi bulunan RTÜK'e, kurulduğu tarihten 1999 tarihine kadar **Ali Baransel**, **Güneş Müftüoğlu**, **Orhan Oğuz**, **Agah Çubukçu** ve **Kutlu Savaş** başkanlık ettiler.

RTÜK'E ELEŞTİRİ YAĞMURU...

"**Prematüre Yasa**", "**Kod Adı RTÜK**" gibi tanımlamalarla eleştiriler alan RTÜK, kurulduğu günden beri sürekli tartışmaların hedefinde oldu. Uğruna açlık grevine de gidilen RTÜK, dev bütçesi, gittikçe genişleyen hareket alanı ve sürekli değişen yasak tanımıyla gündemdeki yerini korudu.

Marmara Üniversitesi İletişim Fakültesi Dekanı **Prof. Dr. Ateş Vuran**'ın "Prematüre Yasa" diye tanımladığı RTÜK Yasası'nı, "alelacele, bir günde çıkarılmış bir yasa" şeklinde tanımladı.

"Yasanın çıkma nedeni, teknolojik gelişmenin getirdiği imkanların uygulamaya konulmasıyla, bir yerde ihtiyaç haline gelen kaliteli ve sansürsüz müzik dinleme arzusu sonucu, özellikle başta İstanbul olmak üzere büyük şehirlerimizde FM frekansından radyo yayınları başlamıştır. Önceleri kısıtlı sayıda yapılan bu yayınlara müdahale edilmezken, sayılarının artması ve de yayınların yürürlükteki Telsiz Yasası'na aykırı olması nedeniyle Telsiz Genel Müdürlüğü'nün talebi üzerine Valiliklerce gerekli önlemler alınarak vericilerin mühürlenmesi yoluna gidilmiştir.

Yeni yeni oluşan reklam pastasının elden gitme tehlikesi üzerine eğleme geçen bu özel radyo işletmecileri derhal bir kamuoyu oluşturma yoluna gitmiş ve zamanın Devlet Bakanı'na dahi, otomobilinin antenine kara kurdale takarak "Radyomu İstiyorum" sloganını söyletebilmişlerdir. Kamuoyunun bu denli başarılı oluşturulması sonucu, TBMM de toplanarak televizyon yayınlarını düzenleyen bir yasayı görüşmeye başlamıştır. Ancak her nedense, bir süre çalışan TBMM ilk 24 maddeyi görüşüp kabul ettikten sonra uzun bir süre yasa ile ilgili hiç bir işlem yapmadan işi oluruna bırakmıştır.

Bu durum bir ölçüde, hem siyasilerin hem de konu ile ilgili yayıncıların işlerine gelmiş ve bu boşluktan yararlanan birtakım müteşebbisler olağanüstü bir frekans kirlenmesi ve anarşisine neden olmuşlardır.

Ancak ne zaman ki, İntarstar ve TGRT televizyonları akşam bültenlerinde, "Bosna'da napalm bombası kullanıldı" diye gerçek dışı bir haber yayınlanmıştır, işte bu nedenle ortaya çıkan infial TBMM'nin olayı hatırlamasına ve alelacele, bir süredir unuttuğu bu yasanın bir günde çıkartılmasına neden olmuştur."[128]

Dönemin TBMM Başkanvekili, Gazeteci-Yazar **Uluç Gürkan** ise, kimsenin yasayı tartışmak diye bir problemi olmadığını belirterek, "Herkes , yasa bir an önce çıksın da nasıl çıkarsa çıksınla meşguldü. Sonunda özel radyo ve televizyonlar yasası çıktı. Dünyanın en özgürlükçü hükümlerini, dünyanın en sansürcü yaklaşımla-

---

128. Prof. Dr. Ateş Vuran, Yeni Türkiye, Sayı: 11, S. 369.

rıyla bir arada kavrayan bir yasa oldu... Eğer Türkiye'de özgür yayıncılık olacaksa, Üst Kurul'un seçim sisteminin değişmesi kaçınılmazdır." şeklinde değerlendirme yaptı.[129]

Gazeteci **Şengün Kılıç**, "Kod adı RTÜK" diye adlandırdığı RTÜK'ün, kurulduğu ilk yıllarda hafif bir gülümsemeyle anıldığını hatırlatarak, şunları ekledi: "RTÜK bugün ise gerginliklerin odağında. Kurulduğu günden bu yana bir yayın kuruluşları üst birliği olmaktan çok, yargı makamı olarak işleyen RTÜK gelişen noktada hem Adalet Bakanlığı, hem Maliye Bakanlığı hem de kolluk kuvvetlerinin görevlerini üstlenmiş bulunuyor. Üstelik de erotizmin, terörün, yıkıcılığın ve irticanın tanımını değişen her hükümete göre yeniden değiştirerek."

Televizyon reklam gelirlerinden yüzde 5 pay alan RTÜK yaptığı harcamalarla dikkat çekerken, 1999 Temmuz ayında yine yazılı basının gündemindeki yerini aldı.

Köşe Yazarı **Engin Ardıç**, "aklınız neredeydi?" yazısıyla meslektaşlarına şu göndermeyi yaptı:

"Günaydın beyler! ...RTÜK krallık kurmuş....RTÜK tam bir çiftliğe dönmüş... Kurul üyeleri muhteşem binalarda lüks hayat sürüyorlarmış... Ankara'daki iki genel müdürlük binası RTÜK'e dar gelmiş de, dokuz katlı yeni bina almışlar... Yeni bina 10 milyon dolara alınmış... Yeni binanın dayanıp döşenmesine 800 milyar lira harcanmış...

Her bir RTÜK üyesinin ofisi yüz metrekare... Ayrıca RTÜK üyelerine spor salonları, özel tuvaletler, yemekhaneler yapılmış...

RTÜK üyeleri ayrıca Kanlıca'da iki yalı dairesi almışlar devletin kesesinden, Ankara'da yoruldukça gidip dinlenmek için... Bilkent'te iki villaları, İzmir'de dört ayrı konutları varmış, misafirhane niyetine...

RTÜK üyeleri ayda 500 milyon lira maaş alayorlarmış... Yılda altı ikramiye de cabadan... Doktor ve ilaç parası vermiyorlarmış, geçen sene sağlık gideri olarak 166 milyar lira yemişler, seyehatlerinde de okkalı harcırahlar!

---

129. Uluç Gürkan, Yeni Türkiye, Sayı: 11, S. 356.

RTÜK kadrosunda toplam 277 kişi çalışıyormuş... Geçen yıl personel giderleri tam 3 trilyon lira tutmuş... RTÜK'ün yılık toplam harcaması 18 trilyonu geçiyormuş... Bu paranın altıda biri maaşlara, yarısı bina alımı, dayama döşeme gibi 'yan işlere' gidiyormuş...

Oh olsun! İyi ki öyle oluyor!

Daha çok harcasınlar, daha çok yesinler, daha çok sefa sürsünler!

Espri yapmıyorum, gerçekten de böyle davranmalarını istiyorum...

Neden mi?

Çünkü bu eşek medyaya müstehaktır da ondan!..."[130]

Ekranlar Kararıyor

Kamuoyunda "kapatma" ya da "ekran karartma" diye tanımlanan işlemlere gelince;

Üst kurul'un eski başkanlarından Güneş Müftüoğlu RTÜK için şunları söylüyor: "RTÜK, 3984 Sayılı Kanun'da yer alan, "yayın ilkelerine aykırı yayın yapan radyo ve televizyon kuruluşlarını uyarır", ihlalin tekrarlanması halinde geçici durdurma cezası ile cezalandırılır veya yayın iznini iptal eder. Ülkemizde geniş bir halk kesimini yakından ilgilendiren ve yasal düzenleme açısından TBMM'de de geniş bir konsensüs sağlanarak oluşturulan RTÜK'ün çalışmalarını yoğun bir şekilde sürdürürken, kendisini, yani çalışma ve kararlarını yeterince tanımadığı bir gerçektir.
Unutulmamalıdır ki, görsel ve işitsel yayıncılığın yapıldığı tüm demokratik ülkelerde RTÜK benzeri kuruluşlar yer almakta ve bu ülkelerin tümünde yayın durdurma cezaları bulunmaktadır."[131]

Avrupa ülkelerindeki yasaklamalara kısa bir göz atacak olursak;

Örneğin, Fransa'da her derde deva olduğu ve bütün hastalıkları iyi ettiği söylenerek pazarlanan "Sihirli Yüzük" adlı bir üründen menfaat sağladığı öne sürülerek haber programı hazırlayanların gazetecilik hayatı sona erdirildi.

---

130. Engin Ardıç, Star Gazetesi, 8 Temmuz 1999.
131. Güneş Müftüoğlu, RTÜK Kanun Yönetmelikler ve Tebliğler, 1996, S. 1.

Avrupa Yayın Birliği Sözleşmesi'ne göre, ahlâk yasası ile ilgili bütün kurallara televizyonlar uymak zorunda. Programlar müstehcen olduğu zaman çocukların yaşlarına göre renklerle sınıflandırılıyor.

Fransa'da ve Avrupa'nın birçok ülkesinde kanal kapatma cezası yok. Korkunç para cezaları veriliyor. Reklam sınırını aşan bir kanala verilen para cezası 30 milyon frank dolayında.[132]

5 Yıllık Uyarı-Yayın Durdurma Cezaları:

RTÜK göreve başladığı 1994 tarihinden 28 Haziran 1999 tarihine kadar **247 yerel** televizyon, **21 bölgesel** televizyon, **347 de ulusal ve kablolu** televizyona **uyarı-yayın durdurma** cezası verdi.

3984 sayılı yasanın 4. maddesine göre, televizyonların en çok ihlal ettikleri ilk üç madde şöyle:

İhlal edilen sayı 56; İlgili madde (4/j): ''*Kişi ya da kuruluşları eleştiri sınırları ötesinde küçük düşürücü, aşağılayıcı veya iftira niteliğini taşıyan yayın yasaklarına uygun olmak suretiyle yayın yapılır*''

İhlal edilen sayı 41; İlgili madde (4/d): ''*Genel ahlak, toplumun huzuru ve Türk aile yapısına uygun olmak suretiyle yayın yapılır*''

İhlal edilen sayı 35; İlgili madde (4/m): ''*Çocukların ve gençlerin fiziksel, zihinsel, ruhsal ve ahlaki gelişimini olumsuz yönde etkileyebilecek yayın yapılmaması esasına uygun olmak suretiyle yayın yapılır.*''

En az ihlâl edilen madde ise: İhlâl edilen sayı 1; ilgili madde (4/f): ''*İnsanların ırk, cinsiyet, sosyal sınıf veya dini inançları dolayısıyla hiç bir şekilde kınanmaması ilkesine uygun olmak suretiyle yayın yapılır.*''

Yine bu süre içerisinde **244 yerel, 36 bölgesel, 47 de ulusal radyoya uyarı-yayın durdurma** cezası verildi.

132. Serdar Uyan, Türkiye Gazetesi, 3 Aralık 1998.

Ekran Karartmalara Tepki...

Ekran karartmaları radyo ve televizyon işletmelerine oldukça zor anlar yaşatırken, bazı sanatçılar tepkilerini farklı şekillerde ortaya koydular.

Tiyatro ve sinema oyuncusu **Levent Kırca**, 1998 ekim ayında yayınlanan bir oyunundan dolayı televizyon kanalının kapatılmasına kendisinin sebep olduğu gerekçesiyle açlık grevi eylemi yaptı.

Televizyon yöneticileri, sanat camiası ve politikacılardan da destek alan **Kırca**, bir süre sonra bu eylemine son verdi. "*Kalbimi durdurma pahasına sansüre karşıyım*" diyen Kırca, "*Herkes demokratik hesapta ama; bakınız, Olacak O Kadar gibi bir programa dahi tahammülleri yok. O zaman demokrasiden söz edenlerin demokrasiden söz etmeye hakları yok.*" görüşünü savundu.

Ünlü komedi ustası **Metin Akpınar** da, katıldığı bir televizyon programında şu ilginç öneriyi getirdi: "Karartma yerine para cezası verilsin!"

Karartmalara ilişkin olarak, RTÜK Kamuoyu ve Yayın Araştırmaları Dairesi Başkanlığı'nca yapılan anketlerde ise vatandaşların yüzde 67'sinin cezaları **olumlu** bulduğu, yüzde 33'ünün da bu cezaları **onaylamadığı** açıklandı.

1161 kişi üzerinde yapılan ankette, cezaları olumlu bulan vatandaşların görüşleri:

"* *Dinsizin hakkından imansız gelir.*

* *Yalan yanlış haberlerin ancak böyle önüne geçilebilir.*

* *Asmayalım da besleyelim mi?*

* *Başıbozuk yayınlar psikolojimizi bozuyor.*

* *(Çamur at, izi kalsın) diyenlerin kanalları kapansın.*

* *Rating uğruna herşeyi yayınlayamazlar.*

* *Reklamlar kısıtlanarak para cezası verilmeli.*

* *Kapatılması uygundur, ancak ekran karartılmamalı, renklendirilmelidir.*"...

RTÜK'ün Verdiği Yayın Durdurma ve Uyarı Cezaları Onaylamayanlar İse Şu Görüşleri Savundu:

* *"Çağdaş yayıncılığın motivasyonu bozuluyor.*
* *Otokontrol sistemini yasalar değil, insan vicdanı belirler.*
* *Kişinin seçme ve ayırt etme özgürlüğü elinden alınıyor.*
* *Program yayınlanmadan önce önlem alınsa daha iyi olur.*
* *Farkeden birşey yok, başka bir kanal kapatılan kanalın suçunu tekrarlıyor.*
* *İnsanlar kalıplaştırılamaz.*
* *Alan memnun, veren memnun. RTÜK olsa da olur, olmasa da."*

RTÜK YETERLİ Mİ?

RTÜK'ün lisans sözleşmesindeki esaslara göre;

* *Haberler dinleyicileri rahatsız etmeyecek bir tonda, abartısız ve yorumsuz olarak sade bir dille sunulacak...*

* *Makam, mevki ve sıfatı ne olursa olsun, kişilerin özel konuşmaları dudak okuma yöntemiyle yorumlanarak kamuoyuna duyurulmayacak...*

* *Yayıncı kuruluş, canlı yayına katılmak isteyenlerin kimlik, adres ve telefon numaralarını tesbit ettikten sonra beyan edilen telefon numaralarından o kişileri aramak suretiyle canlı yayına katılmalarını sağlayacak. "Gizli", "Çok Gizli" damgalı belgeler, kaynağı ne olursa olsun görüntülü olarak yayıncı kuruluşlar ekrana getiremeyecek...*

* *Ölüm, yaralama olayları yakın plan görüntü ve çekimle gösterilemeyecek. Olumsuz ve insanları karamsarlığa sevkeden , ümit kırıcı ve infial yaratıcı toplumsal olaylar canlı yayın konusu yapılamayacak...*

* *Yabancı kelimelerden argo ifadelerden uzak Türkçe'nin özellikleri ve kuralları bozulmadan konuşma dili olarak kullanılmasına dikkat edilecek...*

* *Radyo ve televizyon yayınlarında, toplumda tanınan, bilinen veya ilgi çeken karakterleri, çocuk ve genç izleyicilerin, duygusal, ahlaki ve sosyal gelişmelerini olumsuz yönde etkileyebilecek biçimde gösterilemeyecek. Gençlere kötü örnek olacak kişi, dizi ve filmler gösterilemeyecek.*

** Sözleşmenin 20. maddesinde yer alan düzenlemeye göre, radyo ve televizyonlar TRT gibi "kamu hizmeti anlayış ve sorumluluğu" içinde yayın yapacaklar. Anayasa'nın genel ilkeleri kısmında yer alan ilkelere, demokratik kurallara ve çocuk haklarıyla kişi haklarına aykırı, toplumu şiddete, teröre ve etnik ayrımcılığa sevk edebilecek yayınlar yapılamayacak.*

Yayıncı kuruluşlar çevre koruması, trafik kurallarının öğretilmesi, insan hak ve hürriyetlerine saygının geliştirilmesi, insan sevgisi, dayanışma duygusu, hemşehirlik ve vatandaşlık bilincinin yerleştirilmesi ve geliştirilmesi konusunda programlar yapacak ve bu programları, izlenme oranının en yüksek olduğu saatlerde yayınlayacak. Yayın kuruluşları insanları şiddet, sigara, alkol ve uyuşturucu kullanmaya, kumar oynamaya özendirici ve yöneltici yayınlar yapamazken, intihara yöneltici ve intihar girişiminde bulunmaya teşvik edici yayınlara ve suç tekniklerini öğretici unsurlara programlarda yer verilemeyecek. Şiddet içeren yayınlar 24.00'dan itibaren yayınlanabilecek.

Ayrıca, radyo ve televizyon kuruluşlarında, özellikle bölgesel ve yerel kuruluşlarda personel istihdamı da belli şartlara bağlandı.

Türkiye'deki radyo ve televizyon kuruluşları yukarıda belirtilen maddelerden hangilerini yerine getiriyor dersiniz?

Eğer iyi bir izleyiciyseniz, RTÜK yasasındaki hükümlere göre bugün Türkiye'deki özel radyo ve televizyon kanalların tümünden kar yağışlı görüntüler, hışırtılı sesler gelmesi lazım.

Hani bir söz aklıma geliyor, "hırsız için kilit ne ise..."

VI - MEDYADA REKLAM

Fransızca "**Réclame**" sözcüğünden Türkçe'ye geçen **reklam,** bir ürün veya bir kurum mesajının, bir görüş veya düşüncenin kitlelere iletilmesi amacıyla, çeşitli duyuruların bir bedel karşılığında, reklam verenin kimliği bilinerek, değişik mecralarda yayımlanması şeklinde tanımlanabilir.

Reklam sözcüğü gerek Türkçe'de gerekse Fransızca'da "*Dü-*

rüst olmayan ve kaba yöntemlerle ikna ve istismar edici" gibi bir yan anlama da sahiptir.[133]

Daha yalın bir ifadeyle; *bir şeyi halka duyurmak, tanıtmak, beğendirmek için söz, yazı, resim, film vb. her türlü araçla yapılan ilanlara "reklam"* diyoruz. Söz, yazı, resim ve film de medyanın en önemli unsurları olduğuna göre, reklamda asıl görev yazılı, sözlü ve görüntülü yayın organlarına düşüyor demektir.

REKLAMIN ORTAYA ÇIKIŞI

Kitle iletişim araçları ile reklamcılığın tarihsel gelişimi arasında yakın bir ilişki olduğundan söz ediliyor.

"Duyduk duymadık demeyin, tembih var" gibi sözlü duyurular, zaman sonra yerini yazılı ilanlara, yazılı ilanlar da bugünkü tanımıyla "**reklam**"a bıraktı.

"M.Ö. 3000'li yıllar, **Sondape** ve **Frybyiarper** gibi yazarlarca reklamcılığın başlangıç tarihi olarak kabul edilir. Bu dönemde tüccarların, çığırtkanlar aracılığıyla satış yapma çabaları, dükkanların önlerine koydukları tabelalar reklamcılık tarihinin ilk medya örnekleri olarak bilinmektedir... Matbaanın bulunuşundan 30 yıl sonra İngiltere'de bir matbaacı, bastığı kitapların pazarlanması sorunuyla karşılaşınca. bu kitapları tanıtan ilanlar basar ve bunları ayin günlerinde kiliselere dağıtır. Bu uygulama reklamcılığın ilk basılı reklam medyası örneği olarak kabul edilir."[134]

Türklerin ilanla tanışması, 1600'lerin sonunda yayınlanan bir ilanla başlar. İstanbul'dan verilen ilan Venedik'te yayınlanan bir gazete çıkmış. Bu bir ilk örnek. Daha sonra 1820'ler ve 1930'larda İzmir'de yayınlanan Fransızca bir gazetede yer alan ilanlar gittikçe artar. İzmirli livantenlere hitap eden ama Osmanlı'da yayınlanan ilanlardır.

Bunlar 10 yıl sonra çıkan **Ceride-i Havadis**'te Türkler'e hitap eden ilanlar dikkat çeker. Ceride-i Havadis, çıkarıldığı 1 Ağus-

133. Yalçın Çetinkaya, Reklamcılık, İstanbul, 1992, S. 17.
134. Yılmaz Büyükerşen, Medyanın Tarihsel Gelişimi, Medya Ara., 90, S. 11-13.

tos 1840 tarihindeki ilk sayısının üçüncü sayfasında reklam almak için şu ilanı verir:

"*İşbu gazetede ilanat deyu işaret olunacak sahifede satılık konak ve yalı ve bahçe ve arazi ve gemi ve kayık ve akarat ve at ve bargır ve araba velhasıl cemi satılık emlak cins ve nev' ve hudut ve semti ve resmiyle ne mahalde olduğu kimsenin tarifine hacet kalmayacak surette beyan olunacağı ve hangi iskele ve diyara gidecek gemi ve kervanlar var ise kalkacakları günü vakt ü saatiyle sebt ve tahrir kılınacağı derkar olmakla bu makule meramını ifade ve ilana rağbet edenlerin gazetehaneye mücaraat eylemeleri ihtar kılındı.*" [135]

20 Ağustos 1840'daki Ceride-i Havadis'in **ilk ticari reklamı** da şu şekilde yayınlanmıştır:

"*Fransa kâri ve yeni resm olarak altun ve gümüş yaldız ile dallı çiçekler nakş olunmuş tavan ve duvara yapıştırılan kağıttan bu defa bir takım tuhaf ve nadide kağıtlar Frengistan'dan Dersaadete gönderilmiş olup Galatada Perşembe Pazarı'nda İstanpa dükkanı üstünde Serpuş Hanı'nda Ohenbaç bazerganının mağazasında satılık olarak mevcut olduğu ve istekli var ise orada olup mutedil fiyat ile satın alınacağı haber verilmekle malum olmak için basılmıştır.*"[136]

Daha sonraları genelde **ilaç** ve **terzi** ilanlarının yer aldığı bu yılların ardından savaş ve göçler nedeniyle kayıp ilanları ağırlık kazanmaya başlar.

Cumhuriyet'in ilanından sonra Ankara'nın önemli bir ticari merkez olmaya başlamasıyla Ankara merkezli giyim ve eşya ilanları öne çıktığı görülür.

Latin alfabesinin kabulünden sonra ise en çok dikkat çeken; **yerli malı kampanyaları**, **Sümerbank** ve **yerli malı pazarları** ilanda öne geçmeye başlamaktadır.

---

135. Ceride-i Havadis, Sayı No: 1, Cemaziyelâhir 1256.
136. Ceride-i Havadis, Sayı No: 3, Cemaziyelâhir 1256.

Reklamları yönlendiren bir diğer etken ise teknolojinin gelişimidir. Amerika, Türkiye pazarına giriyor ve **General Electrik** başta olmak üzere çeşitli **radyo** ve **buzdolabı** reklamları ağırlık kazanıyor.

Teyyare piyangoları ve ilk promosyon örnekleri sayılan **bankaların hediyeli mevduat hesapları** da reklamcılığın ilk yüzyılın son dönemini temsil ediyordu.

Türk reklamcılığının öncüleri, batı kültür ve yaşam biçimini Osmanlı'ya taşıyan ve çeşitli reklam etkinliklerinde bulunan Musevi ve Rum azınlıklarıdır.

İlk reklam şirketi ise o yıllarda uluslararası bir reklam ajansı niteliği taşıyan Fransız Havas Ajansı'nın Kahire Şube Müdürü E. Hoeffer'in 1909 yılında iki Musevi ile ortak olarak kurduğu "İlancılık Kollektif Şirketi"dir. Türkiye'de profesyonel anlamda ilk reklam etkinlikleri İlancılık Kollektif Şirketi ile başlamıştır.

Türkiye'de Radyo Reklam Yayınları 27 Ocak 1957 tarihinde başladı. Ancak tam anlamıyla bir reklam medyası olma özelliği bu tarihten sonraki yıllarda kazanıldı.

Televizyon reklamcılığı ise, 1972 yılından itibaren bir reklam medyası niteliğini kazanır. Ve bu nitelikle, Türkiye'de reklamcılık sektörünün çağ atlamasında da önemli katkılar sağlanır.

1980'li yıllarda reklamcılık faaliyetlerinin Türkiye'de dönüm noktası yaşanır.

1983 yılında Türkiye'de tam anlamıyla renkli televizyon yayınlarına geçişle birlikte reklamcılık ufukları daha bir gelişir.

Gazete ve Dergilerden Reklam Örnekleri

"SATILIK ÇERKEZ SÜTNİNE!

-11 Kuruşa bir çerkez daye satılık olup, istekli olanların Süleymaniye'de Tiryaki Çarşısı'nda esirci cambazbaşı Ahmet'e yahut Kocamustafapaşa'da hanesine bilazime pazarlığını kesmeleri ilan olunmuştur- (1847)

***

-Sünnet makineleri mucidi dişçi ve sünnetçi Hacı Süleyman Efendi İzmir'den İstanbul'a geldi- (1922)

***

-Gözlügümü kaybettim. Başkası kullanamaz!. Bulan getirsin! -(1922)

***

-Besle kargayı oysun gözünü. Çıraklarım berber dükkanımı elimden aldı. Ben başka dükkan açtım."[137]

***

-İnsanı çürüten romatizmadır. Evleri çürüten rutubettir. Her ikisini de ortadan kaldıran EMÜLZER yapıcılıkda bir harikadır. Yeni ev yaptıranlar tafsilat için: Galata, Mahmudiye Cad. 77 Telefon 41988- (1947 / **Nilüfer Dergisi**)

***

-Para biriktiren rahat eder. TC Ziraat Bankası- (1947 / **Ülkü Dergisi**)

***

-150 Lira Yatırana En az 90.000 Lira değerinde 2000 ALTIN AKBANK verir-

(1953 / **Türk Düşüncesi Dergisi**)

***

-Motorola V / gerisi vesaire- (10 Haziran 1999 **Star Gazetesi** "tam sayfa")

***

-Sizi ancak bir benzeriniz anlar / Peugeot-

(10 Haziran 1999 **Hürriyet Gazetesi** "yarım sayfa")

***

-BiTTi. / Audi TT (16 Haziran 1999 **Hürriyet Gazetesi** "yarım sayfa")

---

137. İhsan Yılmaz, Hürriyet Pazar, 6 Aralık 1998.

REKLAMCILIK GELİŞTİ, PAYLAŞIM DEĞİŞTİ

Medyadaki yayın organlarının hızlı bir şekilde çeşitlenip çoğalmasıyla birlikte reklamcılık sektörü de aynı şekilde gelişip önemli boyutlara ulaştı. Bu arada reklam ajansları, reklamverenler ve reklamcılar dernekleri gibi kuruluşlar da yerlerini iyice pekiştirdiler.

1985 yılında Türkiye'deki reklam pastası 50 milyar civarında iken, 1991 yılında bu rakam 2,5 trilyon liraya ulaştı, 1997'de 60 trilyonu, 1999 yılında ise 100 trilyon lirayı aştı.

Reklamcılık sektöründe yazılı basın ve TRT'nin 1990 yılına kadar elde ettikleri reklam gelirleri de, özel televizyon ve radyoların devreye girmesinin ardından alt üst oldu.

Yazılı basının 1990'da reklam pastasından aldığı pay yüzde 56,5 olarak gerçekleşirken, televizyonların payı yüzde 42,8 düzeyindedir. Oranlar, bu tarihten önceki dağılım rakamlarını kısa sürede değiştirdi.

TRT'nin adeta kabusu olan özel radyo ve televizyonların devreye girdiği 1990'lı yıllarda kurumun reklam gelirleri korkunç derecede düştü.

1990 yılında 41.9 trilyon lira olan TRT'nin reklam geliri 1991'de 30 trilyona, 1992'de 12.9 trilyona, 1993'de 5.7 trilyona, 1994 ve 1995'de 2.1 trilyona, 1996 yılında ise 1.8 trilyona düştü.[138]

1997 yılında 66.5 trilyon lirayı bulan reklam pastasının medyaya düşen 58 trilyonluk bölümünden 32 trilyonunu **yazılı basın**, 26 trilyonunu **ulusal televizyon kanalları**, 2 trilyon lirasını da **radyolar** aldı.

Yerel gazete, radyo ve televizyonlara gelince, bunların sayıları sık sık değiştiği için, reklam gelirlerinin derlenmesi hemen hemen mümkün değil gibi gözüküyor. Yerel televizyon ve radyoların da kendi aralarında rekabete girmelerinden dolayı, örneğin, bir şehirde dakikasına 50 milyon lira talep edilen görüntülü reklamı bir başka

138. Posta Gazetesi 27 Ocak 1998.

televizyona 5 milyon liraya pazarlayabilirsiniz. Ayrıca bu yayın organları, seçim arefelerinde bayram ederler.

Burada daha fazla rakamlara boğmadan, özel televizyonların tek gelir kaynağının reklam olduğunu vurgulamak gerekirse: Özel televizyonların yaşamaları ve varlıklarını sürdürmeleri tümüyle reklama bağlı gözüküyor. Bu nedenle ilk bakışta, rekabetçi düzen içinde TV kanallarının reklam gelirlerini artırmak için amansız bir mücadele sergilemesinde bir yanlışlık bulunmamaktadır. TV kanalları arasındaki rekabet, ortada bulunan reklam pastasından en fazla payı alma amacı taşımaktadır. Bu rekabetçi yapı, reklamcılık sektörünü derinden etkilemiş, yeni yeni kurumların, örneğin **AGB** gibi TV izleyici ölçümleri yapan ticari kuruluşlar, araştırma şirketleri, reklam verenler, reklamcılar, reklam yazarları, reklam film yapımcıları gibi derneklerin bu sektör içinde ortaya çıkmasına neden olmuştur.[139]

Pastadan pay kampa yarışı sadece televizyon kanalları arasında değil, yazılı basında da karşılıklı karalama kampanyaları ile sürdü. " Bugün Türkiye'de gazeteler kağıt, basım ve işletme giderlerini satıştan elde ettikleri gelirle karşılayamıyorlar. Satış fiyatı bir tek gazete maliyetinin çok altında. Gerek bu zararı kapatan, gerekse tecimsel birer kuruluş haline dönüşen basın işletmelerinin kazanç sağlama ereğini gerçekleştiren reklam gelirleridir. Reklam gelirleri günümüz basınının can damarı haline gelmiş, basının ekonomik bağımlılığı zaman içinde artarak devam etmiştir. Reklamlar basın organları üzerinde bir tahakküm aracı olarak kullanılmaya başlanmıştır.

Bu konuyla ilgili olarak Sadun Tanju şu tesbitlerde bulunmaktadır:

"Kendi ürettiği malı gerçek fiyatı ile satamayan, aradaki farkı başkalarına ödeterek ayakta durabilen, gücünü bağımsızlığı ölçüsünde artırabilecekken, bağımsızlığı ölçüsünde yitiren bir demokratik kurum olarak..." şeklindeki tanımında basın özgürlüğünün tecimsel boyutundan söz etmekte, bu yönünün yasal boyutu kadar önemli duruma geldiğini vurgulamaktadır.

---

139. Doç. Dr. Haluk Gürgen, Yeni Türkiye, Sayı: 11, S. 432.

Parasal nedenlerden dolayı Türkiye'de gazeteler arasında artık iyice görünür duruma gelen hatta birbirini karalama kampanyası haline dönüşen bir savaşın varlığı gözlenmektedir. Bu savaş daha fazla tiraja ulaşabilmek dolayısıyla reklam harcamalarından reklam harcamalarından daha büyük pay alarak reklam gelirlerini yükseltmek amacını taşıyor. Ancak bu durum gazetenin yayın politikasını olumsuz yönde etkilemektedir.

Reklam kaynakları hakkında gazete sayfalarında övgüler yer almakta, köşe yazarları bile bu kaynaklara şirin görünme gayreti içine girmektedirler.

Basın ile reklam veren şirketler arasındaki çıkar dengesi birbirini tamamlayan bir süreç görünümündedir. Gerçeklerin kamuya aktarılması bu çıkar dengesinde bir bozulma olmasına bağlıdır. Nasıl iş çevreleri basını, kendi çıkarlarına aykırı haber ve yazılar yayınlar ise reklamları kesmek ile tehdit ediyorsa, basın organları da reklam dağıtımında kendilerine pay verilmezse kamuoyunda gizlenen gerçekleri açıklayabileceklerini vurgulamaktadırlar."[140]

BUGÜNKÜ REKLAM ANLAYIŞIMIZ

"Kanaatkâr Toplumdan Tüketen Topluma" diye bir süreç belirleyen Yalçın Çetinkaya, bu geçişi şu cümlelerle özetliyor:

"Çok değil, daha 10-12 yıl kadar önce Türkiye'de insanlar reklamı yapılan ürüne kuşkuyla bakarlar, onun kalitesiz olduğundan dolayı ve satmayı başaramadığı için reklam yaptırdığına inanırlardı.

Reklam, kamuoyunda o dönemlerde bir güvensizliği çağrıştırmaktaydı. Ancak, 1980'den sonraki yıllarda, özellikle renkli televizyonun yayın hayatına başlamasıyla ve reklamın etkisinin artmasıyla birlikte,düşüncelerde bir dönüşüm gözlenmeye başladı.

Bugün gelinen nokta, 1980 öncesi yıllardakinden çok farklı. İnsanların birçoğu, artık reklamı yapılan ürün değil reklamı yapılmayan ürüne güven duyuyorlar. Ne toptancılar, ne bakkal ve marketler, reklamı yapılmayan ürünleri bulundurmak istiyor.

---

140. N. Nur Topçuoğlu, Yeni Türkiye, Sayı: 11, S. 462.

Böyle bir dönüşüm sürecinin kökeninde, Türkiye'nin modernleşme doğrultusunda 1980'li yıllardan sonra hız kazanması ve toplumun modernliğe katılımının sağlanmasında iktidar tarafından geliştirilen yöntemlerin içinde reklamın da olması gibi sosyolojik nedenlerin yattığını söylemek mümkün."[141]

Reklamcılığın gelişimiyle birlikte reklam ajansları ve bu kuruluşlarla çalışan reklam yazarlarının işleri de hayli güçleşiyordu. Tüketici, hedef kitleyi satınalma konusunda motive edebilecek yeni yeni fikirler üretilmek gerekiyordu. Bunda başarı da sağlandı.

Artık yüksek dağlara modelli arabalar konduruluyor, insanlar havalandırılıyor, küçücük şişelere devler sığdırılıyordu. Bütün bunlar yapılırken, izleyici dikkatinin en yüksek olduğu noktada "şak" diye marka dikkatlere sunuluyor artık.

Yazılı basında da gerek sayfa düzenlemeleri ve gerekse reklam spotlarında önemli gelişme ve farklılıklar dikkat çekiyor.

Yukarıdaki reklam örneklerinde verildiği gibi, reklamın Türk basınında yer aldığı ilk yıllardaki "seri ilan" şeklindeki reklam yazı ve spotları çok değişti. Bugün artık tam ya da yarım beyaz sayfaların ortası ya da bir köşesine kondurulan küçücük bir marka amblemi ya da bir veya birkaç kelimelik mesaj reklamı amacına ulaştırabiliyor.

Ulusal televizyonlarda bugünlerde televizyonların kendi ya da bünyelerindeki gazete reklamları, bankalar, cep telefonları, sigortacılık, traş bıçakları, kozmetik ve temizlik ürünleri, beyaz eşya, motor ve gıda yağları, oturma grupları, meşrubat, sakız, dondurma revaçta.

Ulusal gazetelerde ise Basın İlan Kurumu'nun resmi ilanları, gazetenin kendi bünyesindeki dergi grupları, tatil ilanları, cep telefonları, bankalar, otomobil ve kamyonetler, oturma grupları, televizyon ve sinema filmleri, sigorta türleri, beyaz eşya, motorsiklet ve bisiklet, kozmetik ürünleri (daha çok ek ve ilavelerde), seri ilanlar (genelde büyükşehirlerdeki baskılarda) ağırlıklı olarak yer alıyor.

---

141. Yalçın Çetinkaya, Reklamcılık, İstanbul, 1992, S. 49.

Mahalli televizyonlar, yayın yaptıkları yerleşim birimindeki işyerlerinden aldıkları ve genelde statik görüntülerle yayınladıkları reklamlara arada sırada büyük firmalardan ya da siyasilerden kopardıkları tanıtımları ekleyebiliyorlar.

Mahalli gazetelerdeki reklam durumu malum. Valiliklerden alınan resmi ilanlar, vasat bir şekilde işyerlerinden alınan genelde kartvizit büyüklüğündeki reklam ve seçimden seçime gelen siyasi tanıtımlarla idare ediyor. Büyük yerleşim merkezlerinde gerçek anlamda gazetecilik yapan yayın organlarını şu sıralar cep telefonları, bilgisayar ve otomobil dünyası gibi sektörler ile diğer büyük şirketlerden gelen yarım ya da tam sayfa büyüklüğündeki reklamlar rahatlatıyor.

Basında Reklam ve Tüketim Olgusu adlı eserinde konuyu bütün detayları ile nefis bir üslupla inceleyen **N. Nur Topçuoğlu**, bu olguyu ve basın üzerindeki etkilerini özetle şu cümlelerle bağlıyor:

"Günümüz gazetesinin toplumsal sorumluluk alanını terkederek eğlenceye, cinselliğe, görselliğe ve reklama yöneldiği şeklindeki haklı eleştiriyi ideolojik egemenlik bağlamından koparmadan mesleki ve teknik koşulları içinde incelediğimizde pek çok olgunun aynı kültürel yapılanma içinde tanımlanabileceğini gördük. Kitle kültürü olarak tanımlanan bu durum endüstriyel üretimin, kalabalık kent yaşamının, teknolojik çoğaltma imkanlarının ve ticariliğin izlerini taşımaktadır. Sözkonusu olan mesaj (anlam) da olsa ortam kâr güdüsünün ön planda tutulduğu yarışmacı serbest piyasa ortamıdır.

Temelde fikri ürün olan gazete, böylece ekonomik ürün olarak değer kazanmakta ve fikri alandan çok ekonomik alana yönelterek zihinsel bir dönüşüme zemin hazırlamaktadır. Okuyucudan çok reklam verenin sözcülüğünü yapan gazete böylece kendi ekonomik geleceğini güvence altına almaktadır.

Diğer taraftan satışın (tiraj artırmanın) yolu okunabilir içerik oluşturmakla değil; çekici olmakla, şaşırtıcı, eğlenceli olmakla mümkündür, şeklindeki bir yaklaşım da yine günümüz gazetesinin en belirgin özelliklerinden biridir.

Gazete daha çok tiraj yapmak, daha fazla reklam alabilmek için ağır rekabet şartlarına zorlanmıştır. Böyle olunca görselliğin, cinselliğin, cazibenin, lotaryanın, promosyonun, reklamın gücü köşe yazarlarından grafiklere, gazete patronundan muhabire kadar herkesi etkilemiştir. Gazetenin hazırlanmasında emeği geçen veya söz sahibi olan insanlar daha cazip olanı yaratma telaşına kapılmışlardır. Bütünüyle kültüre müteallik olan bu süreç **ne** yerine **nasıl**'ın; **içerik** ve **anlam** yerine **biçim** ve **görümün** egemen olduğu zihinsel durumlara yol açmıştır.

Kısaca kitle kültürü olarak tanımladığımız bir kültürel atmosfer içinde çalışan gazete, haberi, fotoğrafı ve manşetiyle okuyucusunu **herkesin** ve **hiç kimsenin** yapay dünyasına doğru çekmiştir: İmgesel'in egemenliğindeki **heyecanlar, fırsatlar** dünyası...

Giderek sanat, siyaset, bilim, felsefe, ciddi, gayriciddi, gerçek, gerçekdışı aynı sunum kalıpları içinde fantazya alemine doğru çekilmektedir. Eğlendirmenin, şaşırtmanın, heyecanlandırmanın, cazipleştirmenin bu denli öncelik kazandığı bir enformasyon ortamında toplumsal gerçekliğin giderek bir süsleme sanatları içine emildiğini görmek en tehlikeli sonuçlardan biridir. Yarışmalarla, kuponlarla, eklerle, bedava dağıtılan deterjan vb. ürünlerle hep kazandıran gazeteler haber vermeyi, kamuoyunu bilgilendirmeyi, bilinçlendirmeyi şimdilik unutmuş görünüyorlar. Gazetenin toplumsal gücünü yeniden kamuoyu oluşturma fonksiyonunda araması gerekiyor."[142]

Reklamlar İzleniyor mu?

Bu soruyu, yapılan anket çalışmasında okuyucu ve televizyon izleyicilerine sorduk.

158 gazete okuyucusu bu soruya "**hayır**" yanıtını verirken, 90 okur, gazetelerde reklamları "**iş, emlak ve otomobil ilanları**" sıralamasıyla takip ettiğini ifade etti.

Televizyon izleyicileri arasında ise, 2 kişi özellikle izlediğini, 89 kişi ilgi çektikçe takip ettiğini, 123 kişi de hemen kanal değiştirdiğini belirtmiş.(bkz. ANKET - 1)

142. N. Nur Topçuoğlu, a. g. e. , S. 219-220.

VII- BASIN YASALARI VE ÖZGÜRLÜĞÜ

YASALAR VE SÖZLEŞMELER

Ülkemizde basınla ilgili ilk düzenleme 1864 tarihli **Matbuat Nizamnamesi** ile başlamıştır.

Daha sonra 1876 tarihli **Kanuni Esasi**'nin 12. maddesi, 1908 tarihli **İkinci Meşrutiyet Anayasası**'ndaki 12. madde biraz değiştirilmiştir.

1909 tarihli **Matbuat Kanunu**, 1924 tarihli **Teşkilat-ı Esasiye Kanunu**'nun 77. maddesi, 25 Temmuz 1931 tarihli **Matbuat Kanunu**'nda yine bazı değişiklikler yapılmış ancak tam bir özgürlük tanınmamıştır.

1950 yılında yürürlüğe giren **5680 Sayılı Basın Kanunu**'na rağmen geçen bu süre zarfında basın özgürlüğü hep tartışmalı olmuştur.

1950 yılına kadarki düzenlemeler her ne kadar basınla ilgili görünse de, aslında bu kanun maddeleri matbaaya yönelikti.

Gerçek anlamda basındaki önemli gelişmeler 1961 yılından sonra belirli bir düzeye gelmiştir.

1961 Anayasası'nın 20 maddesine göre; "*Herkes düşünce ve kanaat hürriyetine sahiptir. Düşünce ve kanaatlerini söz, yazı, resim ile ya da başka yollarla tek başına veya toplu olarak açıklayabilir ve yazabilir. Kimse düşünce ve kanaatlerini açıklamaya zorlanamaz.*" diye ifade edilirken, 22. maddesinde "*Basın hürdür sansür edilemez*" ve Basın Kanunu'nun 1. maddesinde "*Basın serbesttir*" denilmekteydi.

Öğretim Görevlisi **Murat Fatih Ecevit**, "Basın Özgürlüğü ve Özdenetim" konulu çalışmasında, 1961 Anayasası'nda yeralan ilgili maddelere göre, Türkiye'de artık basın özgürlüğünün tanınmış olduğunu belirtiyor..

Günümüzde yürürlükte olan basın ile ilgili hukuki düzenlemeler ise, 1982'de kabul edilen anayasanın içerisindeki maddelerle sağlanmıştır. Basın (ifade) özgürlüğüne ilişkin düzenlemeler anayasanın 22, 26, 27, 28 ve 29. maddelerinde belirlenen esaslar çerçevesindeki kapsam içerisine yer almaktadır. Bunlara özetle değinecek olursak;

22. madde: "*Herkes haberleşme hürriyetine sahiptir.*"

26. madde: "*Herkes düşünce ve kanaatlerini söz, yazı, resim veya başka yollarla tek başına veya toplu olarak açıklama ve yayma hakkına sahiptir.*"

28. madde: "*Basın hürdür sansür edilemez.*"

29 madde: "*Kanun, haber, düşünce ve kanaatlerin serbestçe yayılmasını engelleyici ya da zorlaştırıcı siyasi, ekonomik, mali ve teknik şartlar koymaz.*"

1982 Anayasası'nın yürürlüğe girmesinden 8 yıl kadar sonra Türkiye'de özel radyo ve televizyonların ortaya çıkışıyla yeni birtakım yasal düzenlemeler gereği hasıl oldu.

Radyo ve televizyonların kuruluş ve yayınları hakkındaki kanun ise ancak 1994 yılında çıkarılabildi.

13 Nisan 1994 tarihinde kabul edilen **3984** nolu kanun 24 Nisan 1994 tarihinde Resmi Gazete'de yayımlanarak yürürlüğe girdi. 8 bölümden oluşan kanunda Amaç, Kapsam ve Tanımlar, Yayın İlkeleri, Radyo ve Televizyon Üst Kurulu, Kanal ve Frekans Bandı Tahsisi-Yayınlanların Düzenlenmesi ve Reklamlar, Özel Radyo ve Televizyon Kuruluşları, Müeyyideler, Çeşitli ve Geçici Hükümler maddeler halinde ifade edilmiştir.

Kanunun İkinci Bölümü'ndeki Yayın İlkeleri şöyle:

Madde 4- Radyo ve televizyon yayınları kamu hizmeti anlayışı içerisinde aşağıdaki ilkelere uygun olarak yapılır.

a) Türkiye Cumhuriyeti'nin varlık ve bağımsızlığına, Devletin ülkesi ve milletiyle bölünmez bütünlüğüne,

b) Toplumun milli ve manevi değerlerine,

c) Anayasanın Genel Esaslar kısmında yer alan ilkelere, demokratik kurallara ve kişi haklarına,

d) Genel ahlak, toplum huzuru ve Türk aile yapısına,

e) Anlatım özgürlüğüne, iletişim ve yayında çoğulculuk esasına,

f) İnsanların ırk, cinsiyet, sosyal sınıf veya dini inançları dolayısıyla hiç bir şekilde kınanmaması ilkesine,

g) Toplumu şiddet, terör ve etnik ayrımcılığa sevkeden ve toplumda nefret duyguları oluşturacak yayınlara imkan verilmemesi ilkesine,

Aykırı olmamak;

h) Türk milli eğitiminin genel amaçlarına, temel ilkelerine ve milli kültürün geliştirilmesi ilkesine,

i) Yayınlarda adalet ve tarafsızlığa, yasalara saygılı olma esasına,

j) Kişi ya da kuruluşları eleştiri sınırları ötesinde küçük düşürücü, aşağılayıcı veya iftira niteliği taşıyan yayın yasaklarına,

k) Özel amaç ve çıkarlara hizmet eden veya haksız rekabete yol açıcı yayın yapılmaması esasına,

l) Haber ve olayların çabuk ve doğru bir şekilde sunulması ilkesine,

m) Çocukların ve gençlerin fiziksel, zihinsel, ruhsal ve ahlaki gelişimini olumsuz yönde etkileyebilecek yayın yapılmaması esasına,

n) Aksi, yargı kararıyla kesinleşmedikçe hiç kimsenin suçlu olarak ilan edilmeyeceği ilkesine,

o) Kişi ya da kuruluşların cevap ve tekzip haklarına saygılı olunması ilkesine,

p) Haberlere, spor programlarına ve reklamlara ayrılmış zamanlar hariç olmak üzere, yayıncıların, yayın zamanlarının en az yarısının yerli yapımlara ayrılmasını sağlamak, bu oranı, seyircilerin taleplerini göz önüne alarak veya yayıncının haber verme, eğitim, kültür ve eğlendirme sorumluluklarını dikkate alarak, yayın türleri ve süreleri ile asgari niteliklerini de öngörmek suretiyle, aşamalı bir biçimde gerçekleştirmeleri hususlarına,

r) Bilgi iletişim telefonları yoluyla yarışma ve benzeri yön-

temlere başvurulmamak ve bunların sonucunda dinleyici ve seyircilere ikramiye vermemek veya ikramiye verilmesine aracılık yapmamak, lotaryaya fırsat bırakmamak esaslarına,

s) Demokratik kurallar çerçevesinde, kamunun siyaset, eğitim ve kültürel alandaki beklentilerine cevap verecek şekilde, demokratik gruplar ve siyasi partiler arasında fırsat eşitliğinin sağlanması esasına,

t) Radyo ve televizyon yayınlarının Türkçe yapılması, ancak, evrensel kültür ve bilim eserlerinin oluşmasında katkısı olan yabancı dillerin öğretilmesi veya bu dillerde haber iletilmesi amacıyla bu dillerin kullanılabilmesi,

Türkçeyi aşırılığa kaçmadan, özellikleri ve kuralları bozulmadan konuşma dili olarak kullanmak; milli birlik ve bütünlüğün temel unsurlarından biri olarak çağdaş eğitim ve bilim halinde gelişmesini ve zenginleşmesini sağlamak esasına,

u) Türk müzik sektörünün gelişimine katkıda bulunmak ilkesinden hareketle, müzik yapımcıları ve telif hakkı sahiplerinin haklarını tanımak ve ihlal etmemek esasına,

Uygun olmak suretiyle yapılır.

Türkiye bu arada, 5 Mayıs 1989 tarihinde Avrupa Konseyi'nde kabul edilerek imzaya açılan **Avrupa Sınır Ötesi TV Sözleşmesi**'ni 7 Ekim 1992 tarihinde imzalamıştır. Sözleşme, gerekli şartlar yerine getirildikten sonra 1 Mayıs 1994 tarihinde Türkiye için uluslararası düzeyde bağlayacı bir belge durumuna gelmiştir.

Sözleşme meslek ahlakı bakımından yayıncıya çeşitli sorumluluklar getiriyordu.

Bu sorumluluklar da:

1- *Program hizmetlerinin sunuş ve içerik bakımından bütün unsurları, insan onuruna ve temel insan haklarına saygılı olacaktır.*

Program hizmetleri özellikle:

a) *Edebe aykırı olmayacak ve pornografi içermeyecektir.*

b) *Şiddet eğilimini körüklemeyecek veya ırkçı nefret duygularını kışkırtıcı nitelikte olmayacaktır.*

2- *Gençlerin ve çocukların fiziksel, zihinsel ve ahlaki gelişimini zedeleyebilecek türden program hizmetleri, onların seyredebileceği zaman ve saatlerde yayınlanmayacaktır.*

3- *Yayıncı haberlerde gerçekler ve olayların doğru olarak sunulmasını sağlayacak ve özgürce kanaat oluşumunu teşvik edecektir.*

Sözleşmeye göre, yayıncı cevap ve düzeltme hakkına da özen gösterecektir.

Sözleşmede toplumun önemli haberlerden haberdar olması ve kültürel hedeflerde, Avrupa yapımlarının üretim ve geliştirilmesinin hedef alınması gereği de öngörülmektedir.

Avrupa Sınır Ötesi TV Sözleşmesi'nin önemli bir bölümü reklamlara ayrılmış bulunmaktadır.

Reklam yayınları da önemli bir yayın ahlakını içermektedir.

Reklamlar

1- *Bütün reklamlar adil ve dürüst olacaktır.*

2- *Reklamlar yayıncı ve tüketicinin çıkarlarına zarar verecek nitelikte olmayacaktır.*

3- *Çocuklara yönelik ve içinde çocukların kullanıldığı reklamlarda, onların yararlarına zarar verilmeyecek unsurlar bulunmayacak ve çocukların özel duyguları göz önünde tutulacaktır.*

Sözleşme reklamların sürelerini düzenlemekte, biçim ve sunuşuna sınırlamalar getirmektedir.

Örneğin bilinçaltı ile algılanan reklamlara izin verilemez.

Haber ve haber programlarını düzenli olarak sunan kişilerin görüntü ve seslerine reklamlarda yer verilemez, gibi.

Sözleşme programların desteklenmesini de belirli kurallara bağlamakta, ancak haber ve haber programlarının desteklenmesine izin vermemektedir.

Avrupa Sınır Ötesi TV Sözleşmesi bir anlamda meslek etiğinin bazı unsurlarını yinelemekte, bazı yeni unsurlar getirmekte, böylece yayıncı ahlakının gelişmesine yardımcı olmaktadır.

Sözleşmenin bir başka amacı da, ortak bir Avrupa kültürü oluşmasına yardımcı olmak ve bu kültürü yabancı kültürlerden korumaktır.[143]

BASIN ÖZGÜRLÜĞÜNÜN NERESİNDEYİZ?

1908'de Türk Basını'nda sansürün kaldırılmasından sonra, zamanla çeşitli yasal düzenlemelerin ardından, 24 Temmuz 1948'de (Basında sansürün kaldırıldığı gün) **"Gazeteciler Günü"** ilan edildi.

Milli Birlik Komitesi tarafından çıkarılan 212 sayılı yasa da 10 Ocak 1961 tarihinde yürürlüğe girmesiyle bu tarih "**Basın Bayramı**" olarak kabul edildi.

Anayasanın 28. maddesi "Basın hürdür, sansür edilemez" cümlesiyle başlayarak temel ilkeyi koyarken, "Devlet, basın ve haber alma hürriyetlerini sağlayacak tedbirleri alır" ifadesiyle de basın özgürlüğünü güvenceye almıştır.

Ancak, *nedir bu basın özgürlüğü? Basın özgürlüğü mü, iletişim özgürlüğü mü? Buradaki özgürlük kavramı basın çalışanları için mi yoksa toplum için mi olacak? Ve bu özgürlüğün sınırları nereye kadar?*

Basın özgürlüğü, en geniş anlamıyla, "*Bir hakkın ya da hakların yaşama geçirilebilmesinin önemli bir aracı*" ve kişilerin "*doğru haber almasını sağlayıcı*" bir kavram olarak tanımlanabilir. Basın özgürlüğü denildiğinde sadece "*gazetecilerin özgürlüğü*" değil, "*doğru haber alma hakkına sahip her kişinin özgürlüğü*" akla gelmelidir.[144]

Gazeteci-Yazar **Oktay Ekşi**, bu kavramın yanlış izah edildiği kanaatinde. Şöyle ki: "Siz 'Basın özgürlüğü' dediğiniz zaman 'basına ait bir özgürlükten' söz etmiş olmuyor musunuz? Ve o taktirde 'basına tanınmış bir ayrıcalığı' savunuyor hale gelmiyor musunuz?

Bu gerçeği gözardı edebilmek için yıllarca hem '*Basın özgür-*

---

143. Ertan Karasu, Yeni Türkiye, Sayı: 11, S. 147.
144. Ekrem Karaismailoğlu, Yeni Türkiye, Sayı: 11, S. 131.

lüğü çok önemlidir. Basın özgürlüğü demokrasilerin temel koşuludur. Basın özgürlüğünün kısıtlandığı yerlerde hukuk devletinin varlığından söz edilemez.' dediler. En güzeli de '*Basın özgürlüğü aslında herkesin özgürlüğüdür*' türünden sözlerle, savunulan özgürlüğün gerçekte halka ait olduğunu söylediler.

Sadece söylemekle kalmadılar. Konu üzerinde düşünmeyen, daha önce batı ülkelerinde üretilmiş olan kavramları tartışmadan kabul edip kullanan çevrelere -bu arada basın mensuplarına da- bu yanlışı kabul ettirdiler.

Okullarda, hatta üniversitelerin hukuk ve iletişim fakültelerinde de sözü edilen kavramdan '**basın özgürlüğü**' diyerek söz ettiler.

Öğrencilere bu kavram '**basın özgürlüğü**' olarak öğretildi.

Ve hâlâ öyle öğretiliyor.

Oysa sözü edilen özgürlük, eğer gerçekten '**genel**' ise, yani toplumun tüm bireylerinin yararlanacağı bir özgürlük ise, yapılması gereken bunun 'genel' olduğunu ortaya koyacak bir şekilde isimlendirilmesiydi.

Onun da yolu, bu kavramı '**basın özgürlüğü**' olarak değil, herkesin yararlanabileceği şekilde, yani '**iletişim özgürlüğü**' olarak ifade etmekti."[145]

Demek ki, bu özgürlük yayın organları ya da medya çalışanının özgürlüğü değil, toplumun özgürlüğüdür. Devlet, yasalarla medyaya haber alma hürriyetini sağlıyor. Bununla birlikte medyanın da karşısına "**sorumluluk**" kavramı çıkıyor.

Sorumlu Habercilik...

Anadolu Ajansı eski Genel Müdürlerinden **Ekrem Karaismailoğlu**, sorumlu habercilik hakkında şu noktaya dikkat çekiyor.

"Sorumlu habercilik, evrensel değerlere, kişi hak ve özgürlüklerine saygı, anayasa ve yasalarla korunmuş değerleri ihlal etmeyen bir haberciliktir.

***Sorumluluk**, haberi ilk yazandan itibaren başlar. Haberi ya-*

145. Oktay Ekşi, Yeni Türkiye, Sayı: 11, S. 251.

zan muhabir, sorumluluk bilinci içinde hareket ederse sorun kökten çözülmüş olur. ***Basın suç****unun ancak* ***yayın*** *olayının gerçekleşmesiyle oluştuğu göz önünde tutulursa, muhabirin yazdığı haberi denetleyen ve son aşamada yayına verenin sorumluluğu da ortaya çıkmaktadır. Dolayısıyla* ***sorumluluk*** *çevresinde bir habercilik yapıldığı taktirde* ***suç*** *da söz konusu olmayacaktır. Bir başka deyişle, gazeteci,* ***otokontrol*** *mekanizmasını işlettiği ve sorumluluk bilinci içinde hareket ettiği sürece basına dış müdahalelerden de söz edilmeyecektir."*[146]

BASIN ÖZGÜRLÜĞÜNÜN SINIRI...

Basının yansız ve özgür olarak haber verme, bir düşünce, görüşü tartışma, eleştirme, kamuoyunu aydınlatmaya ilişkin fonksiyonunu yerine getirebilmesi, bazı ayrıcalıkları gerektirir. Ancak ne basın özgürlüğü ve ne de bu özgürlüğün sonucu tanınan ayrıcalıklar **sınırsız** değildir. Tüm özgürlüklerde olduğu gibi, basın özgürlüğü de kişi ve toplum yararı açısından sınırlanacağı tartışmasızdır.

Kişinin onur ve saygınlığının korunmasına ilişkin **Medeni Kanun**'un 24. maddesi ile **Borçlar Kanunu**'nun 49. maddesi, **Anayasa**'nın 28. maddesinde düzenlenen basın özgürlüğünün özel hukuk alanında sınırlamasıdır.

Basının haber verme fonksiyonunu yerine getirirken kullanacağı bu hakkın özel hukuk alanında sınırı; a) Gerçeklik, b) Kamu yararı ve toplumsal ilgi, c) Güncellik, d) Konu ile ifade arasında düşünsel bağlılık kuralları ile belirlenmiştir.

Haber verme hakkı bu sınırlar içinde kaldığı sürece hukuka uygundur. Haber, anılan temel kurallardan herhangi birine ters düşerse, kamu yararı-kişilik hakları dengesi bozulur. Kullanılan bu hakkın hukuka uygunluğundan sözedilemez.

Yukarıda sözünü ettiğimiz sınırlayıcı temel kurallardan sonuncusu, haber, gerçeği yansıtsa bile, kullanılacak dil ve ifadenin, yapılacak niteleme ve yorumun, haberin verilişinin gerektirdiği ve zo-

146. Ekrem Karaismailoğlu, Yeni Türkiye, Sayı: 11, S. 132.

runlu kıldığı biçimde bulunmasını öngörür. Şayet haberin verilişinde gerekli, yararlı ve ilgili olmayan beyan, tavsif ve değerlendirmelere gidilecek, haberin içeriği ile uygun düşmeyen tahrik edici, yalın bir okuyucuya da toplumda husumet ve kuşku yaratıcı dil ve ifade kullanılacak olursa, kişilik hakları ile çatışan basın hürriyetine üstünlük tanınması imkansız hale gelir.[147]

İletişim özgürlüğündeki sınırları zorlayan veya yasalara rağmen bu sınırları aşan, kişi haklarını hiçe sayan medya için **özel hayatın gizliliği**ne ilişkin bir kanun tasarısından söz etmek istiyorum.

1997 yılında gündeme gelen Adalet Bakanlığı'nın **Türk Ceza Yasası**'nda yapılan değişikliklere göre şu cezalar öngörülüyordu:

* Bir kişiyi yargılanmadan suçlu ilan ederek, yargısız infaz yapan kişi veya medya mensuplarına 4 yıla kadar varan hapis cezası verilebilecek.

Söyleşiyi, konuşanların rızası olmadan ses alma cihazı ile kayda alanlara 20 -60 milyon liraya kadar para cezası verilecek.

* İlgilinin rızası alınmadan, resim çekici veya kaydedici bir alet ile özel hayatın mahrem bir alanına veya normal şartlar içinde özel bir çaba gösterilmesinden görülmesi mümkün olmayan bir hayat olayını tesbit edenlere 6 aydan 2 yıla kadar hapis cezası uygulanabilecek. Bu tür kayıtlardan yarar sağlayanlar, başkalarına verenler veya diğer kesimlerin bilgi edinmelerini temin edenler de, 1-3 yıl hapis ve 60,100 milyon liraya kadar ağır para cezasıyla cezalandırılacaklar. Bunlar basın ve yayın araçlarıyla yayınlandığında faile 100 milyon liradan 1 milyar liraya kadar ağır para cezası verilecek.

* Her ne suretle olursa olsun, rızası olmadan bir kişinin sözleri ve resimleri kullanılarak gerçekleştirilen montajların yayınlanmasında ise 1 yıla kadar hapis, 50 milyon liradan 200 milyon liraya kadar ağır para cezası uygulanacak. Bu suçlar medya aracılığıyla işlendiğinde, ceza üçte bire kadar artırılacak.

* Uzaktan söyleşileri tesbit edecek araçları izinsiz imal, ithal eden veya bulunduran yahut kullananlar 3 yıla kadar hapis, 50-300

147. Dr. İzzet Özgenç / Dr. Adem Sözüer, Yeni Türkiye, Sayı: 11, S. 272.

milyon lira ağırpara cezasına çarptırılacak.[148]

Ancak öngörülen bu değişikliklerdeki tasarı öylece rafa kaldırıldı.

Basın Yasası'na ilişkin olarak 1996 yılında bir düzenleme yapılmak istendi. Refahyol Hükümeti döneminde hazırlanan taslakta, özellikle **promosyon, dağıtım, tekelleşme** ve **ceza** konularında bazı değişikliklere gidilmek istendi, ama bu girişim adeta medyanın hışmına uğradı.

Tasarıya karşı yazılı ve sözlü basın yoğun bir mücadele verdi. Tasarı, gazete manşetlerinde ''**basın özgürlüğü kısıtlanıyor**'' şeklinde şu başlıklar yer aldı:

"**Hükümet medyayı susturmak gayretinde...**", "**Basın özgürlüğü tehlikeye düşer...**", "**Sansüre altyapı hazırlanıyor...**", "**Adil düzenin sansürcü rejimi...**", "**Basına yapılan her tehdit, sisteme zarar veriyor...**", "**Gazeteciler hükümeti uyardı!**"...

Türkiye Gazeteciler Cemiyeti Başkanı Nail Güreli,

"Basına Haçlı Seferi" başlıklı yazısında şu konuların altını çizdi: "Basını yola getirmenin başka yolları var. Onlar da uygulandı. Ama çıkar yol olmadığı görüldü. Öteki yolun da çıkmaz olduğunu tarih yazıyor. Peki, ille de basını yola getirmek çabası niye? Basını rahat bıraksanız da, şu demokrasi doğru dürüst işlese olmaz mı? Dedik ya, olmaz tabii. Eli kirli insanların işine gelir mi bu?"[149]

"Akıllı liderler, basın özgürlüğünü savunur!" yazısında Gazeteci **Akgün Tekin**'in görüşü ise: "*Aynalara kızılmaz, aynalar gerçeği gösterir. Basın da toplumun aynasıdır.*"

Belki çelişki doğuracak ama, burada şu gerçeği hatırlatmakta fayda var. *"Ülkemizde bütünüyle adalet sistemi malesef etkin olarak çalışmıyor. Bir vatandaşın basın kuruluşlarınca hakarete uğraması, şahsiyet haklarına tecavüz edilmesi sebebiyle ceza ve hukuk müeyyidelerinin sorumluya uygulanabilmesi bazan yıllar al-*

---

148. Hürriyet Gazetesi, 4 Ekim 1997.
149. Nail Güreli, Milliyet Gazetesi, 19 Temmuz 1996.

makta, insanlar dava açtıklarına bin kere pişman olmaktadırlar.

Hakaret davalarında mutad uygulama, hürriyeti bağlayıcı cezanın 647 sayılı kanuna göre para cezasına çevrilip ertelenmesi olduğundan, basında görevli sorumsuzlar olduğu için adeta bir cezada muafiyet hali yerleşmiş gibidir. Tazminat davalarında ise, yapılan toplu sözleşmeler sonucu ödemeler gazete sahipleri tarafından yapılmakta. Netice olarak kişilere karşı işlenen hakaret suçlarında, şahsi haklara tecavüz eylemlerinde müeyyidenin korkutucu, caydırıcı niteliği çok azalmıştır."[150]

Tekelleşme ve Promosyon İletişim Özgürlüğünü Yozlaştırıyor...

Gazeteciler Cemiyeti Başkanı **Nazmi Bilgin**, 21. Yüzyıl'a girerken Türk Basını'nın teknolojik anlamda çağı yakaladığını, ancak "Tekelleşme" gibi çok tehlikeli bir olgu ile karşı karşıya kaldığına dikkat çekiyor. "**Tekelleşme sansürün ikiz kardeşidir**" diyen **Bilgin**, "*Yazılı ve sözlü basının belirli ellerde toplanması toplumun bakış açısını, değerlendirme özgürlüğünü kısıtlamakta, demokrasiye ve hür düşünceye set çekmektedir.*"[151] görüşünde.

Uğur Mumcu ise, "**tekelleşme**" ve "**promosyon**"un basın özgürlüğünü yozlaştıran gerçekler olduğunu her defasında dile getirdi.

"Basında tekelleşme Batı'daki sınırları çoktan aşmıştır. Promosyon ise basında güncel haberciliği, sağlıklı yorumları ikinci-üçüncü plana atan yeni bir model ve yeni bir basın ahlak anlayışı getirmiştir.

Basında tekelleşme ve promosyon yoluyla haksız rekabete son verilmedikçe kimse Türkiye'de bundan sonra basın özgürlüğünden söz edemez.

Gazeteler haber vererek, yorum yaparak değil, hediye dağıtarak tiraj alıyorlar. Hangi gazete daha çok hediye dağıtırsa o ga-

150. Ord. Prof. Dr. Sulhi Dönmezer, Yeni Türkiye, Sayı: 11, S. 249.
151. Nazmi Bilgin, Yeni Türkiye, Sayı: 11, S. 134.

zetenin tirajı daha çok artıyor. Habermiş, yorummuş, dizi yazıymış. Bunların önemi yok.

*Günümüzde, sarı basın kartlarının ardına gizlenip devlet kapılarında ve belediyelerde '**ihale takip eden**', bankalardan aldıkları kredilerle milyarlar vuran, düzmece belgelerle gazetelerini ve devleti dolandıranlar da var.*

*Hem bunlar var, hem Osmanlı İmparatorluğu'ndaki '**mabeyn katipleri**' gibi hükümetlere, gazetecilik adına, konutlara ve köşklere tutanak katiplikleri yapanlar da."*[152]

DÜNYADA BASIN ÖZGÜRLÜĞÜ...

Dünyada basın özgürlüğünü, bu konuda yayınlanmış bildirilerden inceleyecek olursak, çeşitli ülkelerde ve evrensel beyannamelerdeki maddeleri şöyle sıralayabiliriz:

Amerika'da 12 Haziran 1776 tarihli **Virjinya Haklar Bildirisi**'nin 12. maddesinde, basın (ifade) özgürlüğünün diğer özgürlüklerin en büyük savunucularından biri olduğu ve bu özgürlüğün ancak baskı yönetimlerince kısıtlanabileceği belirtilmiş.

Fransa'da ise 1879 tarihli **İnsan ve Vatandaş Hakları Bildirisi**'nin 10. maddesine göre "*Hiç kimse fikirlerinden dolayı (bunlar dinsel dahi olsalar) suçlanamazlar*" denilmektedir.

Fransa'da yine, Basın Milli Federasyonu'nca 24 Kasım 1945'de benimsenen "özgür basının görev ve hakları" projesinin ilk üç maddesi ayrı bir örnek teşkil etmektedir:

1- Basın bir ticari kâr aracı değildir. O, bir kültür aracıdır ve görevi, doğru haber vermek, fikirleri savunmak ve insanlığın inkişafına hizmet etmektir.

2- Basın, görevini, sadece özgürlük içinde ve özgürlük için görebilir.

3- Basın, ancak hükümet kudretinden de, para kudretinden de etkilenmediği ve sadece gazetecilerin ve okuyucuların vicdanlarına tâbi olduğu zaman özgürdür.

---

152. Nezih Tavlaş, Yeni Türkiye, S: 11, S. 150.

Daha sonra kabul edilen 10 Aralık 1948 tarihli **İnsan Hakları Evrensel Bildirisi**'nin 18. maddesi, vicdan ve din özgürlüğünü tanımakta, 19. maddesi de kişinin fikir ve düşünce özgürlüğüne hakkı olduğunu belirtmektedir. Bu hak, "*Fikirlerinden ötürü rahatsız edilmemek, haberleri ve fikirleri istenilen araçla aramak, elde etmek ve yaymak*" özgürlüklerini içermektedir.

Ancak, sözkonusu hakların kullanılması ahlak, düzen ve genel refahın sağlanması için 29. maddenin 2. fıkrasıyla bazı kısıtlamalara tâbi tutulmuştur.

1948 tarihli bildiri, basın özgürlüğü kaidesini daha gelişmiş bir biçimde ifade etmektedir. Bildiri ayrıca, "*Haberleri ve fikirleri aramak, almak ve yaymak*" ifadesiyle, haber alma hakkını resmen tanımış olmaktadır.

Basın ya da ifade özgürlüğü ilke düzeyinde cihanşümul bir nitelik taşır. Bütün yasalar yazılı olsun veya olmasın, düşünce ve kanaatlerin iletilmesinin serbest olduğunu bildirmektedir.

Önemli olan prensibin belirtilmesinden çok, ifade ya da basın özgürlüğü kavramının öğeleri, kullanım imkanları ve kullanımın gerektirdiği kısıtlamalardır.

İlk kez 4 Kasım 1950'de Roma'da imzalanarak yürürlüğe giren ve zaman içerisinde çeşitli ek protokollerle geliştirilen **Avrupa İnsan Hakları Sözleşmesi**'nin 10. maddesinde de basın (ifade) özgürlüğünün tanınmasıyla ilgili olarak şöyle denilmektedir: 10. maddenin 1. fıkrasında;

"Her fert ifade ve izhar hakkına sahiptir. Bu hak içtihat hürriyetini ve resmi makamların müdahalesi ve memleket sınırları sözkonusu olmaksızın, haber veya fikir almak veya vermek serbestisini ihtiva eder. Bu madde, devletin radyo, sinema veya televizyon işletmelerini müsaade rejimine tâbi kılmalarına engel değildir." denilmektedir. Maddenin 2. fıkrasında ise, "Kullanılması vazife ve mes'uliyeti tazammun eden bu hürriyetler demokratik bir toplulukta, zaruri tedbirler mahiyetinde olarak, milli güvenliğin, toprak bütünlüğünün veya amme ehemmiyetinin, nizamı muhafazasının, su-

çun önlenmesinin, sağlığın ve ahlakın, başkalarının şöhret ve haklarının korunması, gizli haberlerin ifşasına mani olunması veya adalet kuvvetinin üstünlüğünün ve tarafsazlığının sağlanması için ancak ve kanunla, muayyen merasime, şartlara, tehditlere veya müeyyidelere tabi tutulabilir."

Bu maddeden anlaşıldığı gibi, basın veya ifade özgürlüğü, düşünüldüğü gibi sınırsız ve sorumsuz bir biçimde algılanmamalıdır.[153]

Paris Semineri'nden Seçmeler...

Fransa'nın ünlü gazetelerinden **Le Monde**'nin 50. yılını kutlama etkinlikleri arasında, 1994 Aralık ayında yapılan "Basını yeniden icat etmek" konulu seminerden seçmeler hayli ilgi çekti.

"Medya özgürlüğü olmadan, düşüncenin sözle veya görüntüyle serbestçe dolaşımı olmadan demokrasi olamaz. Dolayısıyla ifade özgürlüğüne karşı herhangi bir tavrı kabul edemeyiz. Ancak medyanın özgür olabilmesi için özgürlüğün de koşullarının olması lazım. Özgür ve etkili bir basının yahut demokrasinin varolabilmesi için de, bilinçli okurlar gerekiyor. Demokrasinin en sağlam garantisi, bilinçli ve sorumlu yurttaşların varlığıdır." (**Federico Mayor** / UNESCN Genel Müdürü)

"Bağımsız basının taşıyıcısı profesyonel gazetecidir. Gazeteci aynı zamanda hem entellektüel, hem yazar, hem tüccar hem de ayaklı yayınevi ve kütüphane olmak zorunda. Entellektüel kutupla, ekonomik yanı ticari kutup arasında yer alması bakımından, sivil toplumun başka meslekleriyle akrabalığı vardır, örneğin tarihçilerle ve hukukçularla. Toplum ne kadar kapalıysa, gazeteci o kadar fazla araştırmalı ve sistemin gizlediği şeyleri ortaya çıkarmalıdır." (**Paul Ricuer** / Filozof)

"Gazeteciler siyasi iktidara büyük kuşkuyla bakmak zorunda. Ama gazeteci sadece iktidarı ellerinde tutanlara değil, kendi kendisine ve iktidarla ilişkisine de kuşkuyla bakmak zorunda. Siyasi açı-

---

153. Murat Fatih Ecevit, Zaman Gazetesi, 4 Mayıs 1996.

dan devlet mantığı, gazeteci açısından da devlet mantığı asla uyuşmaz." (**John Vinocur** /International Herald Tribüne Editörü)

"Moskova'da ölmek için ne yeni zengin olmak gerekiyor, ne de mafya üyesi. Dürüst bir gazeteci olmak yeterli." (**Andrey Graçev** / Gorbaçev'in eski basın sözcüsü)

MEDYADA İÇ DENETİM VE BASIN KONSEYİ...

Medya Gerçeği'nde ele alınan; "tekelleşme", "promosyon", "güvenirlilik", "iletişim özgürlüğü", "patronlar", "medya-para-siyaset ilişkileri "gibi konular ne olursa olsun, bu işin asıl nüvesini biz haberciler teşkil etmekteyiz.

Ord. Prof. Dr. Sulhi Dönmezer, iletişim özgürlüğünün temel güvencesinde habercilere çok önemli bir sorumluluk yüklemektedir.

"Basın mesleğinin gerçek mensupları, bugün Türkiye'de iki türlü basının var olduğunu bilmeli ve gerçekte kimlerin mesleklerinin mensubu olduğunu tayin edebilmelidirler. Basın mensuplarının, insanlara doğru, abartılmamış haberleri, duyguları tahrik etme çabasını göstermeden objektif olarak yansıtmakla yükümlü olduklarını her zaman göz önünde bulundurmaları, özgürlüğün temel güvencesidir. Hiçbir özgürlük kamunun desteği olmadan varlığını sürdüremez; desteğin sürdürülebilmesi ise güvenirliğin kabul edilmiş bulunmasına ve sağlanmış olmasına bağlıdır.

Mesleği koruma fonksiyonunu batı ülkelerinde Basın Konseyleri yerine getiriyor. Türkiye'deki Basın Konseyi bu işi tama olarak yerine getirebiliyor mu? Sosyal yönden basın özgürlüğüne ilişkin temel sorunlardan birisi de budur..."[154]

Türkiye'de 1987 Yılında Oluşturulan Basın Konseyi'ne Nasıl Gelindi?

Basında özdenetimin sağlanabilmesi gazetecilerin örgütlenmesiyle mümkündü. Ülkemizde bu yolda ilk girişim 1908 yılında Meşrutiyet'in ilanıyla başladı. Gazetecilerin bir araya gelmesiyle,

154. Ord. Prof. Dr. Sulhi Dönmezer, Yeni Türkiye, Sayı: 11, S. 248.

iki yılda 42 maddelik bir tüzük de hazırlayan **Matbuat-ı Osmaniye Cemiyeti,** kongre toplanamaması sebebiyle tüzel bir kişilik kazanamamıştır.

Alman Basın Derneği'nin 1917 yılında yapmış olduğu bir davet üzerine gazetecilerimiz bir araya gelmek istemişlerdir. Böylece, **Osmanlı Matbuat Cemiyeti** kuruldu. Cemiyetin adı 1920 yılında **Türk Matbuat Cemiyeti** ve 1935 yılında **Basın Kurumu** olarak değişti.

İlk basın kongresi 1935 yılında toplanmış ve bundan sonraki dönemde 1938 yılında Basın Birliği'ni kuran kanun yayımlandı. Meslekte çalışanların hepsini bu birliğe üye olmak durumunda bırakan bu kanun ile beraber basınla ilgili meselelerin bu organ tarafından '**Haysiyet Divanı**'nda çözülmesi için geniş yetkiler tanındı. Ama bu birliğin yapılanmasının demokratik olmamasından dolayı birlik, İkinci Dünya Savaşı'ndan sonra dağıldı.

Daha sonra 1960 yılında tekrar gündeme gelen özdenetim meselesi, 24 Temmuz 1960 yılında **Basın Ahlak Yasası** olarak basının büyük çoğunluğu tarafından kabul edildi ve yasayı yürütme görevi **Basın Şeref Divanı**'na verildi. Ancak büyük bir gücü ve yaptırımı olmayan bu divan işlevsiz hale geldi.

Bu mesele güncelliğini sürekli korumasına rağmen, 1987 yılına kadar düzenli hiçbir gelişme sağlanamadı. 1987 yılında 28 gazeteciden meydana gelen çalışma grubu, **Basın Konseyi Sözleşmesi** ile **Basın Meslek İlkeleri**'ni basın mensuplarının onayına sundu.

Yukarıdaki gelişmeleri anlatan ve Basın Konseyi'nin kuruluşundan beri başkanlığını yapmakta olan **Oktay Ekşi**, şu cümlelerle de özeleştirisini yapıyor: "*Her türlü basın mensubunu gönüllülük bağıyla kendisine bağlayan konsey, özdenetim hususunda pasif kalmıştır. Yayın organı olarak '**Özgür Basın**' isimli bir organ oluşturmuştur, ancak verdiği en ağır cezalar kınamanın ötesine geçememiştir.*"

1987 yılında aşağıdaki "**Basın Meslek İlkeleri**"ne imza koyan gazeteciler şu açıklamayı kamuoyuna deklare ettiler:

İletişim özgürlüğünü ülkemizde insanca yaşamanın, saydam bir yönetime kavuşturmanın ve demokratik sistemin temel koşulu sayan biz gazeteciler:

Kanun koyucunun veya öteki kurum veya kişilerin, iletişim özgürlüğünü kısıtlamalarına, her zaman ve her yerde karşı çıkacağımıza kendi özgür irademizle söz vererek;

İletişim özgürlüğünü, halkın gerçekleri öğrenme hakkının bir aracı sayarak;

Gazetecilikte temel işlevin, gerçekleri bulup bozmadan, abartmadan kamuoyuna yansıtmak olduğunu gözönünde tutarak;

Basın Konseyi'nin kendi çalışmaları üzerinde hiçbir dış müdahaleye izin vermeme kararlılığını vurgulayarak;

Yukarıdaki bölümü de içeren ***Basın Meslek İlkeleri****'ne uymayı, sözünü ettiğimiz temel inançlarımızın bir gereği saydığımızı, kamuoyu önünde açıklarız.*

1- Yayınlarda hiç kimse, ırkı, cinsiyeti, sosyal düzeyi ve dini inançları nedeniyle kınanamaz, aşağılanamaz.

2- Düşünce, vicdan ve ifade özgürlüğünü sınırlayıcı, genel ahlak anlayışını, dini duygularını, aile kurumunun temel dayanaklarını sarsıcı ya da incitici yayın yapılamaz.

3- Kamusal bir görev olan gazetecilik, ahlaka aykırı özel amaç ve çıkarlara alet edilemez.

4- Kişileri ve kuruluşları, eleştiri sınırlarının ötesinde küçük düşüren, aşağılayan veya iftira niteliği taşıyan ifadelere yer verilemez.

5- Kişilerin özel yaşamı, kamu çıkarlarının gerektirdiği durumlar dışında, yayın konusu olamaz.

6- Soruşturulması gazetecilik olanakları içinde bulunan haberler, soruşturulmaksızın veya doğruluğuna emin olunmaksızın yayınlanamaz.

7- Saklı kalması kaydıyla verilen bilgiler, kamu yararı ciddi bir biçimde gerektirmedikçe yayınlanamaz.

8- Bir basın organının dağıtım süreci tamamlanmadan o basın organının özel çabalarla gerçekleştirdiği ürün, bir başka basın organı tarafından kendi ürünüymüş gibi kamuoyuna sunulamaz. Ajanslardan alınan özel ürünlerin kaynağının belirtilmesine özen gösterilir.

9- Suçlu olduğu yargı kararı ile belirlenmedikçe hiç kimse "suçlu" ilan edilemez.

10- Yasaların suç saydığı eylemler, gerçek olduğuna inandırıcı makul nedenler bulunmadıkça kimseye atfedilemez.

11- Gazeteci, kaynaklarının gizliliğini korur. Kaynağın, kamuoyunun kişisel, siyasasal, ekonomik vb. nedenlerle yanıltmayı amaçladığı haller bunun dışındadır.

12- Gazeteci görevini, taşıdığı sıfatın saygınlığına gölge düşürecek yöntem ve tutumlarla yapmaktan sakınır.

13- Şiddet ve zorbalığı özendirici yayın yapmaktan kaçınılır.

14- İlan ve reklam niteliğindeki yayınların bu nitelikleri, tereddüde yer bırakmayak şekilde belirtilir.

15- Yayın tarihi için konan zaman kaydına saygı gösterilir.

16- Basın organları, yanlış yayınlardan kaynaklanan cevap ve tekzip hakkına saygı duyarlar.

(Not: yukarıdaki maddeler, 22. 4. 1995 tarihinde 3, 12, ve 13'üncü maddelerde yapılan kısmi değişikliklerle verilmiştir.)

Dünya Basın Konseyleri Birliği'nin Görüşü

"*Toplumun güvenini giderek kaybeden medyanın yeniden bu güveni kazanması gerekiyor...*"

Bu görüş, 20 Eylül 1998 tarihinde 7. kongresi için İstanbul'da bir araya gelen Dünya Basın Konseyleri Birliği'nde (**WAPC**) dile getirildi.

Kongrede, gelişen teknolojik koşullar ve Internet'in yeni bir medya olarak devreye girişinin ardından "Özel Yaşam ve İfade Özgürlüğü" kavramlarının da artık değişmeye başladığı üzerinde duruldu.

Birliğin Yürütme Kurulu Başkanı **Prof. Dr. Davit Flint**, : ''*Uluslararası yayınlara ilişkin şikayetlerin değerlendirilmesi, basın özgürlüğünün korunması, toplumun güvenini giderek kaybeden medyanın tekrar güven kazanması, insan haklarına ilişkin fikir ve görüşlerin iyi bir şekilde aydınlatılması gibi sebeplerden dolayı uluslararası nitelik taşıyan bir* ***dünya medya konseyi*** *kurulması gerekiyor.*'' şeklinde görüşünü açıkladı.

WAPC Başkanı **P.B. Swant** ise, söz konusu dünya medya konseyi işlevinin basın özgürlüğünü kısıtlamak değil, daha da geliştirmek amaçlı olduğunu belirterek şunları söyledi: "*Basın özgürlüğü sadece, gazetecilerin özgürlüğü değildir. Bilgi alma ve yayma hakkı, insanların bu haktan yararlandırılması basın özgürlüğüdür. Ancak bu hak dünya genelinde tehlike altındadır. Basının yapması gereken düzenlemeleri, dünya hükümetlerinden önce kendisinin yapacağı bir mekanizmanın kurulması kaçınılmazdır. Minimum etik kurallarında buluşulmasının zor olmadığına inanıyorum. Minimum etik kurallarının belirleyeceği, şikayetlerin değerlendirileceği bir konsey oluşturulabilir. Denemekten kaçınmayalım.*"

Albert Camus'un şu sözleriyle bu bölümü noktalayalım:

"***Basın, hükümetin ve paranın gücüne bağımlı olmadığı zaman özgürdür.***

2. BÖLÜM

HABERCİLER

I - HABER

Gerçek ya da gerçekdışı ortaya çıkan bir olgu veya mevzuun anlatımı ve aktarım biçimi olan haber ve haberleşme, insanlık tarihi kadar eskidir.

Bir olayın haber olabilmesi için başkalarına bir şekilde duyurulması gerekir. Bu da **haberleşme / iletişim** demektir.

Haberler önceleri işaretleşme, direkt veya kişiden kişiye anlatım ve aktarım; dumanla, tamtamla, ulaklarla, tellallarla duyurulurken; zamanla telgraf, telefon, ajanslar, gazeteler, radyolar, uydu araçları, televizyon ve bilgisayar devreye girdi.

Bunlar arasında kitle iletişim araçları olarak bilinen; gazete, dergi, radyo, televizyon ve bilgisayar gibi yayın organlarının yerine göre hepsinin birbirinden farklı önem ve özellikleri vardır.

TANIM ÜZERİNE

Kesin bir tanımı olmayan **haber** için herkes bir tarif yapmıştır. Uzmanlar, **haber** kavramının tanımını yaparken, bir anlaşmaya varamamışlar; kimileri haberi tanımlamaya çalışmış, kimileri de haber değerini açıklamıştır.

Bu tanım ve değerlendirmeler:

* Haber, vukuu bulan her şeydir, vakıaların yayılması, daha doğrusu neticelerdir.

* Haber, insanlığı alakadar eden bütün yeni ve taze hareketlerin ifadesidir. En iyi haber en fazla miktarda okuyucuyu alakadar eden haberdir.

* Haber, halkın alaka göstereceği her şeydir. Ne kadar büyük bir alaka ve heyecan cezbederse kıymeti o kadar büyüktür.

* Haber, okuyucuların hakkında malumat edinmek istedikleri herhangi bir şeydir.

* Haber halka bağlıdır ve tamamıyle halkı nasıl alakadar edeceği noktasından mütaala edilmelidir.

* Haber, alakadar ettiği şahısların adedine göre kıymet alır.

* Haber, muayyen bir zamana ait hadiseleri vaktinde bildiren, muayyen adette eşhası alakadar eden ve kıymeti alakadar ettiği şahısların adedi ile orantılı olan şeydir.

* Haber, "lazım-ı gayri müfarık" (vazgeçilmesi mümkün olmayan gerek) tır.

* Haber, olmuş ya da olacak bir olay, bunlar üzerinde elde edilen, sahip olunan bilgi, çoğunluğun ilgileneceği bilgi veya bilgiler.

* Bugün öğrendiğimiz, dün bilmediğiniz her şey bir haberdir.

* Köpeğin insanı ısırması değil, insanın köpeği ısırması haberdir.

* Toplumda konuşulan her şey belirli ölçülerde haberdir.

* Haber, toplumu her konuda ilgilendiren; olay, fikir ve gelişmelerin zamanında, doğru, tarafsız ve objektif bir şekilde yansıtılmasıdır.

* Haber, vaktinde verilen, toplumda çok sayıda kişileri ilgilendiren ve etkileyen, kişilerin anlayabileceği herhangi bir olay, fikir ve kanaattir.

* Haber bir çeşit kamu görevidir. Onun gerçek bir kamu görevi sayılması ve devletin de bu görevin bilfiil ve kusursuzca örgütlenmesini sağlamak zorunluluğu vardır.

TRT'nin "**Habercilik İlkeleri**" nde ise;

* "*Bizler,* ***ilgi çekici*** *bir olayı, durumu, düşünce ya da kanıyı* ***doğru olarak zamanında*** *ve* ***anlaşılır*** *biçimde kitlelere duyuruz. Yaptığımız bu işin adı haber yayınıdır.*" deniliyor.

Yukarıda zaman açısından belli bir sıralama ile vermeye çalıştığım tanımlardan da anlaşılacağı üzere, sözkonusu tanımlar, kitle iletişim araçlarının gelişimi ile bir paralellik arz ediyor.

Bu tanımları güncel biraz daha açacak olursak, "*Gerçeğin yeniden kurulması olarak haber*" yorumunda Araştırmacı-Yazar **N. Nur Topçuoğlu**, şunlara dikkat çekiyor:

"*...'ilgi çekicilik', 'satılabilirlik', 'özetlenebilirlik', 'vaktin-*

delik' veya 'kodlanabilirlik' sürecin önemli unsurları olsa gerek.

Schwamm'ın tanımlamasında, haber ile gerçeklik arasında mesafeyi kavramada daha açıklayıcıdır. ***(Haber, olayın kendisi değildir, olaydan sonra algılanan bir olgudur. Olayla özdeş değil, fakat olayın esas çerçevesi içinde tekrar kurulmuş şeklidir.)***

Haberi, gerçeğin yeniden kurulması olarak düşündüğümüzde, iletişim sürecinin her aşamasında izlenen yol ve yönetimlerin sonucu olarak, gerçeğe ilişkin anlamın ne tür kırılmalara uğradığını anlayabiliriz. Olayın meydana gelişinden izleyici, okuyucu tarafından algılanmasına kadar geçen süre içinde, kendi içinde farklılaşan birçok belirleyici sayılabilir.

Şöyle ki;

-Haber alanın toplumsal olgu ve olaylar karşısındaki duyuşu,

-Haberi kaleme alanın kullandığı dil, üslup ve teknikler,

-Sayfa düzenleyicisinin habere verdiği öncelik, önemlilik, (yeni iletişim araçlarını da dahil ederek, yayın organının üzerinde etkisi olan kişi ya da kurumların nüfuzu)

-Aracın (gazete, dergi, radyo, televizyon vb.) dağıtım ve kullanımı,

-Alıcının (okuyucu, izleyici, dinleyici) haberi elde etme, okuma imkanları ile değerlendirme kapasitesi...

Bu belirleyiciler, olay-gözlem-yorum-yazım-kodlama-aktarma-sunum-çözümleme-kavrama şeklinde sıralanabilecek sürecin açımlanması oranında çoğaltılabilir."[155]

Gazeteci-Yazar ve İletişim Uzmanı Murat Zeytinli'nin bu konudaki görüşleri ise: "*Haber, genelde bir olaya, soruna veya ifade edilen bir fikre dayanmaktadır. Ancak, bunların habere dönüştürülmesi sırasında mutlaka bir özetleme, yeniden kurgulama sözkonusu olmakta ve haberin gerçekle ilişkisini belli ölçülerde kaplamaktadır. Çünkü haber konusu, muhabir (haberci) tarafından "hikaye edilmekte" dir. Bu hikaye edilme (haber yapma-Newsmaking) işleminde en önemli unsur, gazetecilerin haber konusunu*

155. N. Nur Topçuoğlu, a. g. e. , S. 49.

oluşturan gerçeği nasıl kurguladıkları ve yorumladıklarıdır. ***Haber gerçeğin kendisi değil, yeniden kurgulanmış özetidir.*** *Dolayısıyla da haberde gerçeğin payı değişkendir ve nelerin seçildiği ve konunun nasıl kurgulandığı konusu öne çıkmaktadır. Bilindiği gibi saatlerce süren çatışma, sel, toplantı vs. yazılı basına en fazla birkaç sütun ve fotoğraf, sözlü/görüntülü basına da haber bültenlerinin içine en fazla dakikaları ile ölçülebilecek sürelerde yansımaktadır.*"[156]

Özetle, medyada yansıyan **haber, *haber olarak seçilen konuların medya kurumlarında formatlanarak yazılı, sözlü, görüntülü mesajlar şeklinde tüketici olan okuyucu, izleyici ve dinleyiciye en seri biçimde ulaştırılan bilgidir.***

HABERLERİN OLUŞUMU VE İLETİMİ

Haber, vazgeçilmesi mümkün olmayan bir gerçektir. Zira haberi vazgeçilmez kılan, insanların öğrenme açlığıdır.

Haberciliğin dört temel ilkesi, **doğruluk, tazelik, ilgi çekicilik** ve **sadelik**'tir.

Basın ve yayın organlarında görüldüğü üzere, haber konusu, vuku bulan, olması beklenen ya da konuşulan herşeydir. Burada önemli olan, haber olabilecek konunun seçimidir. Yeni **ilgi, daha çok ilgi, en çok ilgi**'nin bulunmasıdır.

Gazeteci, haberci ya da bugünkü adlandırılmasıyla medya mensubu (muhabir, foto muhabiri, kameraman), en çok ilgiyi oluşturan konuyu tesbit etmeye, bulmaya, almaya çalışır. Sonra alınan bilgilerle haber konusuna ilk şekil verilir. Haber, gerekiyorsa ve elde mevcutsa fotoğraf ya da hareketli görüntüsüyle birlikte servise konulur.

Habercilikte, haberin başlığı metinden daha önemlidir. Başlığın temel amacı, haberin özetini vermek, habere çekicilik kazandırmak ve okuyucuyu haber metnini okumaya teşvik etmektir.

Haber, basın veya yayın kuruluşunun merkezinde çalışılıyor-

---

156. Murat Zeytinli, Yeni Türkiye, Sayı: 12, S. 1102.

sa, genel bir sıralama ile, ilgili serviste şef, servis müdürlüğü, redaksiyon, yazı işleri (TV ve ajanslarda iç haberler ya da merkez haberler müdürlüğü) ve sayfa sekreterliğinden geçerek montaj masası ya da yayın odasındaki yerini alır.

Haber, eğer merkez dışında veya taşrada hazırlanıyorsa, çalışıldığı yerden, bağlı olduğu büro ya da bölge müdürlüklerine ulaştırılır, buralarda belli sorumluların kontrol ve formatından geçerek basın ya da yayın kuruluşlarının Yurt Haberleri Müdürlüğü'ne servis yapılır ve burada da yukarıdaki sıralama takip edilir.

Haber kadrosu (muhabir, foto muhabiri, kameraman), televizyon ve radyoların canlı yayınları haricinde, çalışıp servise koyduğu haberi basın veya yayın organında ya hiç göremez, ya kısa bir süre sonra ekranda, radyoda veya yazılı yayın organının akşam baskısı ya da ertesi günkü gazetede haberini görür, izler. Haber, ya ufak tefek bazı değişikliklerle basın ve yayın organında yerini almıştır, ya çok değişmiştir ya da haberi yazan muhabir, takla attırılan haber konusunda çelişki yaşar. Yani derlenip toparlanan bilgiler pekçok kontrol ve değerlendirilmelerden sonra son şeklini alır.

Haberin başlığı, spotu ve piramidel biçimde açılımı ile gazete sayfalarında, televizyon ve radyo bültenlerinde aldığı yer ve sıralama ise basın ve yayın kuruluşlarının izlediği yayın politikalarına göre değerlendirilir.

Örneğin, Anadolu'daki bir üniversitenin1998-1999 öğretim yılının mezuniyet töreninde görev yapan 4 farklı basın-yayın kuruluşu muhabiri, kaba taslak nasıl bir haber yöntemi izler?

1- Ajans muhabiri, törende çok daha önemli bir hadise yaşanmamışsa, en yetkilili olarak konuşan (Bakan, Rektör veya Vali) kişilerin ya da mezun öğrencilerden konuşan birinin varsa çarpıcı ifadelerinden önemli kesitlerle haberi kurarak, o üniversitenin eğitim ve öğretimle ilgili genel yapısı, mezun olan öğrenciler vs. ve törendeki etkinliklerden bilgilerle haberini hazırlar.

2- TRT muhabiri haberinde, törenin yapılışını yeri ile birlikte verir, bir yetkiliden fazla sansasyonel olmayacak bir iki cümle aktarır, mezun olan öğrenci sayısını verir ve etkinliklerden kısaca bahseder.

3- Hürriyet veya Milliyet ya da Zaman veya Akit gazetelerinin muhabirleri, törende, gazetesine gidebilecek haber unsurlarını aramaya ve ön plana çıkarmaya çalışır. Misal, törende fakültesini birincilikle bitirmiş bir kız öğrencinin sahneye başörtülü ya da perukla çıkışına iki gruptaki muhabirler farklı perspektiflerden bakarlar. Çekilen fotoğraflar da aynı şekilde değerlendirilir.

4- Yerel basın muhabiri, haberinde töreni olduğu gibi yazar ya da bir iki cümle ona yeterlidir. Gazete, televizyon veya radyosunda da imkanlar dahilinde haber yerini alır.

Muhabir, üniversitenin, burada eğitim ve öğretim gören onbinlerce öğrencinin şehre getirisi, ertesi gün şehri terkedeceklerinden götürüsü üzerinde pek durmaz. Çünkü o, bu konuda yönderilmemiş ya da eğitilmemiştir. (istisnalar hariç)

HABER NASIL DEĞERLENDİRİLİYOR?

Tanımlardan yola çıktığımızda, aslında haberi tek tek çeşitlendirmek hemen hemen mümkün değil. Ancak yayın organlarında yer alan haber basındaki gelişmelerle birlikte mesleki açıdan yine de belli kategorilerde ele alınıyor.

Türkiye'de gazetenin ortaya çıkışından renkli baskıya imkan veren teknolojiye, radyo ve televizyon yayıncılığına gelinceye kadar, ülkedeki değişimler, yönetim, genel ve iç güvenlik, siyaset, dünyadaki önemli gelişmeler, spor, kısmen iktisadi ve magazin konuları haber olarak ağırlık teşkil ediyordu.

1970'li yıllarda renkli basım tekniğinin başlamasıyla birlikte magazin ve siyasi haberlerde daha bir yoğunluk izlenmektedir.

Daha sonraki yıllarda gelişen teknoloji gazetelere yeni yeni sayfalar ekletti. Sağlık, edebiyat, eğitim gibi bölümleri sütunlar halinde ilk kez 1976'da Cumhuriyet Gazetesi verdi.

1980'li yıllarda spor, kültür, sanat, karikatür, inceleme, araştırma, edebiyat, yazı dizisi, ekonomi, magazin, moda, televizyon ve yaşam adlarıyla sayfalar iyiden iyiye yerlerini aldı. (bkz. **TABLO - 3**)

TRT'nin renkli televizyona geçişi ve ardından özel radyo ve televizyonların da devreye girmesiyle haberlerdeki renklilik de kısa sürede kendini gösterdi.

Bu süreçte haberler bazı sınıflandırmalara tabii tutuluyordu. Haberlerin belli kategorilerde değerlendirilmesi gazete, televizyon ve radyolara göre değişebiliyor. Bununla birlikte genel olarak ulusal medyanın bugünkü haber ve yayın merkezlerinde genel olarak **merkez** veya **iç haberler, yurt haberler, dış haberler, ekonomi haberleri, spor haberleri** servisleri mevcuttur.

Bu ve benzeri servisler; **Merkez** ya da **İç Haberler'**de İstanbul, Ankara haberleri, **Yurt Haberler'**de taşradan gelen haberler, **Dış Haberler**'de dış haberler (genelde ajanslardan), **Ekonomi Servisi**'nde ekonomi haberleri, **Spor Servisi**'nde ise her tür spor haberleri değerlendirilmeye tabii tutuluyor.

Sözkonusu servislerde haberler ayrıca, **genel, güvenlik, politika, sanat-magazin, çalışma hayatı, polisiye, adliye, diplomasi, parlamento, eğitim, sağlık, kültür, edebiyat** vb. kategorilerde şekil buluyor.

GAZETE HABERCİLİĞİ

Ömrü 24 saat olan gazetenin en cazibeli, en önemli yeri, vitrini olan birinci sayfasıdır. Bu sayfa ana başlık (sürmanşet) ve diğer başlık, spot ve kısa ön bilgilerle gündem konularını teşhir eder.

Gündem, yurt içinde ya da okur için çok önemliyse dünyadaki herhangi bir gelişme ve olgudur.

Gündemdeki haber konuları ortaksa, gazeteler kendi açılarından farklı başlık ve yorumlarla değerlendirmeler yapar ya da her gazete, yayın politikası gereği farklı bir gündem oluşturmaya çalışır.

Örneğin, 2 Temmuz 1999 Cuma günü yayınlanan 11 gazetenin (alfabetik sırayla) birinci sayfalarındaki iri puntolu başlıklar şöyle:

Akit
ACELE KASET ARANIYOR
Vampir Savaş'a iade
Teröre müşfik, mazluma şahin

Akşam
ZİRVEDE YAŞ KRİZİ
Avrupa'ya Apo resti
Basketçilerimiz hakem kurbanı

Cumhuriyet
ÖCALAN KOZU
Kıbrıs için 5 koşul
IMF geleceğimizi teslim aldı

Hürriyet
MAKARNACI HAYALİ
Denktaş'a oğlu ile mesaj
Amerika'dan bakana Babuna faturası

Milliyet
İLİK DAVASI
Zamlar bunaltıyor
Podyumdan denize indi

Posta
KANIMIZ REHİN KALDI
Pişmanlık rafa kalktı
Asalım mı, besleyelim mi?

Radikal
DEVLET DE TARTIŞIYOR (Asmak mı daha iyidir, asmamak mı?)
Emekli yaşı indi
Sarıklı terör

Sabah

DOLARLAR GELİYOR (Hükümet, IMF...)

Bir cesur adam (Çalışma Bakanı Okuyan...)

Böyle tuza can kurban (İki ünlü sinema yıldızı el ele...)

Star

YILIN HABERİ (Apo'nun itiraf ifadeleri)

Bu acıya dayanılmaz (Üç kardeşin yanmaları...)

Star diyor ki

Türkiye

ELAZIĞ'DA HAİN PUSU (Terörist saldırısı 5 ölü)

Mehmetçik yolda (Kosova'ya...)

İşimize karışmayın (Öcalan'ı, ipten alma çabalarına Ecevit'ten cevap)

Zaman

BASKI YAPMAYIN (Avrupa'nın, Apo asılmasın yönündeki görüşü..)

İşçi ve işveren anlaşacak (Emeklilik yaşı).

6 yıl sonra Kosova'ya.

Bugünlerde teröristbaşı Öcalan'ın yargılanması, Avrupa'nın tutumu, devam eden terör, emeklilik yaşı tartışmaları, ülkenin içinde bulunduğu ekonomik sıkıntılar, lösemililer ve kan bağışlarıyla ilgili olarak da Dr. Babuna ve Kosova gibi konular ülke gündemini teşkil ediyordu.

Yukarıdaki alıntılarda da gürüldüğü gibi, ortak gündem maddesi olan konularda, özellikle milli konularda gazetelerin aynı açıdan bakışları sözkonusu. Bunun dışında bazı gazeteler sporu, bazıları magazini, bazıları da altını çizmeye çalıştıkları diğer konuları vitrine almış.

Gazetelerin sayfaları açıldığında ise, yurttan herhangi çok önemli bir haber (trafik kazası, terör, toplantı vs.) yoksa, İstanbul ya da Ankara'daki fotoğraflı siyasi ve magazin yoğunluktaki haberler arka sayfalara doğru devam eder. İstanbul, Ankara zaman

zaman İzmir ve diğer büyükşehirlerin dışındaki illerden haberlerde genelde Anadolu Ajansı ve diğer haber ajansları kaynak olarak ağırlıktadır.

Dış haberlerde de yine yabancı ajans ve basın organlarından çokça alıntılar çokça dikkat çeker. Ekonomi haberleri son yıllarda aynı adlı sayfalarda elzem bir şekilde yerini almaya devam ederken, spor haberlerinde futbol ağırlıkta ve buna bağlı olarak magazin türü konularla Türkiye Birinci Ligi'ndeki 4 büyük takımla ilgili haberlerin aynı yoğunlukta verilmesi ısrarla sürdürülüyor.

Gazete haberciliğinde günümüzde ayrıca "resimaltı haber" anlayışı giderek büyük bir önem kazanmaya devam ediyor. Kimi durumlarda bazı haberler sadece resimaltı haber olarak veriliyor. Ancak resimaltı haberler mutlaka bir başlık altında verilmeli, metin kısa, canlı ve ilgi çekici olmalıdır.

Yerel gazetelerdeki habercilik ise, bu konuda yerel basın ile ilgili daha önce belirtilen tesbitlerde olduğu gibi, haberciliğinin de şekil ve boyutlarını kendiliğinden ortaya koymaktadır.

Maddi imkânları iyi olan bazı gazeteler, bünyelerinde çalıştırdıkları bir iki muhabirle şehrin gündemine ilişkin haber oluşturmaya çalışır, renkli ya da siyah-beyaz fotoğraf desteğiyle de şehirdeki diğer olay ve gelişmeleri gazetesinde değerlendirir. Neşredildiği şehirde gündem belirleyebilen haber ve yazılarla yayın yapan bir mahalli gazetenin o şehirde oldukça iyi bir yeri ve saygınlığı vardır; bu gazete reklam da alır, bu gazete aynı zamanda satılır da. Muhabiri olmayan bir mahalli gazetenin yapacağı tek iş ise, diğer ulusal gazetelerden haber kupürü kesmek ve şehirle hiç alakası olmayan haber konularını neşretmektir.

RADYO VE TELEVİZYON HABERCİLİĞİ

Radyo ve televizyon haberciliğini ele alırken, öncelikle elektronik bu kitle iletişim araçlarında zamanın sıfıra indirilmiş olduğunun altını çizmek gerekir.

Haber, gazetede olduğu gibi, yayın organının baskı ve dağıtımını beklemez, anında dinleyicinin kulağında, izleyicinin gözü önündedir.

Canlı yayını katmazsak, muhabirler tarafından hazırlanan haberler genelde bülten şeklinde, yayın mekanındaki mikrofon başında olan sunucunun önünde ya da karşısındaki ekrandadır.

Haber vermek radyo ve televizyonun en önemli işlevlerinden birini teşkil eder. Hele hele görüntü ve sesi birlikte kullanıp zamanı yakından izleyerek haber verebilen televizyon, kitleler açısından bu gerekliliği büyük oranda karşılayabilecek bir güce sahiptir. Nitekim radyo ve televizyon kanalları günlük program akışı içerisinde haber bültenlerine yer vermekte, zaman zaman daha geniş haber programları hazırlamaktadırlar.

Haber bültenlerinde kullanılan özetler, gazetenin birinci sayfasında olduğu gibi burada radyo ve televizyon haberciliğinin vitrinini oluşturur. Çünkü özetlere bağlı olarak haber ya izlenir ya da izlenmez. Bu nedenle haberin ilginç bir biçimde, ancak habere ait bilgilerle donatılmış olarak hazırlanması gerekir.

Haber bültenlerinde yer alan haberin süresi ve bülten içindeki sırası da habere verilen değerle orantılıdır.

İçerik açısından ülkemizdeki radyo ve televizyon haberciliğini üç ayrı şekilde değerlendirmek mümkün. **TRT'nin radyo ve televizyon habercilik anlayışı-ulusal özel radyo ve televizyon haberciliği-yerel radyo ve televizyon haberciliği.**

Bir kamu kuruluşu olan TRT, yöneticilerinin hükümet atamasıyla gelmesi, siyasi tarafsızlığı konusunda bugüne kadar hep sürekli tartışmalara hedef olmuştur. Genelde muhalefette kalan siyasi partiler için TRT, özellikle habercilikte "hükümetin borazanıdır".

TRT, bir kamu kuruluşu olarak hükümet ve devletle ilgili bilgiler vermekle radyo ve televizyon yayıncılık görevini yerine getirmektedir. Bültenlerde çok daha önemli bir haber yoksa, haber sıralaması Cumhurbaşkanı ile başlar, Başbakan ve Bakanlarla (öncelikle kurumun bağlı olduğu bakanın faaliyetleri), diğer siyasi parti liderleri ve sözcüleri ile devam eder, ülkedeki diğer gelişmeler, toplantılar, konferanslar derken, ülke ve dünyadaki diğer gelişmeler kısa kısa duyurularla, ekonomi ve spor bültenlerine geçilerek hava durumu verilir.

TRT'nin Radyo-1, Türkiye geneli ve zaman zaman bölgesel yayınlarla bu türdeki haberleri birkaç ana haber ve saat başı yayınlarıyla dinleyicilerine duyurur. TRT-FM Radyosu'nda, "TRT FM'de Şimdi Haberler!" anonsu ile başlayan yayında bültenler birer ikişer cümlelik haberlerle kısaca verilir.

Ulusal radyo ve televizyonlarda ise, gündemdeki konular, radyolarda vurgulu ifadeler, televizyonlarda çarpıcı görüntülerin desteği ile dinleyici ve izleyicilyerin dikkatine sunulur.

Özel radyolarda haber bültenleri TRT-FM'deki gibi kısa cümlelerle ancak sansasyonel haber konuları seçilerek vurgulu bir biçimde sunulur.

Özel televizyonlar da sansasyonel habercilikten yanadır. Haberlerin içerikleri bu duruma uygun değilse en dikkat çekici hale getirilmekte, "...az sonra" fragmanları ya da alt yazıları ile heyecan doruğa çıkarılmaya çalışmakta, neredeyse haber yeniden yaratılmaktadır.

"Burada televizyon teknolojisi devreye girmektedir. Eldeki görüntülerden kurgulanarak yepyeni haber başlıkları ve içerikleri oluşturulmaktadır. Kurgu ile yaratılan haberler tamamiyle yoruma dayalı haberlerdir. "Habere yorum katılmamalıdır" ilkesi her haber bülteninde en az birkaç kez çiğnenilmektedir. ...Kimi zaman gazetedeki haberler televizyonlarda yayınlanmaktadır."[157]

"Dinamit", "Ateş Hattı", "Çarpraz Ateş", "Arena" gibi **adlarla** yayınlanan haber-yorum ve tartışma programlarında ise, program isimlerinden de anlaşılacağı üzere, özel televizyonların birbirleriyle ne tür bir yarış içinde olduğu açıkça izlenmektedir.

Ulusal televizyonun biri akşam haber bültenine özürlü bir şarkıcı bulup çıkartmıştır, ertesi günü rakip bir kanal hemen başka bir özürlü şarkıcıyı haber programına yetiştirir.

Bütün kaygı reyting meselesidir. Haberlerdeki sıralama ve süreye reklamcıların dahi rahatlıkla müdahale edebildiği belirtiliyor. En çok izlenebirlirlik elde edebilmek için yayın ilkeleri, top-

---

157. Dr. Serap Yazar Öztürk, Yeni Türkiye, Sayı: 12, S. 1098.

lumsal ve kültürel değerler pek çok kez hiçe sayılarak, bu meyanda haberler birbiri ardına sıralanıyor artık... Çünkü medyamızdaki magazin kavramında, hangi ünlünün ya da ünsüzün kiminle nerede, ne yaptığı anlayışı hakim. Bu manada yapılan haberlerde her biri bir sanat dalı olan müzik, tiyatro, sinema ve siyasetin de çılkı çıkmıştır. Magazin deyince akla eğlence ve sanat dünyasında vitrine çıkmış insanlarla ilgili haberler geliyor.

Özel televizyonlar 1990'da faaliyete geçmeye başladı, aradan bir yıl geçmedi haberlerde kendi anlayışlarındaki magazin türü hızla ön planda yerini aldı.

Özellikle televizyon haberleri günlük yaşantımıza yeni kahramanlar da katmaktadır. 1997-1998 yılını **Ali Kalkancı, Fadime Şahin, Emine Ersoy, Aczimendi Müslüm Gündüz**, Kumkapı cinayeti kahramanı **Zeynep Uludağ**'ın maceraları ile geçirdik. Şimdilerde kameralar Müslüm Gündüz'ün oğlunun peşinde. O günlerin cinayet zanlısı Zeynem Uludağ medyamız sayesinde ünlü ses sanatçısı (!) oldu, Emine Ersoy tekstilcilikten medya mensubu oldu.

Yine meşhur isimlerden **Selçuk Parsadan**'ı hapishaneden takip ediyor, **Gönül Yazar**'ın evlilikleri, **Ajda Pekkan**'ın estetik ameliyatları ile yayın hayatımızı sürdürüyoruz.

Adeta sömürülen çocuk şarkıcılarımız haber bültenlerimizden hiç eksik olmaz.

Hakan Ural ile **Sibel Can**'ın evliliklerini hep birlikte yaşadık, Hakan Ural'ı asker dönüşüne kadar sabırsızlıkla bekledik, ama onlar şimdi ayrıldılar. Gazeteler sayfa sayfa, ana haber bültenleri onların evlilik, ayrılma ve çocuklarının büyütülmesi maceraları ile dolu ve Sibel Can maceralı bir evlilik daha yaptı.

Ünlülerin aşk maceraları en kolay ve en çok üzerinde durulan haberler...

Galler Prensesi Diana'nın düğününden ölümüne kadar yaşadığı maceralar, en ciddi yayın organlarımızın ana haber bültenleri ve birinci sayfalarından hiç eksik olmadı.

Yine yüksek tirajdaki gazetelerimiz, fotomodel ve sunucu (!) Sevda Demirel'in erkeklere pazarlanışı[158] iddialarına ilişkin haberleri, kiminle, nerede, ne yaptığını hala haftası haftasına takip ediyor, gelişmeleri de birinci sayfalarından okuyucularına duyurmaya özen gösteriyorlar.

3 Temmuz 1999'da Posta Gazetesi'nin 1. sayfasından verilen fotoğraflı "Pencere Yalanı" haberinde, sanatçı (!) Hande Ataizi'nin saçmalıklarını diğer yazılı ve sözlü yayın organları ilk haberleri arasına koydular. Hande Ateizi Bodrum'da tuvaletin penceresine gerçekten çıkmış mı, çıkmamış mı? Hatta ulusal televizyonların haber ekipleri bile Bodrum'a gidip, pencereden geçmeye çalışarak, "Yok canım, buradan geçmek mümkün değil" iddiaları ile olayı yalanlamaya çalıştılar. Yaklaşık bir hafta süren bu olayda, Hande Ataizi sonunda Bodrum'a giderek pencereden yeniden geçti ve bazılarının ekranlarını morarttı. Diğerleri de kadını televizyonlarındaki çok özel programlarına konuk ederek, en kral takip edilir habercilik anlayışını bir kez daha teyit ettiler.

Aynı günlerde sessiz sedasız ard arda geçirilen benzin zamları birer ikişer cümle ile medyada geçiştirilirken, Ataizi'nin, yine o günler gündemde yer alan ve milyonlarca insanımızı can damarından ilgilendiren emeklilik yaşı tartışmaları ve SSK'nın durumu haberlerini renkli bir biçimde sollamıştı.

Ulusal televizyonlardan birinin ana haber bültenlerinde, "**...az sonra**", "**...az sonra**" çığlıklarıyla yaygara koparılan habere nihayet sıra gelmişti. *Bülent Ersoy sahnede tesbih çekmiş, bir dikişte de rakı kadehini boşaltmış ve bardağı yere atarak kırmış*. Haberin konusu bu kadar. Yaklaşık 8 dakika süreyle verilen bu haberde, aynı televizyonun ekranında çok sayıda kişinin ölümü ile sonuçlanan bir trafik kazası haberi altyazı olarak geçiyordu "...az sonra", "...az sonra" diye. Yani haber bizde de, onun sırasına hâlâ var. Kimsenin merak etmesine gerek yok gibi.

Kendi anlayışlarındaki magazine bu denli yönelen ve haber

---

158. Star Gazetesi, 14 Mayıs 1999.

kadrosu ile ustalaşan ulusal televizyonlarımız, öte yanda asıl haberciliğini neredeyse unutmuş gibiydi.

Ekim 1998'de Adana'dan kaçırılan uçağa hemen bütün televizyon ekipleri yetişmişti. Teknolojinin imkanları ile, operasyon esnasında, yolcuların hayatını da tehlikeye atarak operasyonu gerçekleştiren tim elemanlarından biri ile cep telefonundan ulaşıp bağlantı kurularak yapılan haber ile, "**işte yılın fotoğrafı**" diye sürmanşete çekilen (korsanın son bakışı) fotoğrafının çekim başarıları tartışılabilir.

Fotoğrafı manşetine çeken gazete, yine birinci sayfadan "**TV'lerde komedi**" diye televizyonlara yükleniyordu:

"-HAKAN AYGÜN (Star): Korsan, uçağa nereden binmiş?

-THY YETKİLİSİ: (Şaşkın) Nereden binebilir, tabii ki Adana'dan.

-REHA MUHTAR (SHOW): Korsan Lozan'da ne yapacakmış?

-THY YETKİLİSİ: Nasıl bilebilirim?

-Reha Muhtar'dan Emniyet Müdürü'ne: Rica ediyoruz, korsanı yakalayın kardeşim!

-Operasyondan hemen önce bir yolcunun cep telefonunu açan Özel Timciden NTV muhabirine: Artık burayı aramayın!

Ve aynı olayda, korsanın kim olduğuna ilişkin ihtiyatsız bir yaklaşımla ortaya atılan farklı isimler oldukça sıkıntılı anlar yaşattı.

Seyircilerle yapılan, televizyon haberleri değerlendirmesinde (*bkz. ANKET - 1*), televizyonda en çok izlenen programlar **haber programı** olarak karşımıza çıkıyor. Ankete katılanlardan 102 kişi haber ve haber programlarını kısmen inandırıcı bulurken, 83'ü inandırıcı bulmadağını ifade etmiş. 61 kişi TV haberlerini ve haber programlarını yeterli bulurken, 84 kişi yetersiz, 64 kişi abartılı bulmuş. Ankete katılan şahısların TV haberciliğindeki beklentileri ise; doğru, tarafsız, güvenilir, gerçekçi, abartısız, insan haklarına saygılı, magazinden ziyade toplumun gerçeklerini içeren sosyal ilişkilerin ağırlıkta olduğu eğitici, bilimsel ve taze haber anlayışı.

Ankete katılanlar, radyo haber ve haber programlarını daha inandırıcı bulmuş.

5-12 Haziran 1998 tarihleri arasında "**ulusal televizyonların ana haber bültenleri ile ilgili olarak yaptığım nicelik, nitelik ve genel bilgi analizleri**" ni de vererek konuyu özetlemeye çalışalım.

TABLO - A

ULUSAL TELEVİZYONLARIN
"ANA HABER BÜLTENLERİ"
NİCELİK BİLGİLERİ

TV ADI	*Toplam Süre (dk.)*	*En Uzun Haber Süresi*	*En Kısa Haber Süresi*	*Toplam Haber Sayısı*	*Toplam Fragman Sayısı*	*Toplam Reklam Sayısı*
ATV	45.00	4.00	0.45	21	1	-
KANAL 6	68.00	15.00	0.25	35	1	-
KANAL 7	32.30	4.30	1.00	15	-	1
KANAL D	43.00	3.30	0.35	23	1	-
NTV	46.30	5.00	0.30	19	2	2
STV	43.00	5.00	0.30	23	-	1
SHOW TV	75.00	14.00	2.00	21	-	-
STAR	65.00	4.30	1.00	28	-	-
TGRT	45.00	7.00	1.05	18	4	2
TRT 1	51.30	10.00	0.10	28	-	-

TABLO - A'da da görüldüğü gibi, 10 ulusal özel televizyon kanalının ana haber bültenlerindeki toplam süre ortalama **bir saat** civarında.

En uzun haber süresini 15 dakika ile **Kanal 6** almış, en kısa haber 10 saniye ile **TRT 1**'de olduğu saptanmış.

Toplam haber sayısında, 35 haber ile yine **Kanal 6** ilk sırayı alırken, 15 haberle **Kanal 7** sıralamada en sonda kalmış.

Haberlerde en çok fragman uygulayan **TGRT**.

Kanal 7, STV, Show TV, Star ve **TRT 1**'de bu tarihlerdeki ana haber bültenlerinde fragmana rastlanmamış.

Yine haber yayınında **Kanal 7, NTV, STV** ve **TGRT** televizyonlarının reklam yayınları dikkat çekiyor.

TABLO - B

ULUSAL TELEVİZYONLARIN *"ANA HABER BÜLTENLERİ"* NİTELİK BİLGİLERİ

ATV

	Terör Haber	Siyasi Haber	Güvenlik Haber	Magazin Haber	Eko. H.	Cumhurbaşkanı	T. Dış Haber	T. İç Haber
sayı	1	2	5	5	1	1	2	19
süre (dk.)	1.00	5.00	9.30	12.00	2.00	2.30	3.30	41.30
oran (%)	2.22	11.11	20.66	26.66	4.44	5.11	7.33	91.77

KANAL 6

sayı	1	7	6	1	3	1	3	32
süre (dk.)	1.30	12.20	9.40	0.30	22.45	1.00	1.40	66.20
oran (%)	1.91	17.94	13.82	0.44	33.01	1.47	2.05	97.35

KANAL 7

sayı	-	5	3	-	1	-	2	13
süre (dk.)	-	11.30	5.45	-	1.00	-	5.30	27.00
oran (%)	-	34.98	16.87	-	3.09	-	16.40	83.60

KANAL D

sayı	-	3	4	5	-	11	5	18
süre (dk.)	-	5.15	8.30	8.20	-	2.20	10.20	32.40
oran (%)	-	11.97	19.30	19.06	-	7.67	23.72	75.34

NTV

sayı	-	1	3	3	2	-	3	16
süre (dk.)	-	2.35	9.00	5.30	3.00	-	5.30	41.00
oran (%)	-	5.07	19.43	11.44	6.47	-	11.44	88.55

STV

sayı	2	3	7	3	-	1	4	19
süre (dk.)	3.20	6.30	13.15	2.30	-	5.20	9.00	34.00
oran (%)	7.44	14.65	30.58	5.34	-	12.09	20.93	79.06

SHOW

sayı	-	2	3	9	-	-	3	18
süre (dk.)	-	7.10	12.00	38.20	-	-	7.00	68.00
oran (%)	-	9.46	16.00	50.93	-	-	9.33	90.66

STAR

sayı	1	5	4	11	2	-	1	27
süre (dk.)	4.40	10.30	8.30	25.10	2.30	-	2.20	62.40
oran (%)	6.76	15.84	12.76	38.61	3.06	-	3.38	96.00

TGRT

sayı	3	3	3	2	1	-	3	15
süre (dk.)	10.15	6.00	9.30	5.30	1.00	-	10.40	34.20
oran (%)	22.55	13.33	20.66	11.77	2.22	-	23.11	76.00

TRT 1

sayı	2	2	3	1	1	4	5	23
süre (dk.)	3.30	3.30	5.30	2.30	1.00	24.10	3.30	48.00
oran (%)	6.43	6.43	10.33	4.48	1.94	46.97	6.43	93.56

TABLO - B'deki araştırmada; en çok terör haberi **TGRT**'de var. 3 terör haberinde kullanılan toplam süre 10 dakika 15 saniye.

Siyasi haber sayısındaki çokluk ve kullanılan süre uzunluğu **Kanal 6'**da, güvenlikle ilgili haber sayısı fazlalığı **STV**'de, süre uzunluğu **Show TV**'de fazla.

Magazin haberlerinde ilk sıraları toplam 11 haber ve 25 dakika 10 saniyelik süre ile **Star**, 9 haber ve 38 dakika 20 saniyelik süre ile **Show** televizyonları almış.

Bu çalışmada da görüldüğü gibi, özel televizyon bültenlerinde sayı ve süre uzunluğu açısından ilk sırayı magazin haberleri almaktadır. Ekonomi ve diğer haberler normal bir seyir ve sürede verilirken, ana haber bültenindeki toplam sürenin yüzde 46.97'sini Cumhurbaşkanı'na ait haberleri veren TRT 1 ayrıca dikkat çekiyor.

Televizyonlar arasında toplam 5 haber sayısı ile TRT 1, yer verdiği 10 dakika 40 saniyelik süre ile TGRT dış haberleri en çok kullanan televizyon kanalı olarak belirlenmiş.

TABLO - C
ULUSAL TELEVİZYONLARIN
"ANA HABER BÜLTENLERİ" GENEL BİLGİ ANALİZİ

TV ADI	*İLK 3 HABER KONUSU*	*SÜRE (dk.)*	*EN UZUN HABER*	*Süre (dk.)*	*EN KISA HABER*	*Süre (dk.)*
atv	- Yılmaz-Baykal görüşmesinin ardından Ecevit'in değerlendirmesi -Demirel'in seçim değerlendirmesi -Kalemli'yi zor günler bekliyor 4.00	4.00 2.30 1.00	-Zeki Triko Mayoları yine fethetti	4.35	-Kalemli'yi zor günler bekliyor	1.00
KANAL 6	-Dünya Kupası -İstanbul belediye işçileri eylemde -Memurlar sokaklarda...	0.30 2.30 1.30	-Türk Mimar Mühendisler Odası'nın "Ülke Yağmalanıyor" Raporu	15.10	-İstanbul'da başörtüsü eylemi	0.25
KANAL 7	-"Uluslararası Kadın Gazeteciler Basında Etik Sempozyumu" başlıyor -FP'li Yenidede'nin istifa olayı -FP Başkanlık Divan Toplantısı	1.00 4.15 2.05	-Kosova'ya askeri müdahale kaçınılmaz gözüküyor	4.35	-Filistin Kabinesi feshediliyor	1.05
KANAL D	-Akın Birdal'ı vurduğu iddia edilenler sorguda -Susurluk'un kilit ismi Şahin'e şartlı terfi -Pompalı tüfeklere sınırlama	3.30 2.10 1.30	-Cumhurbaşkanı Demirel ve erken seçim	3.35	-Trafik kazası. Gazeteci Turan'ın cenaze töreni	0.35
NTV	-Şanlı Urfa'da sel felaketi -MGK kararlarına ilişkin haber -Türban eylemi	1.10 5.10 2.00	-MGK kararlarına ilişkin haber	5.10	Hükümetin Hal Yasası Görüşleri	1.30
STV	-Cumhurbaşkanı Demirel'in kabulleri ve Kazakistan'a gidişi -Ulaştırma Şurası -Akın Birdal taburcu edildi	5.00 3.10 2.00	-Cumhurbaşkanı Demirel'in kabulleri ve Kazakistan'a gidişi	5.00	-İstanbul'da trafik kazaları	0.40

TABLO C (devam)

TV ADI	*İLK 3 HABER KONUSU*	*SÜRE (dk.)*	*EN UZUN HABER*	*Süre (dk.)*	*EN KISA HABER*	*Süre (dk.)*
SHOW TV	-Yeşilköy'de trende bomba -Recep Erdoğan takiyye yapıyor -Yeniyılda Başbakan kim olacak	5.15 4.05 3.00	-Hülya Avşar'ın tartışılan soruları	14.15	-Memura yüzde 25 zam...	1.45
STAR	-İstanbul'da gemi yangını -Kıbrıs'taki füzelere ilikni haber -Yılmaz-Baykal görüşmesinin ardından	4.35 2.00 3.35	-İstanbul'da gemi yangını	4.35	-Jeneratörle balık avlayanlar yakalandı	1.05
TGRT	-Rusya'da uçak kazası -Etopya'da çatışmalar -Bölücü örgüte darbe	2.30 6.35 1.15	-Akın Birdal taburcu edildi	7.10	-Bölücü örgüte darbe	1.15
TRT 1	-Cumhurbaşkanı Demirel'in kabulleri -Güneydoğu'da operasyon -İstanbul'da trene bomba koyanlar yakalandı	10.20 1.30 2.05	-Cumhurbaşkanı Demirel'in kabulleri	10.20	Başbakan Yılmaz, G. Cemiyeti. Başkanı Nazmi Bilgin'i kutladı	0.10

Tablo C'de verilen çalışmada ise ulusal televizyonların ana haber bültenlerinden ilk 3 haber ele alarak bir değerlendirmeye gidildi.

Tabloda görüldüğü gibi, **TRT 1** ve **STV**'de **Cumhurbaşkanı Demirel**'in kabulleri ilk haber olarak verilmiş, diğerlerinde konular siyasi, terör ve spor ağırlıkta olmak üzere çok çeşitli.

Batıda ülkelerindeki televizyonlara bakıldığında, orada haberin ciddi bir protokolü olduğu görülmektedir. Birinci haber bu, ikinci haber şu, üçüncü haber şudur diye. Neredeyse hepsinde aynıdır, birebir akış aynıdır. Aradaki fark, o haberi hangisinin nasıl verdiğidir. Türkiye'de ise tablodaki gibi karışıktır.

Yine tablodaki incelemede, **Kanal 6**'da sunulan 15 dakikayı aşan süreli "Türk Mimar Mühendisler Odası'nın (ülke yağmalanıyor)" konulu haberi ile **Show TV**'de yayınlanan "**Hülya Avşar'ın tartışılan**" soruları'na ilişkin 14 dakikayı aşan haberleri televizyonlarında en fazla süreyi almış.

En kısa süreli haber ise **TRT 1**'de 10 saniyeyi bulan "Başbakan Yılmaz'ın Gazeteciler Cemiyeti Başkanı **Nazmi Bilgin**'i kutlaması" na ilişkin haber.

Medyanın kendi sorunlarına ilişkin haberlere verdiği değer buradan da açıkça anlaşılmaktadır.

Anlaşılan o ki; "Özel televizyon kanalları haber verme işlevini yerine getirmelerinde aksaklıklar vardır. Verdikleri çoğu haber yorumlardan oluşmaktadır. Olayla ilgili bilgi yerine başka bilgiler verilmekte ve haber verme işlevi yerine getirilmemektedir. TRT'de televizyon haberciliği, televizyonun olanaklarına rağmen yapılmaktadır. Kurum olarak kabul edilen kurallara uygun olarak haber verme işlevi yerine getirilmektedir. Sonuç olarak olaya gerek kamu televizyounun gerek özel televizyonlar açısından bakıldığında, Türkiye'de bu iki uygulamanın da (televizyon haberciliği) başlığı altında haber verme işlevini yerine getirmedikleri ve kendi sistemleri içinde haber verdikleri söylenebilir."[159]

---

159. Dr. Serap Yazar Öztürk, Yeni Türkiye, Sayı: 12, S. 1098.

Mahalli radyolarımızın birçoğu müzik yayıncılığından fırsat bulundukça genelde gazete ya da ulusal radyo ve televizyonlardan yapılan alıntılı haberler birer ikişer cümlelerle spot şeklinde sunuluyor.

Yerel televizyonların haberlerinin de, yine genel olarak radyolardan pek farkı yok. Şehirde önemli birkaç haber yoksa, reklam alınan kuruluşların haberleri ilk sırada değerlendirilir. Habercilikte en yoğun çalışma dönemleri seçim arifeleridir.

Yerel yazılı ve sözlü yayın organlarının (istisnalar hariç) bu şekilde kalmalarında ulusal basınımızın da çok büyük sorumluluğu vardır.

Dünya'da pek çok gelişmiş ülkede bugün ulusal gazeteler, radyo ve televizyonlar haberlerinde bölgesel ve yerel haberciliğe yönelmeye büyük bir eğilim gösterdikleri halde, bizde bunun tam tersi yapılıyor. Mecvut bölge sayfaları kaldırılıyor, haber konuları Ankara ve İstanbul'dan ibaret şeklinde ısrarlı tutum hala devam ediyor.

Kütahya'da **Mehmet Yeşil** isimli bir vatandaş, konuyla ilgili olarak ilindeki mahalli bir gazeteye sitemli bir biçimde şöyle dert yanmış: "Türkiye genelinde satış yapan gazetelerin hemen hemen hepsinin şehrimizde haber yapan muhabirleri vardır. Bunları davetlerde, kokteyllerde zevahirden zatı muhteremleri toplantılarda görüyoruz. Ertesi gün gazeteleri açıp baktığımızda Kütahya'dan tek bir satır bulabilene aşkolsun. Bu politikada, sporda, magazinde, kültür haberlerinde de böyle. ...Yoksa bu basın kuruluşları Kütahya'yı kaale mi almıyorlar?"

Halbuki, eğer ulusal basın ve yayın organları bölgesel ve yerel haber konularına da imkanlar dahilinde, belli ölçülerde yer verirlerse, bu çalışmalar mahallinde yapılan basın ve yayın organlarınca da örnek alınacak, hatta ve hatta rekabete gidilecektir.

AJANS HABERCİLİĞİ...

Daha önceki bölümlerde ajansların anlatımında bu konuya nisbeten değinildi. Ama yine de vurgulamak gerekirse; katıksız haberciliğin yapıldığı yer ajanslardır. (malum ajansların yanlı haber servisleri hariç)

Gazeteciliğin en önemli yanı **Haber**, gazetecinin en hası **Muhabir**, en güç koşullarda çalışan, ama komple çalışan da **Ajans Muhabiri**'dir.[160]

Çünkü ajansta haberin doğruluğu için kıl, kırk yarılmak zorundadır. Haber yazılırken tarafsızlık ilkesinden kesinlikle taviz verilmemelidir.

Amerikalı yazar **Bernard Rochco** 'nun dediği gibi, "*Haberi diğer gazetecilik ürünlerinden ayıran en büyük özellik zamandır.*" sözünden hareketle, ajans muhabiri zamanla ve kendisiyle sürekli yarış içerisindedir. Bu işlev normal haber yazımında da aynı, fotoğrafta da aynı, görüntüde de aynı; böyle olmazsa bile behemahal böyle olmak zorundadır.

Gazetecilik haberciliktir, haberciliğin yapıldığı yerler de haber ajanslarıdır. Gazeteciliğin sınırsız, sonuna kadar yapılabileceği yer yine haber ajanslarıdır.

Ajans haberciliğinde kesinlikle yorum yapılmaz, öyle bir hak yoktur, haber çıplaktır, kim, nasıl giydirecekse giydirir...

HABERDE DİL...

Aslında dil sadece "**haber**" için değil, "**medya ve dil**" olarak başlı başına ele alınması gereken, çok önemli ve boyutlu bir konudur.

Çünkü medya dil sayesinde vardır. Dilin en yaygın kullanım alanlarından birisi ise basın ve yayın organlarıdır. Medyadaki mesaj, gereken ve belli ölçülerde biçim ve şekil alarak kullanılan dil aracılığı ile iletilir.

Ancak medya, dili nasıl kullanıyor ya da kullanmalıdır? Bunu mutlak ve şartlı bir çerçeveye oturtmak elbette mümkün değil. Buna mukabil Türkiye'de dilin bilinçsizce kullanımı, yabancı dil-

---

160. Hasan Yılmaer, Genç Gazeteciler Eğitim Semineri, Gazeteciler Cemiyeti Yayınları, 1986, S. 107.

lerden rastgele kelime ya da diğer ifade alıntıları, sokak dilinin sürekli gazete sayfalarına veya televizyon ekranları ve radyolara taşınması ana dile zarar verir.

Son derece hassas bu konuda bugüne kadar çok şey söylendi, yazıldı, çizildi ama ciddi bir tedbir alındığı pek söylenemez.

Feyza Hepçilingirler'in **Türkçe "Off"** bu anlamda son zamanlarda yapılmış en güzel çalışmalarından biri. Kitapta güzel bir üslupla sunulan tesbitler, medyanın Türk Dili'ni ne hale getirdiğini net bir şekilde ortaya koyuyor.

Hepçilingirler'in, önsözde belirttiği "*İki haftada bir, yeryüzünden bir dil eksiliyor.*" ifadesi aslında medyanın yaygın gücü ve dilin basın yayın organlarında bilinçsiz bir şekilde kullanılmasının etkisinden doğan sonuçtur.

Cumhuriyet'in ilk yıllarından 1980'li yıllara kadar büyük aşamalar kateden Türkçe'nin konuşma ve yazı dilinde önemli ölçülerde kelime ve kural kargaşaları yaşandı. Bu halen de devam etmektedir. 1980 öncesi sağ-sol arasındaki çatışmalar, dil kullanımında da açıkça görüldü. Derken, laf yine özel radyo ve televizyonlara geliyor; 1990'lı yıllarda kitle iletişimdeki bu araçlar yaygınlaşmaya başlayınca, dilde de sıkıntılar artmaya başladı. Türkçe'yi dil ve meslek kurallarına göre kullanmayan muhabir, spiker, diğer sunucu ve yayıncılar sokak dilini ekranlara taşıdılar. Bilinçsiz bir hayranlıkla pekçok yabancı kelime haber, program ve diğer yayın türlerine iyiden iyiye yerleşti.

Herşeyden önce televizyonlar, **Show, Inter Star, Flash, HBB** (eyç bi bibi/ha be be/haş bi bi) adlarıyla birlikte kendilerini kabul ettirdi.

Bunlar yetmedi, program adları (**Top Secret, Pop Stop, Top On, First Class, Magazin Forever...**) diye İnglizceleştirildi.

"Şimdilerde iş iyice çığrından çıktı. Artık İngilizce sözcükler kullanmak yetmiyor. (Türkiye'de **talk**amayan insanlara **talkshow** yaptırıldığı sürece ben **talk**abilen insanları...) 'Cem Özer' diye cümleler kuruluyor. Bu da yetmiyor; Türkçe-İngilizce karışımı sözler ve sözcükler oluşturuluyor.

'Herıld yani', şaka yollu, neredeyse sevimli bir başlangıç olarak kaldı. Açılan bu yoldan daha sonra neler geçti? **Dokunmatik** çamaşır makinalarını kimse yadırgamayınca, arkadan '**anti leke'** sistemi geldi, '**şaka-matik** 'geldi, '**eko-matik**' geldi.

'Güncel' yetmediği gibi '**aktüel**' de yetmedi, '**güncellektüel**' gibi yeni melezlemelere gidildi.....

İngilizce '**tele'** ile Fransızca '**vole**' yi birleştirip '**televole**' diye bir bir sözcük yapmak da, '**Dolce Vita**' filmindeki sosyete fotoğrafçısının adından gelen '**paparazzi**' ile '**spor**' sözcügünü evlendirip '**sporazzi**' diye bir sözcük yapmak da onların işi...

Kaliteden ödün üstüne ödün verilince, televizyon, gazete ve radyo haberciliği epey ucuzladı."[161]

Burada bir soru akla geliyor. Medya dili ne olmalıdır? Halkın dili mi, yoksa daha akademik bir dil mi olması gerekir?

Sedat Simavi vaktiyle gazete yöneticilerinden şunu istemiş: "Öyle bir gazete yapacaksınız ki, okuyan herkes anlayacak. Bir profesör de anlayacak, bir hamal da. Haberler sadece anlaşılır olmayacak, çok kısa ve özlü olacak. Örneğin, bir hamal sırtına yükü vurup onu taşıyacağı yere götürünceye kadar gazetenin baş sayfasını okuyup anlayacak."

Belki tuhaf gelebilir ama, **Simavi**'nin ortaya koyduğu bu mantık çerçevesinde yayımlanan pek çok gazete bu alanda hayli başarılar sağlamıştır. Gazete tirajları incelendiğinde, daha çok haberleri kısa , özlü ve anlaşılır olanlar tercih edilmektedir. Daha akademik, bilimsel ve uzun, anlaşılması zor dilin kullanıldığı gazetelerin tirajları düşüktür.[162]

Demek ki, basın ve yayıncılıkta amaç kitlelere ulaşmak, en çok okunur, izlenir, dinlenir olmaksa eğer, burada en önemli ilke anlaşılır olabilmektir. Öyleyse mesaj açık, yalın ve dolaysız olmalı.

Mesaj dil aracılığı ile iletildiğine göre, haber yayınındaki amaç dil şaklabanlığı yapmak ya da edebi harikalar yaratmak da

161. Feyza Hepçilingirler, Türkçe "Off", 1998, S. 46-49.
162. Oktay Pirim, Yeni Türkiye, Sayı: 12, S. 1416.

değil, dili bir araç olarak kullanıp olayı en açık ve anlaşılır biçimde sunmaktır.

Haber dili, orta kültürde bir okuyucu, dinleyici ve izleyiciye hitap etmelidir. Haber dili ne karmaşık ne de sıradan sokak dili olabilir. Ölçülü, anlaşılır ve düzeyli olunmak zorunluluğu vardır.

Bu konuda TRT'nin şık ilkesini tüm haberciler ilke edinmelidir: "Bizler dilde ne öncüyüz, ne de tutucu. Yaşayan dili izler ve kullanırız."

HABERDE FOTOĞRAF...

Gazetenin görsel malzemesi fotoğraf, okuru olay anına götürür. Ancak bu iletim zaman zaman şüphe taşır. Basında yer alan fotoğrafa her ne kadar "*o anki olgunun yansıması*" deniyorsa da, aslında fotoğraf 'resim' gibi bir görüntü değil, gerçekliğin bir yorumu ve izidir.

Hele hele bugünkü şartlarda, teknolojinin vardığı boyutlar itibariyle; montaj hilelerindeki hataları da tümüyle ortadan kaldıran **Photo Shop** gibi bilgisayar programlarının da devreye girmesiyle, "Tüfek icad oldu, mertlik bozuldu" deyimi ister istemez akla geliyor.

Göz, yasağa ve yasaya boyun eğmez. Görmek zorunda olduğunu arar, aramadığını görmek zorunda kalır.[163]

Güzel bir fotoğraf bin kelimeye bedeldir.

Bu gerçeklerden hareketle, başta fotoğrafı çekene, bu malzemeyi gazete sayfalarına taşıyan ve yerleştirenlere objektif olma konusunda ağır ve önemli sorumluluk yüklenmektedir.

Çünkü, subjektif bir çalışması olan göz,her ne kadar makina ile bir paralellik içinde düşünülürse de, burada ayrıcalık göstermektedir. Göz, olayı subjektif denetleyebilen bir beyin etkisinde bulunuyor. Makinanın objektifi ise, somut herhangi bir yorum yapmadan çekimi yapılan yalın görüntüyü yakalıyor. Tabii bu süreçte olayın başlangıcı, gelişim ve sonuç bölümlerindeki krtik anlar

---

163. Enis Batur, Şiir ve İdeoloji, 1979, S. 124.

önemlidir. Eldeki makina, gerekmiyorsa, bir makinalı tüfek gibi kullanılmamalıdır.

"Fotoğrafta duygu, heyecan, herhangi bir öykü mesaj, ancak insanın fotoğrafta katkısıyla gerçekleşebilmektedir. Bu gerçekleştirme, olayın çekimini yapan kişinin becerisi, kültürü, duygu ve yeteneklerinin bir araya gelmesiyle sonuç elde edilmektedir."[164]

Bunun haricinde, bir de olayın sonradan kurgulanarak mizansen fotoğraflanması var. Burada sorumlu kişi, ya fotoğrafa konu olacak fotoğraflık anı kaçırmıştır, olay yerinde yeniden düzenleme yaparak deklanşöre basar, ya da zahmetsiz görüntü ile olay (arşiv veya kurgu yöntemleriyle) resmedilir. Örneğin, 1982 Erzurum depreminden sonra mizansen çekilen bazı fotoğraflar "yılın fotoğraf" ödüllerine bile layık görüldüler. Yahut, siyasetteki liderlere tekrar tekrar el tutuşturmalar, yeniden plaket takdimleri gibi talep edilen pozlar...

Haber için çekilen fotoğraf nesnel ve yansız gerçeği yansıtıyor olsa bile daha sonraki gelişmede gazete sayfalarındaki yeri, çerçevesi, rengi, başlığı ve etrafındaki yazılarla birlikte sunumuyla değer kazanır.

Gazete içeriğinde yer alan herhangi mesaja bakılırsa bakılsın (veya okunsun) fondaki görüntünün, mesajın algılanması sırasında etkili olduğu inkar edilemez. Ayrıca fotoğraf, olağanı şok halinde algılamamızı sağlarken, olağandışı olanı da sıradanlaştırabilmektedir. Buna benzer etkiler fotoğrafın objesine yüklediği değerlere bağlı olarak değişebilmektedir.[165]

HABER FOTOĞRAF KONULARI

Televizyonların basın dünyasında yerini almasıyla, özellikle renkli televizyonların devreye girmesiyle yazılı basında bol fotoğraflı haber eğilimi arttı. Gazetelerin renkli baskıları ile televizyonlarla yarış içinde olduğu gelenek haline geldi.

---

164. Özdemir Gürsoy, Genç Gazeteciler Eğitim Semineri, Gazeteciler Cemiyeti Yayınları, 1986, S. 217.
165. N. Nur Topçuoğlu, a. g. e. , S. 102.

Basın fotoğraflarının bugün ağırlıklı olarak haberin yanısıra magazin, spor ve reklam konularına eğildiği görülmektedir.

Ulusal Günlük Gazetelerin Genel Bilgi Analizi'nin yer aldığı (bkz. **TABLO - 1**)'deki Birinci Grup Gazetelerde görüldüğü üzere;

Cumhuriyet Gazetesi haricindeki diğer gazetelerde kullanılan renkli fotoğraf sayısı, siyah-beyaz fotoğraf sayısını sollamış. **Cumhuriyet Gazetesi**'nde öteden beri zaten renkli fotoğraf tanıtım dışında pek yok.

Analizi yapılan gazeteler arasında en fazla fotoğraf **Sabah Gazetesi**'nde olduğu gözlendi. 32 sayfada kullanılan toplam 97 fotoğrafın 23'ü siyah-beyaz, 74'ü renkli, 74 renkli fotoğrafın da 21'i sporda yer almış. Daha sonraları Star Gazetesi bu yönüyle ilk sıraya oturdu.

Toplam 8 siyah-beyaz fotoğrafla **Cumhuriyet Gazetesi**, en az sayıda fotoğraf kullanmış, en fazla siyah-beyaz fotoğraf da (38) **Radikal Gazetesi**'nde olduğu belirlenmiş.

FOTOĞRAFTA KADIN...

Bu çalışmadan 6 yıl önce, yani 18 Ağustos 1992 yılında (özel televizyonların hızla yerini almaya çalıştığı bir dönemde) **Hürriyet Gazetesi**'nde içerik açısından yapılan başka bir analiz çalışmasında, tesbit edilen 95 fotoğraftan 18'inin konusunu politikacılar, 25'ini sporcular, 26'sını sanatçılar teşkil etmiş. Diğer fotoğrafların konularında ise kadın (erotik) ve cinayet (katil, maktul vb.) görüntülerin ağırlıkta olduğu tesbit edilmiş.

Araştırmayı yapan yazar **N. Nur Topçuoğlu**, şunları ekliyor:

"Sanat ve sanatçı adıyla da olsa çoğunlukla pornografik içerikli kadın fotoğrafının kullanımı farklı bir tanımlama zorunluluğu getirmektedir; o da kadın fotağrafının çoğunlukla erotik-pornografik duygulara seslendiği gerçeğidir. Aynı gazete nüshasının TV sayfasına baktığımızda görülüyor ki, öncelikle kadın fotoğrafı tercih edilmektedir. Ayrıca kullanılan kadın fotoğrafının genellikle erotik-pornografik özellikler taşıdığını görüyoruz.

Toplum sorunlarını konu alan haberlerin çoğunlukla politik içerikli olması bir anlamda politikacı fotoğrafının kullanılmasını da haklaştırıyor. Bunun dışında fotoğrafın iki temel konuda yoğunlaştığını görüyoruz. Birincisi cinsellik ekseninde kadın, moda, sanat, tüketim (reklam) konuları; ikincisi spor, televizyon sayfalarındaki eğlence unsurudur. Eğlence unsurunun cinselliği de içerdiği düşünülürse genel bir söylem olarak fotoğrafın, biyolojik benliğe yönelik hazlar oluşturduğu söylenebilir."[166]

Fotoğrafta kadın unsurunun bu anlamda kullanımının ilk kez İngiliz basınında ortaya çıktığı belirtiliyor.

1981 Gazetecilik İnceleme Ödülü alan **Nezih Demirkent**, "Sayfa Sayfa Gazetecilik" derslerinde bu olayı övgüyle anlatıyor.

"İngiliz basınını altüst eden ünlü Avusturalyalı gazeteci **Murdoch**, **SUN Gazetesi**'ni çıkarmaya başladığı günlerde bir araştırma yaptırmıştı. Kadının en güzel organı neresidir? diye. Sonuçta en seksi organının göğüsler olduğu anlaşılmış. Ve Mudroch, bir karara varmıştı. Her gün üçüncü sayfanın en iyi yerinde bir fotomodelin çıplak göğüslerini basacağız. Muhafazakar İngiliz basınında önce alay konusu olan, hafiflik diye karşı çıkılan bu girişim az sonra SUN'un giderek artan tirajı karşısında anlam kazanmaya başlamıştır. Arkasından bütün tabloid İngiliz gazeteleri, tiraj rekortmeni **Dail Mail** aynı yolu izlemişlerdi.

... Gazete yöneticileri, yıllar geçince tekrar bir araştırma yaptırmak ihtiyacını duymuşlar ve görmüşler ki, basılan fotoğraflar artık seksilik öğesini kaybetmiş. O halde kadınların başka güzelliklerini sergilemek gerekir. Şimdi bunu deniyorlar. Kadın göğsü yerine örneğin kadın kalçaları fotoğrafını basıyorlar.

...SUN'un yaptıklarını çılgınlık olarak görenler çıkacak ve hatta bizim bazı ünlü yazarlarımız buna kızacaklardır. Ancak gazetecilik insanla iç içe olabilmektir. Şu anda SUN'un İngiliz adalarının bir numaralı gazetesi olduğunu sözlerimize eklemeye bilmem gerek var mı?"[167]

---

166. N. Nur Topçuoğlu, a. g. e. , S. 103.
167. Nezih Demirkent, a. g. e. , S. 23-26.

Bugün Türk basınındaki pek çok gazetede görüldüğü gibi, SUN'dan alınan bu örnek SUN'dan daha ileri boyutlarda (magazin adına) uzun yıllardır kullanılmaktadır.

Öyle ki, sağlıkla ilgili bir kanser ya da böbrek haberi veriliyor, yanında haber metninin üç misli büyüklüğünde çıplak kadın fotoğrafı yer alıyor.

Örneğin, 12 Kasım 1997 **Posta Gazetesi**'nde, haberin başlığı "*Ülkemizde 35 bin böbrek hastası var*"; hemen yanındaki fotoğarafta ise, cinsel organları açıkça ortada dikkat çeken, elleriyle belini tutan çıplak bir kadın görüntüsü dikkatlere sunulmuş.

Aynı gazetede başka bir haber konusu "*Göğüs riskine karşı duyarsısız.*" Fotoğrafta bu kez, gayet sağlıklı görünümdeki göğüslerini elleriyle kapatmaya çalışan yine çıplak bir kadın görüntüsü cezbediyor.

Hülasa, Türk basınında fotoğrafın ilk kullanımı ile beraber müstehcen yayınların hızla yayıldığı bilinmektedir.[168]

SESLİ GÖRÜNTÜ...

Ses ve görüntünün bir arada kullanımı, yani televizyon... Fotoğraf, zaman içindeki çok kısa bir anın dondurulmasıdır. Televizyon ise olayı zaman akışı içinde gösterir. Televizyondaki çerçeve ve bakış açısı fotoğrafa göre daima geniş ve akıcıdır.

Yukarıda fotoğraf bölümünde verilen anlatılar bir bakıma kamera kullanımı için de geçerlidir. Görüntülü haberi kamera ile kaydeden kişi de, fotoğraf makinasını kullanan gibi olayı beyni ile subjektif yakalayabilir. Ya da çekimden sonraki kurgulama safhalarında gerçek farklı şekillerde sunulabilir. Burada ise haberi sunan muhabir veya spiker devreye girer. Bunların ses tonları ve vurgularıyla haberi aktarımı da ayrı bir önem taşır.

Ancak, görüntülü haberde "canlı yayın" dediğimiz olay yerinden anında aktarımda haberdeki subjektif değerlendirmeler maksimum düzeye iner.

168. N. Nur Topçuoğlu, a. g. e. , S. 104.

Görsel ve işitsel bir araç olan televizyonda olay yerinden yapılan anında yayınla, izleyici haberin tanığı durumuna gelir. Televizyon ayrıca, olayı farklı kameralarla farklı yönlerden bir bakış olarak sunma özelliğini ortaya koyar.

Göze ve kulağa yönelik habercilik, haberciliğin meslek oluşundan bu yana ortaya çıkan en önemli yeniliktir. Ayrıca, geniş bir izleyici sayısına sahip olan televizyon, eğitim düzeyi fark etmeksizin her kesimden insana da direk hitap eder.

Gazeteyle televizyon veya fotoğrafla televizyon görüntüsü arasında bir mukayese yapacak olursak, ikisinin de birbirinden farklı üstün özellikleri vardır.

Televizyonun verdiği görüntülü haberi anında izleme şansına sahipsiniz, fotoğraf ise en erken ya o günün akşamı veya ertesi gün gazetesinde yer alır. Ancak, "Bir doktorun hatasını toprak örter, bir gazetecinin hatası gazete sayfalarında yıllarca yer alır." deyiminden hareketle; televizyondaki görüntüyü (eğer tekrar edilmezse) bir kez izleyebilirsiniz, fotoğraf ise yayınlandığı yayın organında yıllarca kalır.

BASINA "SUS" GENELGELERİ...

Hemen her hükümet değişikliğinin ardından valiliklere, kaymakamlıklara, diğer kamu kurum ve kuruluşlara gönderilen genelgelerle, **657 Sayılı Devlet Memurları Kanunu**'nun ilgisi maddesince çalışanlar uyarılır. Bu bir bakıma "sus" genelgisidir.

Genelgede şu bilgilere değinilir: ''*Kamu görevlilerinin yetkisiz olarak televizyona programlarına çıkmaları ve devletin en ciddi konularında açıklamalar yapmaları, hatta teknik konularda dahi olsa bilgi vermeleri yanlış mütalaalara ve telafisi mümkün olmayacak zafiyetlere sebep olmaktadır. Bu bakımdan 657 sayılı yasanın ilgili maddesine riayet edilerek yetkisiz kişilerin basına bilgi ve demeç vermelerinin önlenmesi konusunda gereken hassasiyetin gösterilmesi, uymayanlar hakkında gerekli disiplin ve cezai işlemlerin yapılması gerekmektedir.*"

Bu genelge ile haklı olunan noktalar var. Ancak, bütün bilgi kaynaklarının önüne set çekmek de yanlış. Şöyle ki, bir trafik kazasının bilgilerini ya da hava raporunu dahi alamaz olduk.

Hiç unutmam; Bir kış günü, Doğu Anadolu Bölgesi'ndeki hava durumu için Meteoroloji Bölge Müdürlükleri'ni arıyordum. Sıra Bingöl'e gelmişti. Telefonla ulaştığım, Meteoroloji Müdürlüğü'ndeki yetkili, ''*Kardeş kusura bakma, Biz Devlet Memuruyuz. Yazılı olarak müracaat etmeniz gerekiyor.*" Gülerek telefonu kapattım. Tahmini en düşük hava sıcaklığı ve kar kalınlığı ile haberi yazdım.

Aynı durum bir keresinde de Kars'ta başıma geldi. Telefondaki şahıs benden yine yazılı müracaat isteyince. Üşenmedim, oturdum yazdım ve faksladım. Kars Meteoroloji Bölge Müdürlüğü'nden istediğim bilgilerin cevabını 08.11.1995 tarih ve B.02.1.DMİ.1.18.00.00/591 sayılı yazı ile bir hafta sonra postadan mektupla aldım. Delikanlı adamlardı. Sözlerinde durdular.

Aldığım yazıda ilginç bir tesbit daha var ki, evlere şenlik...

Ben Meteoroloji Bölge Müdürlüğü'nden uzun yıllar ortalamasını talep etmiştim. Onlar da, 1929'den 1970'e kadar Aralık ayının ortalama sıcaklığını -7.3 rakamla vermişler ve resmi yazıda şu notu da düşmüşler: "Bölge Müdürlüğümüzden istemiş olduğunuz son 10 yıllık veriler bulunmamaktadır. Bulunan değerler aşağıya çıkarılmıştır. ....bilgiler 0.312.359..... no'lu telefondan alabilirsiniz.

Bunları detaylı anlatmamdaki neden şu; Bu tür sıkıntılarla sadece Kars ya da Bingöl'de değil, hemen her yerde karşılaşıyoruz.

Normal bilgi ile, gizli-mahrem bilgi, beyanat, yorum ve demeci ayırt edemeyen devlet memuru da (efendim biz devlet memurları 657...) diyerek işin içinden çıkıyor. Ya da yukarıdaki komik durumlar ortaya zuhur ediyor. Bir tarafta kamu görevi yapan gazeteci, karşı tarafta yine kamu görevi yapan devlet memuru.

Muhabir, sıradan bir trafik kazası bilgileri için her seferinde Emniyet Müdürü'nü mü arayacak? Bütün trafik kazaları Susurluk'ta olmuyor ki...

Meteoroloji bilgisi ya da bütçeden geçmiş yatırımlarla ilgili olarak her defasında Vali'nin kapısı mı çalınmalı?

Burada bir özeleştiri de yapacak olursak; örneğin kamu yatırımları konusunda, yatırımcı daire amirine elbette ki "*Efendim, ödenekler bu yıl çok az. Bu konudaki görüşleriniz?*" diye bir soru yöneltemezsiniz. Yahut, 657'ye tabii bir memur, çalıştığı kurum veya işi ile ilgili konularda elbette yorum, beyanat, demeç ve gizli bilgi veremez. Ama bu devlet memuru, ikamet ettiği sokakta belediye hizmeti yoksa belediye hakkında konuşabilmeli, telefonu çalışmıyor, suyu akmıyor ya da aldığı ayakkabı iki günde yırtılıyorsa bu konudaki sıkıntılarını rahatlıkla dile getirebilmeli. Sus Genelgesi'nin bir yerlerinde bir sıkıntı olsa gerek.

Muhabir, haberi için ihtiyacı olan bilgiye bir şekilde ulaşıyor. Ulaşamazsa, o anda aklına gelen bilgilerle haberini oluşturuyor. Sonuçta da malum habercilik işlevi yaşanıyor.

YALAN-YANLIŞ-DÜZMECE-ABARTILI VE GÖNDERME HABERLER

Yasalara, cezalara, bütün tedbirlere ve müeyyidelere rağmen yalan, yanlış, düzmece, abartılı ve gönderme habercilikten bir türlü yakamızı kurtaramıyoruz.

Ya, adı "**bir kısım medya**" ya çıkan gruplar tarafından kasıtlı olarak hazırlanır bu tür haberler, ya bilgi eksikliğinden, ya kaynak yetersizliğinden, ya da bugünkü magazin anlayışını benimseyen aspar habercilerden oluşur...

Bazıları, bu şekildeki habercilik olayını adeta bir alışkanlık ya da gelenek haline getirmiş, bazıları da, yasalar yetersizse, "çamur at, izi kalsın!" işleviyle, çıkarları doğrultusunda amacına ulaşmaya çalışmaktadırlar.

27 Şubat 1997 tarihinde tirajı yüksek iki gazetenin manşetinde, "**Demirel'den Erbakan'a uyarı mektubu**" haberi, ertesi günkü diğer gazetelerde sürmanşet olarak bu kez "**Yalan...Yalan!**" diye yalanlandı.

5 Mart 1997 tarihinde **Sabah Gazetesi**'nde "*Ürperten Yemin*", **Milliyet Gazetesi**'nde "*Kur'an Kursu'nda ürküten yemin*", **Milliyet Gazetesi**'nde "*Ata'ya karşı yobaz yemini*" şeklinde duyurulan başka bir haber, ertesi günkü gazetelerde "*Ürperten yemin asılsız çıktı*" diye yetkililerce tekzip edildi.

Edremit'in Kadıköy Beldesi'nde yakalanan hırsızın ağaca bağlanıp sopayla dövülmesi haberi, Şubat 1997'de oldukça yankı uyandırmıştı. Vahşi Batı şeklinde değerlendirilen fotoğraflar ve olayın kahramanlarına da akşam ulusal televizyonların ana haber bültenlerinde oldukçe geniş yer verildi. İki gün sonra haberin düzmece olduğu ortaya çıktı.

Mart 1997'da ulusal özel bir televizyon kanalının akşam ana haber bülteninde, "*Muş'un Tekyol Köyü'nde çocukların çöplükten ekmek toplayarak karınlarını doyurdukları*"na ilişkin haber bir hayli dikkat çekti. Ancak televizyon kanalı bu kez zengin bir köye çarpmıştı. Yayınlanan haber sonucu yapılan açıklamalarda, 500 nüfuslu köye sadece tütünden yılda yaklaşık 40 milyar lira para girdiği vurgulanarak, çocukların şarkıcı türkücü yapılmak vaadiyle kandırılıp ekranlara çıkarıldığı, çöplükten ekmek toplama haberinin tamamen yalan ve asılsız olduğu belirtildi.

21 Mart 1997 tarihinde **Radikal Gazetesi**'nde iri puntolarla yer alan "*Taciz'den rating çıktı*" haberinde, **Kanal D**'de yayınlandığı gün izlenme rekorları kıran "**Söz Fato'da**" program konusunun para karşılığı düzmece olarak hazırlanmış olduğu idda edildi.

Sabah Gazetesi Yazarı **Hıncal Uluç**, asparagas haber üretmini hazmedemeyerek, ''Ünlülerin özel yaşamı haberdir, ama yalan haber, haber değildir. İnanılmaz derecede asparagas üretiyoruz. Bunun en yaygın örneği, falanca filancayla basıldı. Basıldı denen yere bakıyorsunuz, umuma açık bir yerdir. Zaten oraya giden resmim çekilsin diye gidiyor. Buradaki insanları basıldı diye vermek ayıptır. Bilgisayar teknolojisini kullanıp, masada oturan beş altı kişiyi temizleyip iki kişi bırakıp, baş başa yemek yediler deniyor.

Ben bunu bizzat yaşadım. Kulaktan dolma bilgi değil bu. Ünlü de olsanız benim özel yaşamın benim kapımda biter. O kapının içine rızasız girmek ahlaksızlıktır, suçtur."[169]

21 Ocak 1998 tarihinde **Sabah Gazetesi**'nde "*Ölümle burun buruna*" başlığı ile verilen haberde, Erzurum'un köylerinde grip ve kolera ile boğuşulduğu, çocukların ölümle pençeleştiği, 4 çocuğun öldüğü, Erzurum Valiliği'nin ise 81 köyden gelen acil anonslar doğrultusunda yardım etmeye çalıştığı iddia edildi. Erzurum'da görev yapan bizler sabahleyin bu haberi gazetede görünce, "Şimdi yandık. Uyuyor muyuz biz!" telaşı ile hemen telefonlara sarıldık. Ve sonuçta Erzurum Valisi **Ahmet Kayhan**, haberin tamamen gerçek dışı ve asılsız olduğunu açıklamasıyla rahatladık.

Üzülerek ifade etmeliyiz ki, bu tür örnekler oldukça çoktur Türk medyasında. Herhalde ya cezalar umursanmıyor, ya da cezalar yetersiz kalıyor.

Almanya'da 1997 yılında 17 asparagas haber yaptığı tesbit edilen Alman Gazeteci (!) **Michel Born**, 4 yıl hapse mahkum edildi. Yaptığı haberler ise; "*Uyuşturucu kaçakçıları haberinde, uyuşturucu diye şeker görüntülemiş*", "Yasadışı göçmen trafiği haberinde, yakından tanıdığı Lübnanlı bir aileyi oynatmış."[170]

Benzer şekilde düzmece haber yapan İngiltere'deki özel bir televizyon kanalına ise 1999 yılının ilk günlerinde 3 milyon 320 bin dolarlık ceza verildi. **Central Independent** adlı televizyon kanalı, 1996 yılında uyuşturucu kaçıran bir uyuşturucu çetesinin yakalandığı haberini yapmış, ancak daha sonra bu haberin düzmece, görüntüdeki uyuşturucu maddesinin ise toz şekeri olduğu ortaya çıkmış.[171]

Görüldüğü gibi, dış medyada halkı aldatmanın cezası trilyonlarla ölçülüyor, bizde birer ikişer günlük ekran karartma cezaları, maddi bazı tazminat davaları ile sorun çözülmeye çalışılıyor.

---

169. Zaman Gazetesi, 19 Haziran 1999.
170. Milliyet Gazetesi, 6 Şubat 1997.
171. Milliyet Gazetesi, 2 Ocak 1999.

Yazılı basınımızda yer alan bazı haberde ise pekçok konu dikkatlerden kaçıyor.

24 Eylül 1998 tarihli **Türkiye Gazetesi**'nde "*Guinnes'e Aday*" başlığı ile fotoğrafla verilen İslahiyeli Mehmet Geyik'in haberinde, Türkiye'nin en uzun boylu adamı olduğu, kaç numara ayakkabı giydiği, kaç kilogram ağırlığında geldiği yazıyor da, kaç santimetre boyunda olduğuna hiç değinilmemiş.

Yine aynı gazetenin 15 Kasım 1998 tarihli nüshasında, Erzurum'un Oltu ilçesinde suda boğulan ikiz kardeşlerin haberinde, kardeşlerden birinin yaşı 5, diğerinin yaşı 6 olarak verilmiş. Birkaç dakika arayla dünyaya gelen ikizler olur da, bir yıl arayla dünyaya gelen ikiz kardeşler duyulmamıştır doğrusu.

1 Mart 1997 tarihli **Radikal Gazetesi**'nde, "*Köyüne geri dönene 3 hindi*" başlığın altındaki haberde, Muş'ta köyüne geri dönen vatandaşlara Valilik tarafından 29 koyun, bir adet koç, 3 adet de hindi verilecekmiş. Haberi yazan ve servise koyanların, 29 koyun ve bir koç dururken, 3 hindiyi başlığa vermelerinin mantığını anlamış değilim.

BİR BAŞKADIR TAŞRA HABERLERİ

Bürosu olmayan basın ve yayın kuruluşlarının il ve ilçelerinde çeşitli mesleklerde çalışanlar ya da öğrenciler (*bkz. **TABLO - 2***) kaşeli, primli veya ücretsiz olarak çalıştırılırar.

Bunlar arasında muhabirliği eksiksiz yapmaya özen gösterenler görüldüğü gibi, bulunduğu yerdeki gelişmelerden, bağlı olduğu büroyu anında haberdar ederek en azından bir ön bilgi verenler ya da istihbaratı gerekli haber şeklinde kaleme alamayıp da haber için gerekli tüm bilgileri kendi tarz ve üslubuyla yorumlayarak haber metni oluşturan kişilere de rastlanmaktadır.

Bu kişiler fazlaca bir karşılık beklemeden ilindeki, ilçesindeki haber malzemesini çalıştığı büroya zamanında ulaştırır. Büroya gelen haber metni dil ve imladan yoksun, biraz komiktir ama 5-N ilkesi için gerekli bilgiler fazlasıyla mevcuttur.

Hepimizin kendince biraz ders alacağı düşüncesiyle, onlardan birkaç örneği (aynı yazım üslubuyla) buraya alıyorum.

Siyasileri Şikayet...

"Büyüyen, büyüdükçe de olgunlaşan büyük bir siyasi parti içinde küçülen zavallı bir ilçe başkanından, yani Otlukbeli DYP ilçe başkanından yazmak istiyorum.

05.03.1993 Cuma günü saat 14.30'da hükümet konağına gelen bu başkan, değişik kurumlarda çalışan beş altı memura önce kendisinin bir ilçe başkanı olduğunu ve ildeki bütün atamalara, yer değiştirmelere kendi ifadesiyle yetkili olduğunu anlatarak herkesin ayağını denk almasını istiyor. Ramazan bayramından sonra da kafasına takılan memurları Otlukbeli'nden süreceğini söylüyor. Bunlara sebep olarak da, memurların hükümet konağında ve dışarıda ilgi göstermeleri aslında bu memurlar Otlukbeli'nden gitmek için üste para vermek isteyen de olur. Adam sekiz ay kar altında görev yapacak yetmemiş, okuma yazması olmayan, heceleyerek okusa bile ancak bir gün sonra anlayabilen, daha kötüsü ve acısı, başkanı bulunduğu partiye 20 Ekim seçimlerinde başka bir siyasi partideki yakınlarının baskısıyla kendi reyini dahi vermeyen bir başkandan her gün tehdit almak ve sorunlarına hiç yok yerden bir yenisini eklemeye kimsenin hakkı yoktur. ve olmamalı bu çirkin olaya maruz kalan memur arkadaşlar durumu direk olarak bu siyasi kuruluşun en üst yetkililerine iletmek istediler fakat ben ....'nin muhabiri olarak arkadaşları dinledim ve sizlere yazmakta fayda olacağı düşüncesiyle konuya gerekli alakanın gösterilmesi dileğiyle saygılar sunarım. (tarih / isim / imza)"

tereteye (TRT) bilgi veriyoruz...

"Bayburt İl koordinasyon Kurulu Bayburt Valisi Erol Uğurlunun başkanlığında yapıldı.

Her zaman olduğu gibi koordinasyon kuruluna katılan yetkililer işi rakam okumakla geçirir, iki kurulun Bayburt yatırımları için sordukları sorular malesef geçmişte yapılan cek-cak lar ile devam etti. Yine her zaman olduğu gibi toplantıdaki yatırım isteklerini dile getiren belediye başkanlarının ve daire müdürlerinin çalışma listeleri hedefine ulaşamadı. Şişe suyuna devam denildi.

Öten yandan il koordinasyon kurulunda soru sorma yetkisi olmadığını belirten Vali Erol Uğurlu şöyle dedi: "Zaten basına ve **tereteye** bilgi veriyoruz derken basına sus, yetkililere serbestsiniz iması basınımızı üzmüştür.... isim / imza"

Tortum Tortum olalı...

"Esnaflar ve Sanatkarlar Odası Birliği tarafından ete yine zam yapıldı. Sığır kıyma 28.000 liradan 36.000 liraya, parça sığır 34.000 liradan 38.000 liraya...

Vatandaşlar artık et yemez duruma gelmiştir. Zengin olan devamlı et yemektedir. Fakirler de vitrindeki etleri seyredip duruyor. **Tortum Tortum olalı böyle zam görmemişti.** Fakir memleketimiz bunun yanında fakir de çok, kış ise 9 ay devam etmektedir. Yakacak yok yiyecek yok, yardım ise hiçbir yerden yapılmamaktadır. Halen de vatandaş gelecekten korkmaktadır.

Saygılarımla... (isim / imza)"

Doğacak hayvanlar yüklü...

"Tortum'da hayvan hırsızlığı moda haline geldi. Çalınan sığırların da bulunmadığı anlaşılmıştır. Dün ilçemizin Pehlivanlı köyü Tilkitepe mahallesinde H. Ali Osman Çelik'in evinin yanında bulunan ahıra bilinmeyen hırsızlar girerek, ahırında bulunan **yüklü,** doğacaklarına az müddet kalan iki adet yerli montofon ineğini çalarak kayıplara karışmışlardır. İnek sahibi Ali Osman Çelik ilk şikayetini Şenyurt Jandarma Karakoluna yapmış, jandarma tahkikatını yapıyor. 1995 yılından bugüne kadar dört sığır hırsızlığı meydana gelmiştir. Bunlardan ikisinin failleri yakalanmış diğerleri ise halen aranmaktadır.

Hayvan sahipleri ne yapacaklarını şaşırmışlar. acaba bizim de ahırımızdan sığırlarımızı çalıp götürecekler mi diye gece gündüz uykularını terk edip ahırlarının bekçiliğini yapmaktadırlar.

Saygılarımla... (isim / imza)"

Tahminen o da ölmüştür...

"18.07.1994 P.ertesi günü saat 15.30 sularında Erzurum'dan Oltu ilçesine gitmekte olan Nurullah Şimşek yönetimindeki 53 AT 531 plakalı minibüs Tortum Eğriler mevkiinde viraja sert girmesinden, önüne çıkan arabaya çarpmayayım diye 300 metre yükseklikten uçarak dereye düşmüştür. Kendisi arabadan atlayıp, ağır yaralı olarak Erzurum Numune Hastanesine sevk edildi. Minibüsün içerisinde bulunan Oltu doğumlu Torun oğlu 35 yaşlarında bulunan Şerafettin AKYOL olay yerinde ölmüştür. 300 metre yükseklikten uçan minibüsün içerisinde ceset çıkarıldı. Araba deredeki suyun içerisine gömülmüştür. Arabanın en ufak parçası dahi kalmamıştır. Araba param parça olmuştur.

Şöför de ağır yaralı komada hastaneye gitti amma ondan ümit kesildi. Tahminen o da ölmüştür.

Arabanın içerisinde bulunan Şerafettin AKYOL'un cesedini ancak bir gün sonra tanıdılar, sahipleri gelip Oltu ilçesine götürdüler.

Saygılarımla... (isim / imza)"

Yalnız sağ ayağı kırılmış..

"Avrupa'dan emekli işçi S. Zeki ÖZER dün Tortum'dan Erzurum'a giderken Tortumun Eğriler mevkiinde virajı alamayarak 30-40 metre yükseklikten 25 DK 107 nolu RENO taksisi ile dereye uçtu. 5-6 saat derede kalan S. Zeki ÖZER vatandaşların yardımıyla dereden çıkarılmış. O yükseklikten taksiyle uçan şahsın yalnız sağ ayağı kırılmıştır. Adı geçen şahıs Erzurum Araştırma Hastanesinde tedavi altına alındı. Büyük bir mucize eseri, taksi hurdahaş olmuş da içerisinde bulunan şoförün bir sağ ayağı kırılmıştır. Bundan sağ kurtulmak mucizedir. Allah'ın hikmeti.

Görenlerin dikkatini çekmiştir. Burdan uçan takside sağ adam olur mu diye hep hayretler içerisinde kalındı.

Saygılarımla... (isim / imza)"

II - MEDYA ÇALIŞANLARI VE HABERCİLER

Yazılı ve sözlü yayın organlarında görev yapan, haberin hazırlanışından sunumuna kadarki hemen her safhada emeği olan kişilerin hepsi medya çalışanıdır. Bunların kendi aralarında bir tasnifi vardır. Habercidir, teknisyendir, kalifiye elemandır ya da genel hizmetlerde görevlidir.

Ancak, bugün sektörde çalışan hemen herkes (*muhabir - foto muhabiri - kameraman - köşe yazarı - gazeteye sürekli veya arada sırada bir yazı yazan, radyo veya televizyona program yapan doktor, avukat, mühendis, sinema ve tiyatro oyuncuları, sporcu kişiler - yazı işleri veya diğer haber program servislerinde çalışan sorumlu ve sorumsuz şahıslar - matbaa ve stüdyoda çalışanlar - gazeteyi dağıtanlar - gazete, dergi, radyo ve televizyon sahipleri...*) kendilerini gazeteci bilmekte, öyle görmekte veya öyle takdim etmektedir.

Bu durumda asıl gazeteci kimdir? Kim olmalıdır? Görev ve sorumlulukları nelerdir? Çalışma ve örgütlenme koşulları ne durumdadır?

GAZETECİ KİMDİR?

Soruya cevap ararken; herşeyden önce, "Gazeteci, gazeteye yazı yazan adamdır" tanımının çok eskidiği ve bu ifadenin artık muğlak kaldığını kabul etmek lazım.

Burada bir hatırlatma daha gerekir ki; Gazetede çalışandan, yazılı basından ortaya çıkan **gazeteci** ve **basın mensubu** kimliği, elektronik yayıncılığın inkişafına rağmen geçerliliğini hala koruyor. Bugün radyo ve televizyon haberciliği vardır ve bu iletişimde çalışanlar da **gazeteci**, **basın mensubu** diye tanımlanır. Sektöre bir çatı gibi oturan **medya** terimi ise, çalışanını da şimdilerde **medya mensubu** olarak nitelendirmede ve bu tanımlama yavaş yavaş yerine oturmaktadır.

Figaro Gazetesi'nin eski muhabirlerinden **Georges Bourdo**, vaktiyle ülkesinde gazetecileri şu şekilde gruplandırmış:

1- **Profesörler:** Kâşif, filozof, doktor, rizaziyeci, pedagok, mimar hulâsa her türlü ilim ve fen adamları. Bunların halka söyleyecekleri şeyler vardır. Gazete fikir katarıdır ve bunların fikirlerini de taşımakla mükelleftir.

2- **Siyaset adamları:** Demokratik memleketlerde partiler arasında devamlı siyasi tartışmalar olur. Siyasi polemik yapılır ve gazete sütunlarında birçok siyaset adamları kendilerini gösterirler.

3- **Fırsat düşkünleri:** Basının vazifelerini hiçe sayan, gazeteleri sırf kendi şahsi menfaatleri, iktisadi menfaatleri uğruna kullanmak isteyen veya kullanan adamlar. Şantajcılar da bu sınıfa dahildirler. Tiyatro tenkidinden, piyasa ve borsa haberlerine kadar herşeyi maksaktla ve hakikati tahrif ederek yazarlar. Bunlar gazetecilik şerefini, prestijini baltalayan basın cahilleridir.

4- **Amatörler:** Bu tabaka oldukça geniş bir topluluk teşkil etmektedir. Amatörler ya kendi gururlarını tatmin için yahut da şöhret hırsı uğrunda meslekte bedava çalışırlar. Yalnız bir yazı altında imzasının çıktığını görmek için haftalarca beş para almadan çalışan, hatta isteseniz belki de üste para verecek adamlar vardır. Bu amatörler, dizgi ve baskı için kucak dolusu para verip de yalnız yazı için para vermeyi çok gören gazete sahipleri tarafından kullanılmaktadırlar. Amatör, gazetecilik mesleğinin değişmesi lazım gelen bir çıbanıdır.

5- **Hakiki gazeteciler:** Fransız gazetecisi ne profesöre, ne siyaset adamlarına, ne fırsat düşkünlerine, ne de amatörlere gazeteci demektedir, bunları mesleğin dışında tutmaktadır.

Yıllar önce Fransa'daki gazeteciler için yapılan tanımlar, bugün Türkiye'de malesef herhangi bir tasnif yapılmadan geçerliliğini korumaktadır.

Merhum gazeteci **Cevat Fehmi Başkut**'un tarifine göre **gazeteci**; *yalnız gazetecilikle meşgul olan, uyanık bulunduğu her dakikasını bu mesleğe hasreden, yalnız bu meslek sayesinde geçinen ve yaşayan adamdır. Gazetecilik, avukatlık, doktorluk, mimarlık,* *mühendislik gibi bir meslektir. İhtisas ister. Geçici olmaz. Sabahleyin avukatlık yapıp, öğleden sonra hususi ders veren ve akşam idarehanesine koşana gazeteci denmez.*

Halka göre gazeteci; her yere serbestçe girip çıkan, tiyatrolarda parasız koltuk bulan, otobüslerde, trenlerde, vapurlarda, uçaklarda bedava ya da yarı yarıya ücretle seyahat edebilen, herşeyi bilen, her istediğini yazan, söyleyen ve yaptıran fevkalâde bir insan.

Gazeteci, olayları, haberleri veya vermek istediği mesajları, elindeki kalemi ile geniş vatandaş kitlesine ulaştıran kişidir.

Gazeteci, halkın eli, ayağı, kulağı, dili ve gözüdür. Gazetecinin görevi, gördüklerini, işittiklerini ve doğruluğuna inandığını yazarak kamuoyuna aksettirmektir.

Uluslararası Çalışma Örgütü'ne göre, mesleğin tanımlaması oldukça zordur. Nitekim örgütün "Gazetecilik Mesleği" isimli kitabında bu konuda çeşitli ülkelerdeki yaklaşımlar anlatılarak aynen şöyle denilmektedir:

"Gazeteci terimi sık sık çok geniş anlamda kullanılır ve arada sırada veya nadiren gazetelere katkıda bulunanları da (yazı verenleri) içerir. Asıl işleri dışında ücretli veya ücretsiz, geçici olarak makale veren yazarlar, üniversite öğretim üyeleri veya politikacılar için kullanılmayacağı açıktır. Fakat daha belirsiz durumlar da vardır. Örneğin, bir gazetenin, asıl geliri bir diğer kaynaktan olan yerel muhabiri, gazeteden para alsa dahi, gazeteci sayılmayacak mıdır?

İstihdam ve çalışma koşulları sözkonusu olduğunda, faaliyet türü hakkında daha kesin bir fikre sahip olmak gerekir. Yasa koyucuların ve mesleki kuruluşların tanımlar formüle etmelerinin nedeni budur.

Arjantin'de profesyonel gazetecilere ilişkin yasalar gazeteci ünvanını, günlük veya süreli yayınlarda ve haber ajanslarında, verilen işleri ücret karşılığında yapan kişilere tanımaktadır.

Belçika'da akredite gazeteci olmak için şunlar gereklidir: En az 21 yaşında olmak, ceza yasasının bazı maddeleri uyarınca haklardan yoksun kılınmamış bulunmak, gazetecilik mesleğini en az iki yıl asıl veya yan uğraş olarak yapmak, herhangi bir ticari faaliyette ve özellikle reklamcılıkla ilgili bir faaliyette bulunmamak.

Fransa'da, başlıca işi, düzenli olarak ve ücret karşılığında bir günlük gazete veya süreli yayında çalışan ve geçimini büyük ölçüde bu işten sağlayan profesyonel gazetecidir. Muhabir, belli bir ücret aldığı ve yukarıda belirtilen koşulları taşıdığı taktirde profesyonel bir gazetecidir. Profesyonel gazetecilere, yazı işleri ile doğrudan bağlantılı işlerde istihdam edilenler, yani çeviriciler, stenograflar, editör yardımcıları, karikatüristler, gazete fotoğrafçıları da (reklam ajansları ve yalnızca arada sırada işbirliği yapanlar hariç...) dahildir."[172]

Gazeteciler, bazı **Afrika** ülkelerinde memur statüsündedirler. Gazetelerde görev almak isteyenlerin, bu tür işlere girmede öngörülen koşulları taşımaları gerekiyor.

İngiltere'de taşra basınının ulusal sözleşmesinin önsözünde şöyle denilmektedir: "Endüstriye alınan eleman sayısı, endüstrinin ihtiyaçlarına her zaman için uygun olmalı, yenilerinin eğitimine zarar vermeyecek veya ihtiyaç fazlasına yol açmayacak oranlarda olmalıdır.[173]

Uluslararası Gazeteciler Federasyonu'na göre ise: Gazeteci, gazetelerde ve süreli yayınlarda yayınlanmak veya radyo ve televizyondan yayınlanmak üzere güncel olayları ve haberleri toplayan, veren ve yorumlayan kişidir.

Türkiye'de de devletin bir kimseyi gazeteci sayıp saymadığını belirlemek için 5680 Sayılı "**Basın Kanunu**"nun, 5953 Sayılı "**Basın Mesleğinde Çalışanlarla Çalıştıranlar Arasındaki Münasebetlerin Tanzimi Hakkında Kanun**"un ve "**Basın Kartları Yönetmeliği**"nin koyduğu ölçülerden yararlanmak zorunluluğu vardır.

172. Oktay Ekşi, Basın Konseyi Yayınları: 9, S. 3.
173. İsa Kayacan, a. g. e. , S. 17.

Bu üç kaynakta gazeteciye bakış açısının birbirinden çok farklı olduğuna işaret eden **Basın Konseyi Başkanı Oktay Ekşi**, şu konulara dikkat çekiyor: "Nitekim 5680 Sayılı Kanunun 'gazete sahibi, sorumlu müdür ve muhabir' sıfatını almasına izin vermediği bir kimse üstelik fiilen gazetecilik yapmıyor olsa da, (örneğin bir bakanlığın basın müşavirliğinde memur sıfatıyla çalıştığı yahut sendikanın yönetim kurulu tarafından kendisine basın kartı verilmesi talep edildiği için) basın kartı alabilir. Böylece kendisinin 'gazeteci' olduğunu her yerde savunabilir.

Keza '*gazeteci*' lik sıfatı sadece '*gazete sahibi, sorumlu müdür veya muhabirlere* mahsus olmadığı için Basın Kanunu'nun dışladığı bir kimse, bu mesleğin başka bir dalında çalışarak (yazı yazarak, karikatür çizerek) kendisinin gazeteci olduğunu ispat edebilir.

Öte yandan 5953 sayılı yasanın 13. maddesi '*Gazeteci işverenle yaptığı mukavelede aksi zikredilmediği taktirde, dışarıda, basınla alakası olsun veya olmasın, başka iş tutmakta serbesttir.*' dediğine göre, bir kimsenin '*gazeteci*' sayılması için 'geçimini münhasıran bu işten sağlaması' koşulunu Yasa Koyucu '*vazgeçilemez bir husus*' olarak görmemektedir..

Kimine göre de bir insanın gazeteci sayılması, ancak onun sarı basın kartı almasıyla mümkündür."[174]

Sarı basın kartları mevzuatını ve sorunlarını, ilerleyen bölümlerde göreceğiz.

Gazeteci Habercidir...

Yukardaki karmaşık tanımlardan sıyrılıp da, "**gazeteci habercidir**" diye bir değerlendirme fazla iddialı bir yaklaşım sayılmaz herhalde.

Çünkü, haber olabilecek konuları belirleyip, gerekli bilgileri elde ettikten sonra yazılı, sözlü ve görüntülü olarak ona ilk formatı veren, düzenleyen, servise koyan ve sunan, sunum esnasında da haberden haber işleyen kişi muhabir, foto muhabiri, kameraman,

174. Oktay Ekşi, a. g. e. , S.5.

köşe yazarı, spiker (ancohrman), hülasa haberle bizzat ilgili herkestir.

Bunlar **gazeteci**dir, **basın mensubu** ya da **medya mensubu** diye hitap edilenlerdir.

Ve gazeteci bir hak sahibidir. Yasalar, yönetmelikler ve meslek ilkeleri çerçevesinde bu hakkı kullanır.

Gazeteci, toplumdan aldığı bilgileri kendi dağarcığındaki ve hazinesindeki bilgilerle yoğurarak tekrar topluma aktarmakta ve toplumda o bilginin daha da yaygınlaşmasını sağlamaktadır. **Prof. Dr. Çetin Özek**'in ifadesiyle: "*Gazeteci, haberleri, bilgileri, yorumları aktarırken, toplumu bilgilendirmektedir; 'bilgilendirme hakkı'nı kullanmaktadır.*"[175]

MUHABİR

Muhabir, yazılı ve elektronik gazetecilikte mekanizmaya ilk devinimi veren ve bu işlevin yürümesini sağlayan, mekanizmanın çekirdeğindeki insandır.

Haber kaynakları ile yüz yüze gelir, olayları izler, neyin haber taşıdığına, neyin taşımadığına ilk kararı da ,şekli de o verir. Bu tercihlerin belirlenmesinde mesleki deneyimler ve bağlı bulunulan yayın kuruluşlarının çıkar ölçüleri önemli rol oynamaktadır.

Muhabirler, Türkiye'de basın ordusunun rütbesiz askeridir...

Haber almanın gücü muhabirle başlar muhabirle biter. Muhabiri zayıf gazetelerin başarıya ulaşması mümkün değildir. Onun içindir ki, bizim meslekte muhabirlik en önemli görevdir.

Muhabirliğin yüzyıldan evvel tarihi belirlenememiştir. Ancak 18. yüzyıldan itibaren yayın organlarının muhabirlere büyük önem vermeye başladıkları bilinmektedir. Son yıllarda ise yeni gazetecilik akımı haber ögesi ile daha gelişmiştir. Artık, aklına geleni kaleme alan yazarlar, okur tarafından izlenmemektedir. Buna karşın haber veren yazılar ilgiyle okunmaktadır.

---

175. Prof. Dr. Köksal Bayraktar, Yerel Basın Eğitim Seminerleri Dizisi:1, Konrad-Adenauer Vakfı, İstanbul, 1997, S. 69.

Muhabir olmak bir yapı meselesidir. Duymak, hissetmek, yaşamak işidir. Muhabirlik bir coşku işidir. Gazeteyi onlar yaparlar, onlar renklendirirler. Okur ile bağlantı muhabir aracılığıyla kurulur. Çünkü olayın içinde var olan kişilerdir. Üstelik inandırıcı olmak zorundadırlar.

Onun içindir ki yaralanır, dayak yerler, horlanırlar. Kapalı odalar içine sığamazlar. Bazen bir polis copu altından kaçarlar, bazen en yakın dostlarını kırmak zorunda kalırlar.

Ve gazetelerin güçleri muhabirlerin başarılarıyla orantılıdır. Büyük yazarlara sahip olan gazetelerin belirli okuru vardır, büyük muhabirleri olan gazetelerin okur sayısı sınırsızdır.[176]

Muhabirlik, gazetecilik mesleğinin ilk ya da son basamağıdır.

FOTO MUHABİRİ

Muhabirlikte olduğu gibi, foto muhabiri de gazetecilik mekanizmasının görüntü çekirdeğini teşkil eder. Haber olarak sunulacak konuları elindeki makinaya toplama mahareti göstererek, bunları yayın organlarına aktaran kişidir. Bir anlamda "görüntü avcısıdır."

Foto muhabirliği, profesyonel çalışma gerektirir. Çağımızda fotoğrafçılığın özünde gerçekçilik esastır. Gerçekleri en belirgin şekilde objektifle yakalayıp, fotoğrafta yansıtmak gereklidir. Fotoğraf, bakıldığı zaman bir anlam ifade etmeli; ne amaçla çekildiği, olayın nerede geçtiği ve nasıl oluştuğu konusunda açık bilgi vermelidir.

Bir foto muhabiri, olayları ve olayla ilgili kişileri resimlerken, yansız, objektif olmalıdır. Bu, temel kuraldır. Foto muhabiri, çektiği fotoğrafa estetik anlayışı çerçevesinde kendi yorumunu katabilir, ancak olayın özünü zedelememek şartıyla...

Foto muhabirinin üretim aracı fotoğraf makinasıdır. Foto muhabiri elindeki aracı iyi tanımak zorundadır. Aracın nitelikleri,

---

176. Nezih Demirkent, Sayfa Sayfa Gazetecilik, İstanbul, 1982, S 37.

olanakları nelerdir? En etkin biçimde nasıl kullanılır? Foto muhabiri işte bütün bunları iyi bilmek zorundadır. Bu nedenle becerilerinin, yeteneklerinin yanısıra teknik bilgiyle donanmalıdır. Foto muhabiri hızlı karar almak, aynı hızla uygulamak zorundadır. Saniyelerle, saliselerle yarışırken, "**o an**"ı yakalamak için bir tek şansı vardır. Sadece ve sadece bir tek şansı vardır. Ya o şansı yakalar, kullanır ya da bir daha asla...

Foto muhabiri için ekipman son derece önemlidir. İyi bir ifade fotoğrafı için teleobjektif ve sınırlı mekanda çok şey anlatmayı sağlayan resimleri çekmeye yarayan geniş açılı objektifler bir foto muhabirinin "olmazsa olmaz" gereksinimlerindendir.

Başarılı bir fotoğraf; doğruluk, samimiyet, açıklık, çabukluk ve hareket gerektirir. Bunlar bir foto muhabirinde olması gereken özelliklerdir. "**Şans**" da önemli bir faktördür, yalnız kendi şansını kendi yaratan foto muhabiri başarısını artırır. Bu da deneyimle kazanılır.

KAMERAMAN

Televizyonun öteki adı nedir? diye sorsanız, hiç düşünmeden "kamera" derim. Bilindiği gibi televizyon onun sayesinde vardır, görüntü onunla vücut bulmaktadır.

Ve bu cihazı kullanan kişiye, "kamera"nın sonuna bir "-man" eki getirilmesiyle "**kameraman**" denilmiş. Gerçi şimdilerde bayanlar da bu aleti kullanıyor ama, onları da "bayan kameraman" diye tanımlıyoruz.

Haber kemaramanı, haber olabilecek konuyu mesleki deneyim ve kendi yaratıcılık kaabiliyetiyle birleştirerek görüntüleyip, yayın organına aktaran kişidir.

Kameraman bu görevini yaparken, tıpkı foto muhabiri gibi hızlı karar almak, aynı hızla uygulamak zorundadır. O da saniyelerle, saliselerle yarışırken, habere asıl görüntü olacak anı yakalamak için zamanı iyi kullanmalıdır. İki parti liderini tekrar tokalaştırabilme şansı vardır, ancak yüksek bir yerden atlayan bir kişiyi ikinci kez atlatma şansı olmadığı gibi, topu filelere gönderen bir futbolcunun aynı golü tekrarlaması da mümkün değildir. O hak ancak seyirciye aittir, o da yakalanan anın televizyonda tekrarı ile mümkündür.

İyi bir haber kameramanı ayrıca, foto muhabiri gibi yansız ve objektif olma ilkesinden asla taviz vermemelidir, bakarken de çok iyi görmelidir.

SPİKER

Spiker, ana dilini doğru dürüst konuşmayı meslek edinmiş kişidir.

Spiker olmak isteyen kişi herşeyden önce ana dilini ve o dilin kurallarını ve konuşma dilinin özelliklerini çok iyi bilmelidir. Bu işe gönül vermiş kişinin el altında mutlaka Türkçe sözlük ve imla kılavuzu olmalıdır.

Başarılı bir spiker olabilmek için de kısaca **somut olarak**; pürüzsüz ve yumuşak bir ses, bölgesel ağız ile konuşmama, Türkçe ve yabancı kelimeler ile özel isimlerin doğru telaffuz edilmesi (bütün harf, kelime ve cümleleri yutmadan, ağızdan tam çıkararak) gerekiyor. Okunan metnin seyirci veya dinleyici tarafından kolayca anlaşılması için gerekli tarz ve hızda, doğru vurgulanarak, hiç takılmadan okunabilmesi, ayrıca kültür seviyesinin iyi olması gerekiyor.

Soyut açıdan ise; çabuk kavramak, hızlı tepki verebilmek, sabırlı olmak, hazırcevap olmak, eleştiriye açık olmak, beden ve ruh sağlığı yerinde olmak, bir parça da olsa rol yapabilme yeteneğinin olması gerekmektedir.

Spikerlikte, **ATV**'nin ünlü habercilerinden **Ali Kırca** ile başlatılan Amerikan ekolü (**anchor**) olayı bugünlerde gelişti. **Kırca**, bu ekolü şöyle tanımlıyor:

"Anchor, haberin içinden gelen, haberi yöneten, hazırlayan ve sunan kişidir. Bu tarz sunumda, haberi sunan, seyirci ile iletişimde bulunan kişinin, habercilikten gelmiş olması, haberi biliyor olması ve seyirciye de aktarırken, o haberi bildiğine inandırması gerekir. Haberin içinden gelen ve hazırladığı haberi bilen bir insanın haberi sunması, haberciliğin temel ilkesi olan güven duygusu açısından büyük önem taşıyor. Ben de bu yöntemi seçtim ve başladım.

Anchorman tarzındaki bir kişinin habercilik, yanı muhabirlik kökeni olmalıdır. Uzun yıllar bu işi yapmış olmalı, deneyimi ve birikimi olmalı. Neden? Önünüze gelen düz metni okuyabilirsiniz. Onu okuyana spiker derler. Güzel sesli ve güzel fiziklidir. Başka bir şey öne çıkmaz. Ama habercilik sıcak ve her an değişen bir iştir. Yayında her zaman beklenmedik gelişmelerle karşılaşabilirsiniz. Her konuda konukla görüşmeniz gerekebilir. Siyasetten sanata, spordan ekonomiye, yeraltı dünyasına kadar habercilikte herkes karşınıza çıkabilir. Dolayısıyla bütün bunları kavrayacak ve daha önemlisi, mutlaka sizinle konuşan kişinin üstesinden gelebilecek bir imajı seyirciye vermeniz gerekir."[177]

TRT'nin 40 yıllık emektarı ve başarılı spikeri **Ülkü Giray** da, Türkiye'de haber sunumu noktasında anchorların ciddi ağırlık kazanmasını şu şekilde yorumluyor: "Haberi sunan insanların '**anchor**' gibi çeşitli ünvanlar taşıması, onları bazı kurallardan muaf bırakmaz. Anchorlar da, doğru soluk alıp vermeli, heceleri yutmamalı, gerekli yerde duraklamalı, doğru vurgulama, tonlama, mimik ve jestlerle mesajını pekiştirmelidir. Habercilik geçmişi spikerlik için yeterli değildir."[178]

GAZETECİ TASNİFİ...

Gazeteci tanımlamaları bunlarla da kalmıyor tabii ki. Türkiye'deki gazeteciler arasında ayrıca bir tasnif gerekliliği ortaya çıkıyor. Meslekte **gerçek** ya da **üç kağıtçı** gazeteci tipleri var. Kendini kraldan çok kral zanneden, kimin ekmeğini yerse onun şarkısını söyleyen, Karun gibi ya da üç otuz paraya sömürülen gazeteciler. Bu tipler Türkiye'de, **Georgas Bourdo**'nun gruplandırdığı gibi **profesörler, siyaset adamları, fırsat düşkünleri, amatörler** ve **gerçek gazeteciler** şeklinde ele alınabilir,

177. Zafer Özcan, Mutfaktan Vitrine, Zaman Gazetesi, 4 Mayıs 1998.
178. Zafer Özcan, a. g. g. , 8 Mayıs 1998.

Ancak Türkiye'deki genel ayırım şudur: İstanbul gazetecileri-taşra gazetecileri-yerel gazeteciler-mahalli gazeteciler-İstanbul muhabirleri-yurt muhabirleri-yerel muhabirler-mahalli muhabirler-büyük gazeteciler-küçük gazeteciler-kaşeli muhabirler-kaşeli elemanlar-akidli muhabirler-akidli personel...

Bu çeşitlemeler ve çalışma koşulları üzerinde duralım biraz.

Gazeteci kime denir? sorusuna "**Erkeğin kötü yola düşmüşüne gazeteci denir**" ifadesiyle işin içinden çıktığını anlatan Gazeteci-Yazar **Selahattin Duman**, Türkiye'deki gazeteci kimliğini şu cümlelerle izah ediyor: "Bu meslek, insanı baştan çıkartmaya çok müsait.

Bir gün öncesine kadar işsiz güçsüz dolaşırken, talihiniz yardım ediyor, ya da birileri önayak oluyor, kendinizi bir gazetenin içinde buluveriyorsunuz.

Artık bir kimliğiniz ve yeriniz var.

Üstelik gazete dediğiniz şey, hergün binlerce insana ulaşıyor. Orada yazılanları okumak için para ödeyen insanlara...

Birden sosyal çevrenizdekilerin size bakışı değişiveriyor. "**Sen gazetecisin, herşeyi bilirsin**" ile başlayan muhabbetlerin konusu ne olursa olsun, sonucu sizi ruhsal doyuma ulaştırmaya yönelik.

Bir gün önce elektrik faturasına itiraz için gittiğiniz belediyenin memuru tarafından terslenirken, birkaç gün sonra kentin belediye başkanı ile kahve içerken buluyorsunuz kendinizi.

Ya bir bakanla. Ya da bir başbakanla...

Bu ortamın içine; hergün toplumun vitrininde olan sporcuları, sanatçıları da katın. İnsanın başı dönmez mi?

İster istemez kendinizi "**dünyanın merkezi**" sanmaya başlıyorsunuz.

...Başbakanın karşısında sigara tüttürmek kolay. Mekanın şartları gazeteciye bu imkanı veriyor. Sigara dumanını üfleyerek "*Bütçedeki 20 trilyon açığı nereden bulacaksınız?*" diye hesap sormanın da keyfi bir başka.

Ama muhatabınız, "*Çıkar ulan cebinden iki milyon para, sana memleketin tüm sırlarını vereceğim*" diye restinizi görürse, hapı yutabilirsiniz.

O gün cebinizden 2 milyon çıkmayabilir. Bir çulsuz gazeteci olarak memleketin milyarlarına sahip çıkmanızı icap ettiren mesleki şartlar, haliyle gazetecinin ayağını yerden kesiyor.

...Bizim meslektaşların yüzde doksanı, belki de daha fazlası bu gerçeği kavramakta zorlanıyorlar. Bu yüzden de kendilerine gereksiz güçler vehmedip, zıvanadan çıkıyorlar.

Meslekiçi eğitimmiş, kaliteli eleman çalıştırmakmış, bunlar boş laflar. Pratikte anlamı yok.

Ben bildim bileli, gazete patronları muhabirlerinin "iyi eğitimli ve yabancı dil bilenlerden" olmasını arzular. Favorileri de Boğaziçi mezunlarıdır.

Belki yüzden fazla Boğaziçi mezunu gelip geçti elimizden. Pek başarılı olana rastlamadım. Bırakın başarılı olmayı, meslekte tutunabilenlerin oranı o kadar düşük kaldı ki...

Çünkü bizim memlekette gazeteciliğin şartları içinde "anormal davranışlar göstermek" de var.

...İşin sırrı sokaktan gelmek mi acaba?

Bu türden bir görev anlayışını (!) Boğaziçi gibi Türkiye'nin en gözde kurumu veremiyor. Ama sokakların da vermediği kesin. İnsanı bu hale getiren, gazete dediğimiz anormal ortamın ta kendisidir.

Gazete ortamı, sokaktan gelenlerin mayasını işlemeye daha müsait bulunuyor. O hamuru alıp yoğuruyor ve "deli ile psikopat arası" bir muhabir türü yaratıyor.

Boğaziçi ya da Harvard mezununun hamuru ise böyle bir zorlamada çabuk dağılıyor. O hamurdan "**yazar**" dışında birşey yapmak mümkün olmuyor.

...Sıkı bir gazeteciyseniz, okumaya ve öğrenmeye vaktiniz olmaz. Kendinizi geliştirmeye de. Çünkü gazetecilik denilen işin akıl almaz temposu, insanın soluğunu kesen ritmi buna imkân vermez.

Allah vergisi zekanızı kullanarak "yolunuza çıkan engelleri" temizler geçersiniz.

Engelleri temizlerken de, kendinize sürekli olarak "herşeyi bilen adam" süsü vermeniz gerekir.

Sinema mı? En iyi bilen gazetecidir.

Spor mu? Her dalın uzmanı gazeteciden çıkar.

Ekonomi mi? Buzdolabı taksitlerini düzenli ödemeyi beceremezse bile, memleketin nasıl kurtarılacağına dair formüller cebindedir.

Siyaset mi? Gazeteci olmazsa particiler ne yapar? Liderler kendilerini nasıl ifade eder?

Hem en iyi belediyecidirler. Hem en iyi eğitimcidirler. Hem en iyi polistirler. Maazallah savaş halinde de en iyi komutandırlar.

İnsan, kendinde olmayan bu kadar çok özelliğe birden talip olursa, kendini bunların en iyi bileni tarif eder ve hayatını böyle kazanırsa, sapıtması da doğaldır.

Üstelik sokaktaki adam psikolojik bir yardımı kabul eder. Gazeteci ise asla etmez.

Durumu "**umutsuz vaka**" haline sokan da budur."[179]

Sözkonusu gazetecilik mesleğinde bugün acaba **alaylı** mı, **mektepli** mi daha çok istihdam ediliyor?

Görülen o ki, her ikisi de değil. Medyada meslekle ilgisi olmayan insanların sayısı daha çoğunlukta.

Mahalli yazılı ve sözlü basında bugün, mesleğin cezbedici özelliklerine kapılan binlerce genç, tahsil ya da başka özelliklerine bakılmaksızın sırtlarında çanta, ellerinde fotoğraf makinası, kamera ya da mikrofon, sözüm ona istihdam ediliyor. Ve bu gençlerden büyük bir çoğunluğu birkaç ay düşük ücretle çalıştırıldıktan sonra kapının önüne konuluyor. Aralarından bazıları pes ediyor, bazıları başka basın yayın kuruluşlarına yöneliyor.

Ulusal gazete, radyo ve televizyonların Ankara, İstanbul ve

---

179. Selahattin Duman, Yeni Türkiye, Sayı 12, S. 1449.

birkaç büyük şehirde büro ve müdürlüklerinin dışındaki uygulamalar da hemen hemen aynı. Buralarda haber elemanları **kaşeli** (vasat bir aylık ücretle), **istisna akdi** gibi şartlarla çalıştırılır.

Taşra muhabiri, yurt muhabiri veya kaşeli diye hak tanınan bu çalışanlar okur-yazar olsun, birazcık fotoğraf çekmesini bilsin ve kameranın açma kapatma düğmelerini bilerek vizöründen bakmasını becersin yeter. Tabii, fotoğraf makinası veya kamerası olanlar tercih edilmektedir.

Hani deriz ya; "**sırtına çantayı vuran gazeteci oluyor.**" Mektepliler hariç, bizim mesleğe maalesef böyle başlanıyor. Gazetecilik teçhizatını donanan genç arkadaşlarımız, bir hafta sonra soluğu vali, kaymakam, sivil ve askeri kurumlardaki yetkililerin makam odalarında alıyorlar. Eğitim, öğretim ve aldığı terbiyeye göre ayak ayak üstüne atıp bir de sigarasını yakanlar, gazeteci sıfatının verdiği güvenle saçma sapan sorularla bocalayanlar ve daha neler neler bu mesleğin gerçekleri...

Bu durum ne kanun koyucularının, ne patronların, ne derneklerin, ne de mesleğin asıl çalışanlarının umurundadır. Her gün her soruna çözüm önerenlerin hiç sorunu değildir. Nasıl gelmişse öyle gidiyor...

Ulusal medyadaki pekçok gazete, ajans, televizyon ve radyo kuruluşları, yine **taşra** diye kabul edilen yaklaşık 70 il ve bunlara bağlı ilçelerde çoğunlukla fotoğrafçı dükkan sahiplerini, halk eğitimi ya da milli eğitim müdürlerini, kaymakamlıkların yazı işleri müdürlerini muhabir olarak tayin ederler. Tahsis edilen kartlarla onlardan haber beklenir. Bu insanlar medyanın uzaktaki eli, ayağı, gözü ve kulağıdır. Ayda 5-10 milyon lira cep harçlığı ile özellikle seçim çalışmaları için behemahal tutulan bu insanlar en azından o çevrede gazetecidirler.

Adana, Antalya, Bursa, İzmir, Erzurum, Trabzon, Diyarbakır, Konya, Sivas gibi birkaç ilde ise yine bazı basın-yayın kuruluşlarının büroları ve bölge müdürlükleri vardır. Buralarda istihdam edilenler arasında Anadolu Ajansı, TRT ve birkaç gazete ve ajansı çalışanları dışındakilerin doğru dürüst sosyal güvenceleri yoktur. Asgari ücret ya da bu ücretin altında çalıştırılırlar, verilenin kat kat fazlası istenir. İş güvenceleri sorumlu şef, müdür veya patronların iki dudağının arasındadır.

Konuyu fazla dağıtmadan yine Fransa'dan bir örnek verelim:

Fransız gazeteci **Piere Mill**'e "*Bir gazeteye girebilmek için ne yapmak lazım?*" diye sormuşlar. O da şu cevabı vermiş:

"*Uzun tecrübelerime rağmen halledemediğim meselelerden biri de budur. Çöpçü, mühendis veya milyoner olun, şayet bir kitap yazarsanız ve bu iyi olursa, bir kitapçı bulduğunuz taktirde eserinizi bastırmanız mümkündür. Fakat gazeteye nasıl girilir, ilk denemeler nasıl yapılır, bunu bilemem. Bunun için bin yol vardır ve tek yol yoktur. Bu öyle bir meslektir ki, liberal meslekler arasında bir eşine rastlamak mümkün değildir. Hiç bir diploma, hiç bir sertifika istemez. Nereden olursa olsun gelmiş bulunabilirsiniz. İşte bütün müşkülat da bundan çıkmaktadır. Bu bana hür ve serbest bir hava içinde idare edilen yetimhaneyi hatırlatıyor. Bu yetimhaneye alınan bir yavruya sormuşlar. 'Hiç kaçma arzusu duyuyor musun? Böyle bir niyet besliyor musun?' Çocuk safiyane şu cevabı vermiş. 'Kaçmak mı? Nasıl kaçabilirim? Duvar yok ki...' İşte bunun gibi gazetecilikte de duvar yok. Duvar olmadığı gibi kapı yoktur. kapılar her yerde ve hiçbir yerdedir.*"

Büyüklerimiz hep derdi, "*Mürekkebi bir yaladın mı, kolay kolay kurtulamazsın!*"

Bu kadronun içinde, köşeyi erken dönmeye meraklı bazı kimseler de çıkabilir. Bu kişilerin -polisle çalışıyorlarsa- elde ettikleri bilgileri, polisin peşinde olduğu kişilere aktararak, hatırı sayılır paralar kazandıkları olur. Eğer adliyede çalışıyorsa, 'Hakimle aram iyidir" aldatmacasıyla; belediyede çalışıyorsa, "Başkan sözümü ikiletmez" ya da "Başmühendis benim istediklerimi yapmak zorundadır, anlarsanız ya!.." boyasıyla pekala iş görür!

Şayet magazin bölümüne düşmüşse, onun içinde başka

alanlar vardır: Gazino, bar ve pavyonlarda olup bitenleri kullanmak; buralarda çalışan sanatçılarla röportaj karşılığı "harçlık" kabul etmek; hatta röportajlarını alarak, gazeteye bir sayfalık plak ya da gazino ilanını şart koşmak gibi yolları kullanır.

Bu saydıklarımızı yapan, mesleğini kötüye kullanan insanlarr -bütün başka mesleklerde olduğu gibi- gazeteciler arasında da bulunur, ama çoğunluk bunun dışındadır.[180]

Patronun, ekonominin, siyasetin güdümünde olan gazeteciler de vardır. Onlar da çıkarları doğrultusunda mesleklerini bu meyanda yürütmeye çalışırlar.

Yazık ki, dürüst gazeteciler, mesleğe gölge düşüren gazetecileri çok iyi bildikleri halde -onları açıktan korumak şöyle dursun- şahsi münasebetlerinde bir gevşeklik bile göstermemekte, böylece birkaç kişinin ayıbı, mesleğin ayıbıymış gibi ortada kalmaktadır.[181]

Gazeteciliğin bu şartlarda giderek anlamını yitirdiğini ifade eden **Nezih Demirkent**, "Bir daha dünyaya, gelsem asla gazeteci olmam."[182] diyor.

SARI BASIN KARTI

Meslekte yaşça büyüklerimiz zaman zaman anlatırlar:

Gazeteci öldükten sonra cennete gidip kapıyı çalmış. İçeriden bir ses:

-Kim o?

-Gazeteci

-Defol!

Gazeteci cennete girememiş. Zavallıcık bu kez gidip cehennemin kapısını çalmış. İçeriden zebani sormuş:

-Kim o?

---

180. İsmet Bozdağ, a. g. e. , S. 258.
181. İsmet Bozdağ, a. g. e. , 260.
182. Nezih Demirken, Yeni Türkiye, Sayı: 12, S. 943.

-Gazeteci

-Defol! Burada gazeteciye ihtiyacımız yok.

Gazeteci bu davranışlara sinirlenmiş, cennetle cehennemi birbirine bağlayan köprünün orta yerinde bir gazete kurmuş. Bir hafta sonra da basın kartını almış, hem cennete hem de cehenneme kolayca girmiş çıkmış...

Evet, işin latifesi bir yana; bu meslekte öteden beri bir kart hevesi ve sorunu vardır, öyle de devam ediyor. Mesleğe bulaşan herkes en kısa sürede bir kimlik kartı elde etmeye çalışır. Bu kimlikler, ya basın-yayın kuruluşlarının kırmızı şerit üzerine iri harflerle yazdırdıkları "**Basın**" veya "Press" tanıtım kartlarıdır veya oluşturulan bir komisyonla **Basın-Yayın ve Enformasyon Genel Müdürlüğü**'nce belli şartlar çerçevesinde tanzim edilen "**Sarı Basın Kartları**"dır.

Türkiye'de resmi olarak basın kartları, 231 Sayılı KHK'nin 2. maddesi uyarınca hazırlanmış olan yönetmelik hükümlerine göre, Basın-Yayın ve Enformasyon Genel Müdürlüğü tarafından verilir.

Basın kartları "Sarı Basın Kartı" ve "Mavi Basın Kartı" olmak üzere iki çeşittir.

Sarı Basın Kartı;

-Sahibi veya mensubu bulundukları yayın organlarının ve kendilerinin nitelikleri, yönetmelikle belirlenen Türk yayın organları mensuplarına,

-Yabancı yayın organları için Türkiye'de görev yapan ve nitelikleri bu yönetmelikte belirtilen Türk vatandaşı gazetecilere,

-Yönetmeliğin 24, 25 ve 26. maddelerinde yer alan kuruluşların, bu maddelerde sayılan görev ünvanlarını kadrolu olarak taşıyan ve fiilen bu görevi ifade eden mensuplarına "fiili göreve bağlı olarak",

-Yayın organları veya basın kuruluşlarıyla hizmet bağı bulunanlardan 40'ıncı ve müteakip maddeler uyarınca tespit edilenlere "sürekli olarak",

-Yabancı yayın organlarında çalışan ve Türkiye'ye geçici görevli olarak gelen Türk uyruklu gazetecilere "geçici olarak" verilir.

Mavi Basın Kartı;

Yabancı yayın organlarını Türkiye'de temsil eden veya Türkiye'de ikamet sahibi olmamakla beraber, görev alanı Türkiye'yi de içine alan veya geçici olarak gelen yabancı uyruklu gazetecilere, Türkiye'de yabancı dilde yayın yapan basın yayın organlarının Türk vatandaşı olmayan mensuplarına ve Türkçe veya yabancı dilde yayın yapan basın yayın organlarının KKTC uyruklu mensuplarına Mavi Basın Kartı verilir.

Sarı Basın Kartı alabilmek için ilgili yönetmeliğin şartları ise;

a) En az lise veya dengi okuldan mezun olmak,

b) Kamu hizmetlerinden yasaklı olmamak,

c) Ağır hapis, taksirli suçlar hariç olmak üzere, 5 yıldan fazla hapis cezalarından veya affa uğramış olsalar dahi, devletin şahsiyetine karşı işlenen suçlardan biriyle veya yayın tehdidiyle para ve menfaat temini, hırsızlık, sahtecilik, dolandırıcılık, inancı kötüye kullanma, yalan yere şahadet, yalan yere yemin etmek, iftira, suç tasnii, resmi mercileri iğfal, zimmet, ihtisal, rüşvet, istimal ve istihlak kaçakçılığı suçu dışındaki kaçakçılık suçlarından veya resmi ihale ve alım-satımlara fesat karıştırma, devlet sırlarını açığa vurma, kasıtlı vergi kaçırma suçlarından dolayı hükümlü bulunmamak,

d) Müracaat tarihinde 18 yaşını doldurmuş olmak gerekiyor.

1998 yılının sonlarına doğru Basın Kartları Yönetmeliği'nde ayrıca değişikliğe gidilerek, özel radyo ve televizyonlar ile TBMM Televizyonu da kapsama alınıp; ulusal, bölgesel ve yerel radyo ve televizyonların genel müdürleri, yönetim kurulu başkanları, sahipleri, haber kadrosunda çalışanlarına; İletişim fakültesi dekanlarına, gazetecilik, radyo -televizyon ve halkla ilişkiler bölüm başkanlarına; Cumhurbaşkanlığı, Başbakanlık, Genel Kurmay Başkanlığı'nın Basın Müşavirlikleri ve Halkla İlişkiler Daire Başkanlıkları'nda çalışanlara; Basın İlan Kurumu ile Basın-Yayın ve Enformasyon Genel Müdürlüğü'nde yönetim ve ilgili olarak alt kademelerde çalışanlara belirlenen sayılarda Sarı Basın Kartı verilmesi kararlaştırıldı.

Basın-Yayın ve Enformasyon Genel Müdürlüğü'nün Haziran 1998 verilerine göre, Türkiye'de;

Basın Şeref Kartı taşıyanların sayısı: 381

Sürekli Basın Kartı taşıyanların sayısı: 1540

Sarı Basın Kartı taşıyanların sayısı: 6559

Serbest Gazeteciler Kartı taşıyanların sayısı: 169

Sarı Basın Kartları Sorun Oldu...

1.1.1943 tarihinde ortaya çıkan Sarı Basın Kartları bugüne kadar hep tartışıldı, zaman zaman önemli sorun oldu.

Sarı Basın Kartı'nı bir şeref madalyası gibi taşıyan gazetecilerin çoğunlukta olduğu bu meslekte, kartını kötü emelleri doğrultusunda kullanan tipler de çıktı.

Güya, Sarı Basın Kartı'nı devlet verince, "**Devlet Gazetecisi**" olunuyormuş.

Sarı Basın Kartı hamiline vaktiyle birtakım kolaylıklar tanınmış;

-Devlet ve belediyelerin ve bunlara bağlı kurumların şehiriçi veya şehir dışında işlettikleri belli tarifeli taşıt araçlarında indirimli ya da ücretsiz ulaşım imkanları...

-Müze, galeri, stadyum ve hipodrumlara parasız giriş...

-Telefon, telgraf, teleks hizmetlerinden indirimli faydalanma...

-Basın Trafik Kartı gibi kolaylıklar (!)

Bu imkanlar bazen kısıtlandı, bazen hiç anlaşılmadı, bazen de birilerinin gözüne battı. İşte onlardan yakın tarihte bir örnek:

1999 yılında yayın hayatına başlayan **Star Gazetesi**, iddialı başlıklarla gündem oluşturmaya çalışıyordu. Attığı manşetle TBMM üyelerinin villalarına toslayan bu gazete, geri geri çekilirken, kendisini piyade itenleri ezmeye başladı.

16 Haziran 1999 tarihli nüshasında verdiği "**Acı Manşet**"le, ülkenin en önemli sorununa parmak bastı. Sapla samanı ayırt etmeden Sarı Basın Kartı sahiplerini kamuoyuna bir güzel şikayet etti.

Neymiş efendim; Sarı Basın Kartı uygulaması ve bu kartın sağladığı imtiyazlar sadece Türkiye'de varmış. Otobüse, vapura, uçağa indirimli biniliyormuş, telefon ücretlerinin yarısı ödeniyormuş... Haberin içeriğinde ise, üst düzey gazetecilerin beleş dış gezilerine bir zahmet değinilmiş.

Ertesi günlerdeki yayın organlarında, bu konunun gündeme getirilmesine alkış tutanlar da oldu, sitem edenler de.çıktı.

Aynı gazetenin yazarlarından **Engin Ardıç**, "*Ne yazik ki köpektirler!*" köşesinde şunları yazdı:

"Tabancama mermi alacağım, MKE'ye gittim. Kapıya diktikleri suratsız herif 'kimlik' dedi... Sarı basın kartımızı uzattık... 'Bu geçmez' dedi, 'ehliyet falan yok mu?'

'Ulan hergele,' dedim, 'bu kart senin cebindeki nüfus kağıdından çok daha kıymetli! Biz bunu alabilmek için yıllarca boğaz tokluğuna süründük.!'

Kabul etmedi. Küfürü içimden ederek (ne de olsa görev başında devlet memuru hayvan), ehliyetimi çıkardım verdim de geçtim.

Yaa işte böyle, devletin görevlisi devletin basın kartını tanımıyor. Demek ki, basın kartına falan gerek yok! Biz, kendi aramızda kendimizi kandırıyoruz gazeteciler olaraktan...

Oklarımızı yanlış hedeflere yöneltmeyelim arkadaşlar... Basın kartının sağladığı indirimler ve ayrıcalıklar, mesleğin ilk yıllarında, meslekte adımlarını yeni yeni atan 'garibana' lazım. Üç otuz paraya sömürülen gençler için elbette yüzde 50 telefon indirimi de önemli, bedava bineceği otobüs de... Basın kartı almak çok uzun, zahmetli bir süreç. Basın kartı gelip yetiştiğinde artık onun indirimlerine pek bir ihtiyacı kalmıyor gazetecinin. Ha bir de maça beleş girmek var... O da spor muhabirleri için önem taşıyor. (...)

Dürüst olalım ve de gerçekçi olalım: Bu tür ufak tefek avan-

tajlar dışında, basın kartının pek bir halta yaradığı da yok! Alabilmek için didindiğimiz, göğsümüzün üzerinde, cebimizde sanki İstiklal Madalyası gibi iftiharla taşıdığımız basın kartımız, onu lutfedip veren devletin memurları tarafından bile iplenmiyor! Meclis'e ya da falanca bakanın basın toplantısına girebilmeni sağlar, oraya da zaten 'akredite' olan gidiyor, ayrı bir alan...

Hadi azıcık daha dürüst ve azıcık daha gerçekçi olalım: Sanki Gazeteciler Cemiyeti de, Basın Konseyi de ne işe yarıyorlar ki? Cemiyetin kogresine yıllardır ayak basmadım, konseyin adresini bilmem. Peki bu arada neyle iştigal ediyorum, toptan bakliyat ticaretiyle mi?

Bir kalıyor THY indirimi, o da bizi değil, patronu, muhasebeyi ilgilendiren bir konu. Ankara'ya gider geliriz de, uçak biletine zam yapıldığından, ekonomi sayfasına göz atmıyorsak, haberimiz bile olmayabilir!

Uğraşmayın garibanın basın kartıyla, siz asıl yiyicilere bakın!..."[183]

Gazeteci **Selahattin Karakış** ile **Hasan Sutay** da, "**Hodri Meydan**" köşelerinde: "*...İki gündür sarı basın kartına takmış durumdalar. Güya sarı basın kartını devlet verince, 'devlet gazetecisi' olunuyormuş. Birader, siz önce 'haber' diye kullandığınız şu malzemelere bir göz atın önce. Çoğu devlet kaynaklı değil mi?*

Yani devlet kaynaklı haberleri kullanınca devlet gazetecisi olmayacaksınız da, sarı basın kartını kullanınca mı devlet gazetecisi olacaksınız?

İşin ekonomik boyutuna gelince: Sarı basın kartına yapılan indirimlerden vazgeçmekle devleti kurtaramazsınız. Şu devlet teşviklerini, yardımlarını, ihalelerini ele almak lazım.

*Yoksa **sarı basın kartı plazada kulak kalır**.*"[184]

Gazeteciler Federasyonu tarafından bir hafta sonra-24 Haziran 1999 tarinde-yapılan açıklamada ise şu çarpıcı ifadeler yer aldı:

183. Engin Ardıç, Star Gazetesi, 18 Haziran 1999.
184. Selahattin Karakış, Hasan Sutay, 17 Haziran 1999.

"...Sırça köşkte oturan ve kendilerini gazeteci sanarak Sarı Basın Kartı'na dil uzatanların hedefi patronları korumaktır. Dün çalıştıkları işyerlerinde sendikayı nasıl ortadan kaldırdılarsa, bugün de 212 Sayılı Yasa'nın iptaline zemin hazırlamaktadırlar. En büyük talihsizlik ise, böylesi girişimlerin gazete patronlarından değil, emekçi olması ve emeğin hakkını savunması gereken kişilerden gelmesidir.

...Eğer meslek etiği açısından tartışılması gereken birşey varsa, o da gazetecilere tanınan ayrıcalıklar değil, medya sermayesine yapılan ayrıcalık ve haksız desteklerdir."

Eski bir gazeteci olan dönemin Başbakanı **Bülent Ecevit** de, mesleğin sıkıntılarını bildiğinden dolayı, "*Basın kartları ve indirimleri, gazetecilerin işlerini kolaşlaştırmak için konulmuş bir gerekliliktir...*" açıklamasıyla birilerine geçmişini hatırlatarak son noktayı koydu.

Daha sonra gazeteciler, telefonlarda sağlanan yüzde 50'lik indirimin kaldırılmasıyla 2000 yılına girdiler.

Bu arada, gazetecilere verilen **Basın Trafik Kartları** ise hiçbir işe yaramadığı gibi, gazeteciye sinir olan trafik polislerinin hışmına uğradı. Yazılan cezaları da, bu saç levhalarından medet uman meslek dışındaki araç sahipleri ödüyor. Çünkü bu plakaların bir kısmı eş dost araçlarındadır.

Gazeteci Olarak Çalışanlar

Bu meslekte **alaylı** mı ya da **mektepli** mi daha çok istihdam edilmekte? Türkiye'de acaba yukarıdaki normlara göre yaklaşık kaç gazeteci var dersiniz? İlk soruya cevap arayacak olursak, meslekte şu sıralar ne alaylı ne de mekteplilerin çoğunlukta istihdam edildiği görülür. Merkez bürolardaki gazetecilerin çok az bir kısmı alaylı, yüzde 30'luk bölümü meslek dışındaki fakültelerden,[185] büyük çoğunluğu ise meslek dışındaki fakülte ve yüksek okullardan mezun, ancak bu mesleği tercih etmiş gazeteciler. Merkezin dışında da, özellikle idari sorumluluk verilen gazetecilerin çoğun-

185. Recep Arslan, a. g. e. , S. 34.

luğu yine meslek dışından fakülte veya yüksek okul mezunu gazeteciler. Diğerleri alaylı, lise ve dengi okul mezunuları ile başka mesleklerle birlikte gazetecilik yapmaya çalışan basın mensupları (!) olarak gözüküyor.

GAZETECİLERİN ÖRGÜTLENMESİ...

Gazeteciler kendi aralarında dernek kurmak için ilk kez 1908'de Meşrutiyet'in ilan edildiği gün girişimde bulundular. Ancak yarıda kalan bu girişim daha sonra 1917'de yeniden ele alınıp **Osmanlı Matbuat Cemiyeti** adı altında dernek kuruldu. 15 Şubat 1917 tarihinde de ilk kongresi İstanbul'da yapıldı. Başkanlığa da **Hüseyin Cahit Yalçın** getirildi.

1 Ekim 1920 günü kurulan **İstanbul Günlük Gazete Sahipleri Cemiyeti** ile **Osmanlı Matbuat Cemiyeti** daha sonraları **Türk Matbuat Cemiyeti** adı altında birleştirilerek ilk başkanlığa da **Velid Ebuzziya** getirildi.

27 Haziran 1938 tarihinde kurulan **Türk Basın Birliği** ile Türk Matbuat Cemiyeti kendini fesih durumunda kaldı.

Aynı Adla İki Cemiyet

Daha sonraki yıllar, basın ve yayın organlarında çalışan gazetecileri biraraya toplamak, mesleki, sosyal haklarını korumak, geliştirmek ve gelişmesine yardımcı olmak, gazetecilik mesleğinin zorunlu kıldığı hak ve özgürlüklerin savunulması ve genişletilmesi yolunda çalışmalar yapmak ve dayanışmayı güçlendirmek amacıyla irili ufaklı dernek ve cemiyetler kuruldu.

Türkiye'de bu amaçla oluşturulan en çok üyeli cemiyetlerden ilki 10 Ocak 1946 yılında Ankara'da kurulan **Gazeteciler Cemiyeti**'dir. Cemiyet'in kurucuları: Mekki Sait Esen, Niyazi Acun, Aka Gündüz, Bilal Akba, Adil Akba, Sabahattin Sönmez, Muvaffak Menemencioğlu'dur. Cemiyetin ilk başkanı ise Mekki Sait Esen'dir.

Bu tarihten tam 5 ay sonra da İstanbul'da aynı adla (**Gazeteciler Cemiyeti**) başka bir cemiyet kuruldu. 10 Haziran 1946 tarihinde İstanbul Valiliği'ne verilen dilekçe ile resmen kurulan **Gazeteciler Cemiyeti**'nin kurucu heyetinde Sedat Simavi, Sadun Galip Savcı, Cihat Babun, Hayri Alper ve Sait Kesler yer aldılar. Sedat Simavi cemiyetin ilk başkanı oldu.

Ankara ve İstanbul'daki bu cemiyet oluşumlarından sonra her iki cemiyet arasında isim benzerliği nedeniyle sık sık tartışmalar oldu, mahkemelik tartışmalar yaşandı.

Meslek camiasında ,Ankara'daki cemiyet **Ankara Gazeteciler Cemiyeti**, İstanbul'daki cemiyet de **İstanbul Gazeteciler Cemiyeti** olarak uzun yıllar tanındı.

Nitekim 12 Haziran 1993 tarihinde Bakanlar Kurulu kararıyla İstanbul'daki Gazeteciler Cemiyeti isminin başına "Türkiye" nin getirilmesiyle bu cemiyetin adı **Türkiye Gazeteciler Cemiyeti** olarak değişti. Böylece isim tartışması ve kargaşası da ortadan kalktı.

Daha sonraları **Çağdaş Gazeteciler Cemiyeti** adıyla üçüncü bir dernek oluştu. Politik yanı diğerlerine göre daha ağır bastığı ifade edilen bu dernek 23 Şubat 1978 tarihinde kuruldu. Derneğin kurucuları; Alaattin Orhan, Mehmet Genç, Osman Z. Yüksel, Necmiye Aba, Alaattin Sevim, Mehmet Öztoprak, Cengiz Kuşçuoğlu'dur.

Türk basınında 1950'li yıllardan sonra ise temelde dört tip örgütlenme modeline rastlanmaktadır. Bu örgütlenmeler; **sendikalar, dernekler, platformlar** ve **konseyler** olarak sıralanabilir.

Uzman Dernekler

Bütün bu gelişmelerle birlikte illerde ve bölgelerde de biraraya gelen gazeteciler çeşitli adlarla dernek ve cemiyetler kurdular.

1980'li yıllarda ise, toparlayıcı derneklerin dışında, belirli uzmanlık alanlarında çalışan gazetecilerin, kendi iş kollarında dernek kurmalarında artış gözlendi.

Uzman dernekler olarak bilinen bu derneklerden bazıları şöyle: **Cumhurbaşkanlığı ve Başbakanlık Muhabirleri Derne-**

ği, Parlamento Muhabirleri Derneği, Foto Muhabirleri Derneği, Adliye Muhabirleri Derneği, Ekonomi Muhabirleri Derneği, Eğitim ve Sağlık Muhabirleri Derneği, Magazin Gazetecileri Derneği, Radyo ve TV Muhabirleri Derneği, Belediye Muhabirleri Derneği, Türkiye Spor Yazarları Derneği...

GAZETECİLER SENDİKALAŞAMADI

Çalışanların örgütlendiği sendika **Türkiye Gazeteciler Sendikası** 10 Temmuz 1952 tarihinde yirmi gazeteci tarafından kuruldu. Diğer illerde de, bulundukları ilin adını alarak kurulan gazeteciler sendikaları bir süre sonra **Türkiye Gazeteciler Sendikaları Federasyonu** adı altında bir birlik oluşturdular.

Bu arada, basın kuruluşu sahipleri 1954 yılında **Türkiye Gazete Sahipleri Sendikası**'nı kurdu.

İstanbul Gazeteciler Sendikası 1957'de Türk-İş'e üye oldu. Ve İstanbul Gazeteciler Sendikası 30 Eylül 1963 tarihinde toplanan olağan genel kurulda adını **Türkiye Gazeteciler Sendikası** olarak değiştirdi. Daha sonra diğer illerdeki Bursa, Eskişehir, Ankara, Adana ve İzmir Gazeteciler Sendikaları da kongrelerini yaparak, **TGS** çatısı altında birleşti. Başlangıçta sadece 212 sayılı yasaya tabi olarak çalışan basın mensuplarının üye oldukları **TGS**, bütün basın çalışanlarını kapsayacak biçimde örgütlenme çalışmalarına 1969'da başladı.

Ancak bugün gelinen nokta itibariyle Anadolu Ajansı dışında sendikalı işyeri kalmadı. **TGS** Başkanı **Ziya Sonay**, bu durumu şöyle özetliyor:

"Hepimizin yakından bildiği gibi basında taşeronlaştırma olayı başlamıştır. Bugün taşeronlaşma nedeniyle gazetelerin ana şirketlerinde çok düşük sayıda eleman çalışıyor gösterilmektedir. Örneğin **Milliyet**'in ana şirketinde 40 kişi gözüküyor. Çalışanların geri kalanı yedi-sekiz ayrı şirkete dağılmış. Hürriyet, Sabah gruplarında da aynı uygulama var. **İhlas Grubu** da bundan farklı değil. Taşeronlaştığı zaman çalışanlar bölünüyor. Bölününce çalışanların gücü de azalıyor. Bunun yanında, gazetelerin künyelerindeki arkadaşlarımızın kendilerini gazete patronları nezdinde çok iyi pazarlayıp çok yüksek ücretler aldıkları söyleniyor. Künye dışındaki çalışanları, sendikamızdan, çok cazip ücretler alacaklarını söyleyerek istifa ettirdiler. Bunun ardından çoğunu taşeron şirketlere geçirdiler. Bu çalışanların büyük bölümü bugün asgari ücrete yakın düşük ücretlerle bordrolu gözüküyorlar. Bunlar her ay bordroda görülen ücretlerinin üzerine bir de açıktan para almaktadırlar. Basın kuruluşları için bunlar kesinlikle uygun görülecek davranışlar değildir.

Türkiye'de sosyal adaletsizliği, vergi kaçakçılığını her gün eleştiren basın kuruluşları, kimi çalışanı telif ücreti adı altında, kimi çalışanını da başka kadrolarda göstererek çalıştırdıkları insanlara, vergi ödememek için açıktan para ödeme yolunu seçmişlerdir. Bu bakımdan künye dışında çalışan arkadaşlarımız, büyük oranda çalışmalarının karşılıklarını alamamaktadırlar.

Daha önce sendikal hak olarak haftada iki gün izin yapabilen arkadaşlarımız, bugün ancak bir gün , belki de hiç izin yapamamaktadırlar. Keza yıllık izinlerinde de aynı uygulama vardır. Günlük çalışma saatleri ortadan kalkmıştır.

Bu gazeteciler, çalıştıkları işyerlerinde artık dertlerini anlatacak bir kişi bulamamaktadırlar. Sendikanın olmadığı bu yüksek tirajlı gazetelerde tamamıyle işveren egemendir."[186]

TGS Başkanı Sonay, 3 Mayıs 2000 tarihinde, Türk-iş Konfederasyonu ile TGS tarafından düzenlenen "Dünya Basın Özgürlüğü Günü Paleti"nde ise şu konuşmayı yaptı:

"Öncelikle şunu söylemeliyim ki Çalışma ve Sosyal Güvenlik Bakanlığı'nın kayıt dışı işçilikle mücadele başlattığı bir dönemde sigortasız ve kaçak işçiliğin en yaygın olduğu sektörlerden birisi gazetecilik işkoludur. Gazeteciler yıllarca stajyer gazeteci adı altında kadrosuz ve sigortasız çalıştırılmaktadır. Medya işverenlerinden gelecek her türlü baskıya rağmen gerekli yasal düzen-

186. Cumhuriyet Gazetesi, 8 Ağustos 1996.

lemeleri yapmalarını hükümetten talep ediyoruz. Gazeteler ve televizyonlardaki çarpık uygulamaları ortadan kaldıracağı düşüncesiyle hazırladığımız bir yasa önerisini, tüm siyasi parti grup başkanvekillerine verdik. Buna desteklerinizi bekliyoruz."

Gazeteci-Yazar **Recep Arslan**, sendikalaşmadaki başarısızlıkta, gazetecilerin yanısıra sendika yöneticilerinin de önemli payının olduğunu anlatıyor: "Yıl 1973, 35-40 bin tirajlı bir gazetedeyim. Sendikacılar geliyor ve üst yönetimle görüşüyorlar. Karar; arzu eden arkadaşlar sendikaya girebilirler. Ben zaten sendika üyesiyim. 10 kadar arkadaş daha sendikaya üye oluyor. Ve birden gazete yönetiminden bir baskı; sendikayı terkedin!... Sendikanın İstanbul temsilcisi, odasından moral veriyor bizlere: "Kimse kılınıza bile dokunamaz sizin." Odasındaki para kasasını da göstererek: "Sendikalısınız diye sizleri işten atmaya kalkarlarsa bu kasa emrinizdedir!..."

Aradan bir veya iki ay geçmeden ben ve arkadaşlarım işten çıkarılıyoruz. Ramazan ayının son günleri. Sendikaya gidiyoruz, bir sürü vad ve nasihat aldıktan sonra evlerimize dönüyoruz. Bir daha da ne arayan oluyor bizleri ne de soran..."[187]

GAZETECİLER FEDERE OLDU

Bu başlık, 10.08.1997 tarihinde yayımlanan **Radikal Gazetesi**'nin 3. sayfasında bir sütuna yerleştirilmiş, toplam iki cümlelik küçücük bir haberin tepesinden alınmıştır. Bu ölçüdeki haberle, gazetenin de, gazetecinin de kendisi için yapılan örgütlenmeye verdiği değer açıkça anlaşılmaktadır.

Gazeteciler Cemiyeti Başkanı **Nazmi Bilgin** ile her karşılaşmamızda, meslekteki çalışanların sorunlarına ilişkin sıkıntılarımızı anlatırdık. O da bizlere "Sabredin çocuklar, Federasyonu kuruyoruz" derdi.

Nitekim, 1996 yılının mart ayında inançla başlatılan girişimden olumlu sonuç alındı. Kısa sürede ülke çapında çığ gibi gelişip

187. Recep Arslan, Basın İtibarını Arıyor, İstanbul, S. 85.

büyüyerek sayıları 55'i bulan Gazeteciler Cemiyetleri Başkanlar Konseyi üyeleri, kendi ifadeleriyle; "*Güçlülüğün kaynağı dağılmışlık, bölünmüşlük değil, birlikteliktir. Tek yumruk, tek ses olalım*" diyerek; bu güçbirliğinin adını **Gazeteciler Federasyonu** koydular.

Federasyonun amacı ve yapılacak çalışmalar tüzükte şu şekilde belirlendi:

Madde 2- Gazeteciler Federasyonu'nun amacı, insan hakları, özgürlükçü ve çoğulcu demokrasi kuralları, milli, demokratik, laik ve sosyal hukuk devleti anlayışı çerçevesinde, basın, yayın ve elektronik yayıncılık mesleğinde çalışanların ve onların bağlı bulundukları kurumların hak ve menfaatlerini korumak ve geliştirmektir. Federasyon, devletin ülkesi ve milleti ile bölünmez bütünlüğüne, halkın gerçekleri öğrenme hakkına sahip çıkar.

Madde 3- Federasyon, amacını geliştirmek için aşağıdaki çalışmaları yapar:

a) Gazetecilik mesleğinin zorunlu kıldığı hak ve özgürlüklerin savunulması ve geliştirilmesi yolunda, yasama ve yürütme organları ile resmi ve özel kurumlar ve kurallar karşısında, üyelerini temsil etmek,

b) Yasalar ve uluslararası anlaşmalarla gazetecilere tanınan hak ve özgürlükleri her türlü saldırıdan korumak,

c) Mesleği ilgilendiren bütün sorunları incelemek, çözüm yolları bulmak, bu yolda görevli diğer kurum ve kuruluşlarla işbirliği yapmak,

d) Mesleki alanda dayanışmayı güçlendirerek, gelişme olanakları sağlamak,

e) Vakıf, yardım ve işsizlik sandıkları kurmak,

f) Mesleki ve sosyal gelişmeler kurslar, seminerler ve toplantılar düzenlemek, yurt içinde ve dışında eğitim olanakları sağlamak,

g) Gazetecilik mesleğinin geliştirilmesi için yayınlar yapmak,

h) Uluslararası toplantılarda üyelerini temsil etmek, meslek kuruluşları ile ilişkiler kurmak, üye olmak,

ı) Gazetecilik mesleğinin özel amaçlara ve çıkarlara alet edilmesini engellemek, meslek ilkelerine uyulmasını gözetmek ve mesleğin onurunu korumak,

i) Düşünce, ifade ve vicdan özgürlüklerinin sınırlandırılmasına karşı mücadele etmek,

j) Üye kuruluşlar arasında koordinasyonu sağlamak,

k) Üyelerin sosyal ve kültürel ihtiyaçlarını karşılamak üzere, konut edindirmek, lokal, lokanta, dinlenme ve konaklama tesisleri açmak; bunları doğrudan veya kiraya vermek yoluyla işletmek.

Gazeteciler Federasyonu'nun, 1998 yılındaki faaliyet raporunda bir iki konu daha vurgulanıyordu ki;

"...Türk Basını bugün **tekelleşme** hatta **kartel** boyutuna ulaşan bir olgu ile karşı karşıyadır. Demokrasimiz açısından son derece tehlikeli ve sakıncalı bulduğumuz yazılı ve görsel basının belirli ellerde toplanması, toplumumuzun bakış açısını, değerlendirme özgürlüğünü kısıtlamakta, demokrasiye ve onun vazgeçilmez unsuru hür düşünceye engel teşkil etmektedir.

Tekel ve kartel olgusunu engellemenin tek yolu, tüm demokratik ülkelerde olduğu gibi, siyasilerin korkuyu bir kenara bırakıp anti-tekel yasalarını yaşama geçirmeleridir.

Basında çalışanların bir başka sorunu, **tekelleşme**nin ortaya koyduğu **sendikasızlaştırma** olgusudur. Her gün, gazetelerinde kamu çalışanlarına sendika hakkı verilmemesini eleştiren ve yazan gazetecinin kendisinin sendikasız olması büyük meslek ayıbıdır.

Yasaları ve yönetmelikleri hiçe sayarak, dünyanın hiçbir yerinde görülmeyen bir uygulama ile çılgınlık boyutunu da aşan promosyon, maalesef Türk Basını'nı ileriye götürmek yerine geriletmekte, hatta gazete bazı mamüllerin yan ürünü konumuna sokulmuş bulunmaktadır..."

Sözkonusu raporda, medyada yaşanan sorunlara ana hatları ile değinilmiş.

Bu sözlerin altında imzası bulunanların hazırladıkları tüzükte yer alan maddeleri de bir araya getirirsek, Gazeteciler Federasyo-nu'nun bir hayli sorunu göğüslemek zorunda olduğu ortaya çıkıyor.

Gazeteciler Federasyonu'nun öncelikle çok iyi bir güç elde edip, bunu da demokrasi adına Türk medyası için yerinde ve zamanında kullanmasını umarız.

BU MESLEK ZOR MESLEK

Buradaki zorluk haber alımında, yazımında, sunumunda karşılaşılan sorunlar pek değil. Bunlar meşakkatli de olsa bir şekilde aşılıyor. Asıl sorunlar, Türk Medyası'nın içinde bulunduğu genel durum, gerçek gazetecilerin çalışma koşulları, öğrenim ve meslekiçi eğitim şartları, örgütlenme ve kimlik kargaşası diye sıralanabilir.

Bugün bir terzi yahut berber dükkanı açabilmek için, "**yıllarca çırak olunduktan ve belli sınavlara girildikten sonra alınacak diploma ile ancak işyeri açabilir**" şartı aranan ülkemizde; kimliği, eğitim ve öğretimi ne olursa olsun, isteyen herkesin bu meslekte rahatlıkla"gazeteci!" olabilmesi gerçekten düşündürücüdür.

Öyle bir hale gelindi ki, bir şehirdeki herhangi bir televizyon kanalı sahibi, caddede gördüğü ve gözüne kestirdiği genç bir kıza rahatlıkla, "*Çok güzelsiniz. Sesinizin güzelliği de yüzünüzden okunuyor. Bizim televizyonda sunuculuk yapar mısınız?* " diyebilmekte. Benzer teklifi bir radyo sahibi de yapıyor, (sunucu kızın güzelliği radyodan hangi dinleyiciye lazımsa).

Bunlar abartı ya da hikaye değil, bizzat yaşanan olaylar.

Yahut elindeki fotoğraf makinası veya kamera ile bir gazete, radyo ve televizyon işletmesinin kapısını çalan 10 gençten en az 5'ine, "Yarın gel başla!" denilebilmekte.

Diğer taraftan, yazar ve sunucu kimliğiyle mesleğe dışarıdan sızmalar sözkonusu. Güzellik yarışmalarından sonra adeta havada kapılarak, reklam giysileriyle donatılıp televizyonların haber stüdyolarında ellerine haber bültenleri tutuşturulanlar; akşam mühendis ya da doktor yatıp sabah gazeteci uyananlar; çevirdiği filmlerde şöhrete doymayıp, yanına aldığı bir kameraman veya foto muhabiri ile olaydan olaya giderek "**böyle gitmez!**", "**söz bende!**" türü sloganlar ile ünlerine ün katmak için uğraşı sarfeden veya seçmen nabzını tutmaya çalışan ünlü sinema ve tiyatro oyuncuları; yaptığı jubile maçından sonra sütunlara baş tacı kestirilen sporcular ve daha kimler kimler...

Bunların yanısıra, pratikten yoksun bir şekilde gazetecilik okullarından gelenler; meslekte üniversitelerin sosyal ve benim gibi dil bölümlerinden mezun olanların çoğalmaları , dolayısıyla asıl gazetecilik okullarından mezun olan gençler için istihdam alanının daralması; "**gazeteci olunmaz, gazeteci doğulur**" söyleminin haklılığını ortaya koyan günümüzdeki alaylı-usta gazetecilerin başarısı bu meslekte çalışanların gerçek yüzünü teşkil etmekte.

Meslekteki asıl zorluk, yukarıda sıralamaya çalıştığım kimlikler arasında gerçek gazeteci olarak çalışabilmektir.

Medya kuruluşları baskı makinalarına, yayın teknolojisine, binalarına, promosyon ve reklam bölümlerine büyük yatırımlar yaparken, gazeteciliğin asıl unsuru olan insana ve bilgiye hiçbir yatırım yapmamakta direnirler.

Bugün Türkiye'de hiçbir gazetenin şöyle elle tutulacak iyi bir arşivi bile yoktur. Ünlü köşe yazarlarının çoğunun özel arşivlerini, kitaplıklarını oluşturmalarının nedeni budur.

Dünyanın bütün ciddi ve büyük gazetelerinde muhabirlerin yararlandığı geniş arşivler, kitaplıklar var. Bizim gazetelerimizde de havuz, bar ve jimnastik salonları...

Hiçbir gazeteci meslekiçi eğitime tâbi tutulmuyor. Teknik adamlar dışında kimse herhangi bir kursa gitmiyor, kendisini geliştirmesi için imkan tanınmıyor. Buna karşılık gazeteciler, kendilerini her konuda bilgi sahibi, başkalarını ise hiçbirşey bilmeyen cahiller zannediyor.

Bu durumda genç muhabir için yapılacak şey "**ortama ayak uydurmak**"tır. Yoksa bu ortam içinde "**ayağının kayacağını hemen anlar.**" Örnek aldığı, meslekle ilgili birşeyler öğreneceği insan da, yöneticisi ve "**gasteci abi**"leridir.[188]

Bütün bunların arasında, mesleğin ve sorumluluğun bilincinde olarak görev yapmak zordur, büyük bir özveri ister ama bir o kadar da zevkli ve doyumsuzdur.

Olayların içinde yaşayacaksınız, insanları tanıyacaksınız, iş dünyası ile, işçi dünyası ile, bürokrasi ile, hükümet ile, fikir ve sanat adamlarıyla ilişki içinde olmanız gerekecek.

Haberinizi yazarken, olabildiğine tarafsız gözle bakmaya çalışacaksınız, etrafınızdaki insan ve ilişkiler yumağı içinde doğruyu göstereceksiniz.

Bir olayı her yönüyle düşünecek, zaman zaman fayda zarar hesabı yapacak ama sonuçta yazacaksınız.

Korkmadan baskı altında olmadan, birilerinin çıkarlarını gözetmeden.

Şöyle gözlerinizi kapatıp, yukarıda yazmaya çalıştıklarımı düşünün, o zaman bu mesleğin zorluğunu daha iyi anlama şansına kavuşursunuz.

Doğruları yazabilmenin tek koşulu bağımsız olabilmektir. Bu bağımsızlık kelimesinin anlamını "**başına buyrukluk**" olarak algılamamak gerek. Gazetecinin bağımsız olması demek, aklına geleni yazabilmesi demek değildir. Korkusuzluk ve cesaret de "**sorumsuzluk**" anlamında ele alınmamalıdır. Herkese küfür etmek, dayanıksız iddialarla saldırmak, hakaretlerde bulunmak cesaretin değil, karakterin ve seviyenin bir göstergesidir.

Gerçekleri hiçbir baskı altında kalmadan yazabilen bağımsızdır, özgürdür. Gerçekleri ve düşüncelerini hiçbir yan yola sapmadan, imalarla süslemeden, açık açık yazabilen cesurdur, korkusuzdur. Gerçekleri bir kişinin çıkarını korumak için çarpıtmayan dürüsttür.

188. Kürşat Başar, Yeni Türkiye, Sayı: 11, S. 238.

...Gazeteciler gazetecilik, inşaatçılar inşaatçılık, elektirikçiler elektirikçilik, bankacılar bankacılık, sigortacılar sigortacılık, turizmciler turizmcilik yapmalıdır.

Eğer siz bunlardan bir ya da birkaçını, gazete şemsiyesi altında toplayıp, bu şemsiyeyi kimi zaman kalkan, kimi zaman da ucu keskin bir kılıç olarak kullanırsanız, orada pek çok işi yapıyorsunuz ama gazeteciliği yapmıyorsunuz demektir. Yazacağı herhangi bir satırın patronun bir işini bozabileceğini düşünmek, yazılacak bir haberle patronun çıkarı bozulduğu için işinden olacağı ihtimalini gözönünde tutmak herhalde korkunç bir duygu olsa gerek.[189]

Usta Gazeteci **Uğur Mumcu**'nun tanımı ile; "*Gazeteci, haber ve bilgi kaynağına en çabuk ulaşan ve bu kaynaklardan edindiği bilgi ve haberleri okurlara sunan insan demektır. Gazetecinin bu görevi yapabilmesi için habere, olaya, olguya, belgeye ve bilgiye dayalı yazılar yazması gerekir. Sır saklayan, haber ve bilgi kaynağını gizlemesini bilen, gerektiğinde hükümetlere ve güç odaklarına karşı savaşmayı göze alan insan, gazetecidir.*"[190]

GAZETECİNİN HATIRA DEFTERİNDEN

Gazetecilik mesleği, gerçek anlamda taşınırsa sorumluluğu, iş potansiyeli ve çalışma şartlarıyla zor olduğu kadar, ondan kat kat fazlası heyecanlıdır, zevklidir, doyumsuzdur.

Uzun yıllar birlikte görev yaptığım arkadaşlarımın günlüklerinden birkaç hatıra umarım sizleri pek sıkmaz. Bazen ders alınacak, bazen gülünecek, bazen de düşündürecek bu anılar mesleği bir başka boyutla anlatıyor.

Meslekteki İlk Hocam, Şefim, Değerli İnsan, Durdemir Bilirdönmez Anlatıyor:

"*Yıl, sanırım 1963. Erzurum'da günlük olarak yayınlanan ve o devrin en etkili gazetelerinden biri olan **Hür Söz Gazetesi**'nde gazeteciliği öğrenmeye çalışıyordum.*

---

189. Sabah Gazetesi, Haber Analizi.
190. Kuva-yı Medya, 12 Ocak 1998, S. 2.

Aylardan şubat ayı idi ve aşırı soğuk. Yerde yarım metreden fazla kar vardı. Gazetenin başyazarı ve ikinci patronu rahmetli ***İsmail Oğuz Bey****, Karskapı'da bir trafik kazası olduğunu, haberi almak için olay yerine gitmemi söyledi.*

Paltomu aldım, yola çıktım. Hava pek soğuktu. Fazla üşümemek için koşa koşa olay yerine vardığımda, bir tanker ile bir kamyonun çarpıştığını gördüm. Kendime göre bilgileri alıp Pelit Meydanı'ndaki gazete yazıhanesine dönerek haberi yazdım ve İsmail Abi'ye verdim.

İsmail Abi, haberi okuduktan sonra, araçlardan birinin plakasını yazmadığımı ve olay yerine yeniden gitmem gerektiğini söyledi. Ben, "Peki" deyip tekrar Karskapı'ya gittim. Almadığım araç plakasını not edip gazeteye dönerek tekrar haberi yazdım.

İsmail Abi, bu defa da olmamış dedi. Bu sefer tekrar yola koyulduğumda, hem isteksiz gidiyor hem de kendi kendime "Yahu bu adam bana galiba eziyet ediyor" diyordum. Havanın soğukluğu ve ayaz iliklerime kadar işliyordu. Bu kez titreye titreye gidiyordum. Hasılı, kazadaki diğer sürücünün de adını, soyadını öğrenip gazeteye döndüm ve habere yazarak İsmail Abi'nin masasına bıraktım.

İçimden de "Artık ne istiyorsun be adam, bilgiler tamam..." diyordum.

İsmail Abi, haberi okudu, şöyle bir yüzüme baktı, "Olmadı. Bu defa da araçların hangi yönde seyrettiğini yazmamışsın. Git öğren!" deyince, henüz sırtımdan çıkardığım paltoyu alıp, "Hadi bana eyvallah, daha çalışmıyorum." şeklinde mırıldanarak çıkarken, İsmail Abi kolumdan tuttu. Gerçi bir yere gidecek de gücüm kalmamıştı. Yarım metre kar, aşırı soğuk ve ayaza rağmen üç defa Karskapı'ya gidip gelmiştim. İşimden de soğumuştum.

İsmail Abi, kolumdan tutup beni içeri alarak bir bardak çay ikram ettikten sonra, "Bak, sana eziyet etmek aklımdan bile geçmez. Ama seni birkaç defa göndermemin tek sebebi, ***5-N*** *unsurunu öğrenmendir. Bu sana iyi bir ders olur, bir daha da haberdeki bu unsurları unutacağını sanmıyorum." deyince içim biraz rahatladı.*

Bizim zamanımzda gazetecilik böyle öğretilirdi.

İsmail Abi iyi bir gazeteciydi. Benim gazeteci olmamda emeği büyüktür. Daha sonra İstanbul'a giderek uzun yıllar Sabah Gazetesi'nde Genel Yayın Müdürlüğü yaptı. Kendisini rahmetle anıyorum.

Şimdiki genç gazeteci arkadaşlarıma bu şartlar zor gelir. Muhabirlerimiz olay yerine gitmeye üşeniyor. Masabaşı haberciliği tercih ediliyor. Bir muhabiri aynı habere üç defa göndereceksin. Nerdee?... Hem de yaya.

Şimdi herşey kolay. Her türlü ulaşım ve iletişim aracı var. Bunlara rağmen, yazılan ve gazetede yeralan haberlerin pek çoğunda eksiklikler sözkonusu.

Her zaman söylemişimdir; maddi açıdan zengin olmak için gazetecilik yapılmaz. Bu meslek bir sevda işidir, gönül işidir, insanın içinden gelen duygu selidir. Yapılan işin, görevin para ile mukayese edilmesi mümkün değildir. Ancak böyle olursa meslekte başarı grafiği artar."

Demir Bey'in yukarıda kaleme aldığı meslek öğrenimindeki anısı, benim doğum tarihimden tam bir ay öncesi aya rastlamaktadır.

Gazeteciliği bu şartlarda öğrendiğini ifade eden Demir Bey, mesleği öğrenmekle kalmadı, öğrendiklerini yıllar sonra bizlere aktardı, elimizden tuttu, bu meslekte ekmek yememize vesile oldu. Gazeteciliğinin yanısıra yumuşak huyu ve ağırbaşlılığı ile çok iyi bir idareci ve örnek insan olan Demir Bey, ayrıca ilginç tutumuyla hırçın insanları da yola getirmesini bildi.

Kendilerini saygıyla anıyorum.

Rus Askerine Okkalı Bir Tokat...

(Mustafa Nuri Atalay'ın günlüğünden)

"*Rusya'nın dağılma sürecinde Nahcivan'daki gelişmeleri yerinde izlemek üzere buraya sık sık gidip geliyorduk.*

O günler Ermeni saldırıları gündemdeydi. Arkadaşım Üsame Gül ile birlikte haber için bölgedeyiz. Nahcivan'da yaptığımız haberleri Türkiye sınırındaki Sederek (yeni adı Dilucu) Gümrük Kapısı'na getirip buradan Iğdır'a ulaştırmaya çalışıyorduk.

Buradaki sınır ise Rus askerleri tarafından korunuyor ve tabiri caizse "kuş uçurtulmuyordu".

Biz de arkadaşımız Üsame Gül'ü, haber uçurması için sınıra kadar gönderdik. Tabii, telefon imkanı yok, yiyecek yok, hava oldukça sıcak ve sivrisineklerin boyutları insanı ürkütüyordu. Bu şartlarda Türkiye'ye haber geçirmek için oldukça zor günler yaşadık.

Üsame, sınıra yakın birinci nizamiyeye ulaşarak buradaki genç Rus askerine, sınıra kadar gitmesi gerektiğini söyledi. Ancak Rus askeri Usame'yi hiç dinlemedi. O sırada el kol hareketleri ile müthiş bir tartışma başladı, Üsame de dayanamayıp Rus askerine okkalı bir tokat attı. Canı yanan asker, omuzundaki silahı bir hamlede iki eli ile kavrayarak Üsame'ye dönderdi ve mermiyi namluya verdi. Durum gerçekten ciddiydi. Üsame'nin yapacağı hiçbir şey kalmamıştır. Derken, Üsame o anda aklına geleni anlatmaya çalıştı Rus askerine. "Yanağındaki sivrisineğe vurdum " ifadesiyle özür diledi. Böylece Üsame yakayı sıyırdı."

Ah Dede Vah Dede...

(Macit Gürbüz)

"Gazeteciliğe 1983 yılında Sarıkamış'ta başladım. Oldukça idealist bir gazeteciydim. Haber seziyor, her gösterilen hıyara tuz elimde koşuyordum.

Bir gün, Sarıkamış'ın Parmakdere Köyü'nü sel bastı. Hasar büyüktü. Tam bana göre, seviyeme göre bir haberdi. Fotoğraf makinamı ve flaşımı kapıp yola düştüm. İki saat sonra köye ulaştım. Köylünün sesizliği beni etkilemişti. Not defterime bilgileri aktarıyor, bir yandan da çamur deryası haline gelen evlerden resim çekiyordum.

Kendimi kaptırmışken, sırtımdan bir el beni çekerek yüz seksen derece geri çevirdi.

Karşımdaki sakallı dede, "sen ne yapirsen burda ula" dedi.

Haber yapmak için köye geldiğimi, köyün bu halini gazeteye yansıtacağımı, ilgili ve yetkililerin köye yardım edeceklerini filan söyledim.

Dede beni dinlemiyordu bile. "Sus ula sus bir sus" dedi.

Dedenin tavrı ve bakışları sertti. Sustum. Kolumdan tuttu, çamuru az bir yere götürdü. Sinirliydi, burnundan soluyordu.

"Şimdi beni dinle ula" diye söze başladı.

"Madem gazetecisen, madem bize yardıma geldin, bırak seli meli de benim derdimi yaz."

Belli ki, dedenin derdi selden daha büyüktü.

"Bak oğul. Benim kari öldi. Ben dulum. Kari istirem, aldıran yok. Bene kari bul. Ne kaymakam ne vali derdime çare bulmir. Sen adama benzirsen, hem de gazetecisen. Devlet dullara maaş bağladı, kimseye muhtaç olmayan bu karılar şimdi kimseyi beğenmir. Ben de bu yüzden kari bulamirem. Bırak seli meli, benim derdime çare ol. Çek resmimi çek, bana talipli çıkar."

Sonuçta dede de haklıydı, kendi çapında derdi büyüktü. Gazeteci vatandaşın derdi için vardı. Ancak dedenin teklifi bana toplum içinde hiç de hoş karşılanmayan bir mesleği çağrıştırıyordu. Acaba öyle miyim? Gazetecilik meslek kapsamı içinde bu da var mı? diye düşünmeye başladım. Çünkü daha toydum. Ölçüp, tartmaya çalışıyordum. O arada dede bana anlatmaya devam ediyordu. Kendimce yaptığım muhasebe sürdüğü için artık dedeyi duymuyordum. Etraftakiler gülüyordu. Sonunda dedeye dönerek, "Dede senin derdine kaymakam, vali çare bulamadıysa ben hiç bulamam. Kusura bakma " demenin uygun olacağını düşündüm ve bunları söyledim.

Dede küplere bindi. Bana, adını bile anmaktan çekindiğim, toplum içinde hiç de hoş olmayan o süzcüğü söyleyerek tepki gösterdi.

Yaşına hürmet gösterip bu lafı sineye çektim. Çünkü şeflerimiz bize, olgun olun, vatandaşla polemiğe girmeyin, hep yatıştırıcı olun, özellikle köylüyle tartışmayın derlerdi.

Büyük sözü dinledik ama dedenin lafları bugün bile kulaklarımda."

Çektiği Fotoğraflar Kadar Sakarlığıyla da Ünlüydü...

Birlikte uzun yıllar görev yaptığım meslektaşım Ali Kılıç, fotoğrafın kokusunu alır, şansını da çok iyi kullanırdı. Meslekteki başarısı kadar sakarlığıyla da ünlü olan Ali'nin maceraları çok ilginçtir.

Ali, Hakemle Çarpışıyor

Ali, Elazığ'da bir futbol maçından fotoğraf çekmek için stadyumdadır. Maçtan gerekli fotoğrafları çeken Ali, hızla stadyumdan çıkarak, film yıkamak için kaldığı otelin yolunu tutar.

O günler film ve fotoğraflar siyah-beyaz, bunların hazırlanması da öyle kolay değildi. Film ve fotoğraf banyo malzemeleri birlikte götürülür, kalınan mekan da karanlık oda olarak kullanılırdı. Hazırlanan film ve kartlar da tele-foto denilen bir cihazla merkeze geçilirdi.

Ali, o gün maçtan çektiği filmi yıkar, ancak film boştur. Otel odasından öyle bir hızla çıkar ki, o hızla stadyuma girer, hızını alamaz, sahada hakemle bir güzel çarpışır. Yerden kalkan hakem "Kardeşim, sen nereden çıktın? 10 yıllık hakemim, bugüne kadar 24 futbolcu arasında hiç yere düşmedim. ilk kez bir fotoğrafçı ile sahada çarpışıyorum." der.

Ali Yine Stadyumda...

Ali bu kez Erzurum'da 3 Temmuz Stadyumu'nda amatörlerden şampiyonluk için karşı karşıya gelen, oldukça da taraftarı olan bir futbol karşılaşmasını izlemektedir.

Ali, boynunda fotoğraf makinası saha kenarında bir sağa bir sola gidip gelmektedir. Adeta yan hakemle beraberdir. Bir ara yan hakeme: "Abi ya, sizin işiniz de çok zormuş. Sürekli koşuyorsunuz. Hele havalar da sıcak olunca..." diye hakemin de bir iki cevabıyla kısa bir sohbet başlatır. Tam bu sırada maçta ofsayta rağmen top filelerle buluşur. Orta hakem düdüğünü bu kez yan hakem ile Ali için çalarak, bir yandan da "kaçın, kaçın!" diye bağırmaktadır. Ali ile yan hakem bir arkalarına bakarlar ki, tribünlerden sahaya inen tarftarlar peşlerindedir.

Ali'nin Sakarlığı Bitmez...

Ali, meslektaşlarıyla birlikte bir haber için Iğdır'a seyir halindedir.

Yaz mevsimi ve kavurucu bir sıcak var. Ekip, Kağızman yakınlarında bir derenin kenarında durur. Suda çocuklar camışların üzerinde serinlenmeye çalışıyorlar. Ali fotoğrafın kokusunu almıştır. Araçtan inerek dereye doğru yürür.

Bir süre sonra araçtaki meslektaşlardan biri dikiz aynasından bir bakar ki, fotoğraf makinalarından su süzülen biri dereden geliyor.

Bu bizim Ali'dir.

Ali, bütün bu sakarlıklara rağmen gerçekten çok iyi bir foto muhabiridir. İstanbul Mavi Çarşı Yangını'ndaki yılın fotoğraflarından hatırlayabilirsiniz onu. Ali'yi buradan ayrıca kutluyorum.

Rus Helikopterleri

(Cem Bakırcı)

"Sabahın ilk ışıklarıyla gazetecilik heyecanı yeniden başlarken, büroya geldiğimde, bir Rus askerinin helikopteri ile Türkiye'ye iltica ederek Erzurum Hava Alanı'na inmiş olduğu istihbaratı geldi.

HHA Genel Merkezi'nden Genel Müdür Yardımcısı Mustafa Eşmen'den, "fotoğraf istiyorum; havadan mı çekersiniz, karadan mı onu bilemem ama mutlaka fotoğraf istiyorum" şeklinde görevlendirmeyi aldıktan sonra, birlikte çalıştığım başarılı gazeteci ağabeyim Cemal Çelebi ile beraber hava alanına gittik.

Burada Cemal Çelebi'ye: "sen arabada kal!" diyerek araçtan inerken, Cemal abi, "ulan oğlum kendini mi vurduracaksın, az bekle, hem bırak ben çekeyim" münakaşalarından sonra koşarak hangarların yanına yaklaştım ve helikopteri görür görmez tel örgülerin arkasından çok kısa bir sürede 6 kare resim çekmeyi başardım.

Tam bu sırada fotoğraf çektiğimi farkeden bir asker havaya iki el ateş ederek, ardından da başındaki miğferi yere vurup, "ulan çekme diyorum, çekme diyorum!" diye bağırırken, ben tabana kuvvet kaçmaya başladım. Alan çevresindeki çalılıklara dalarak, arkama hiç bakmadan koşuyordum. İzimi kaybettirdiğimde civardaki Çiftlik Köyü'ne kadar koştum.

Köyde bulduğum bir telefonla hemen büroyu arayıp durumu Yusuf Şenocak'a bildirdim.

Daha sonra köye gönderilen bir araçla büroya döndüğümde, ardımdan üç astsubay da büroya geldi.

Hiç sorgu sual yapılmadan, "Bizimle hava meydanına kadar gelmeniz gerekiyor." dendiğinde, halen fotoğraf makinasında bekleyen 6 kare resim gözümde canlandı.

Üzerim çamurluydu. Vaziyeti göstererek, tuvalet izni aldım. Tuvalete giderken de filmi makinadan çıkartıp çöp kutusuna attım. Tuvalette yazdığım (filmin yerini belirtir) küçük notu da bürodan çıkarken Yusuf Şenocak'ın eline bir şekilde sıkıştırdım.

Meydan Komutanlığı'na gittiğimizde gerekli sorgu sualin ardından kendilerine, boş olduğu sonradan anlaşılan filmi bıraktıktan sonra serbest kaldım.

Bu emeğin fotoğrafı ertesi gün Hürriyet Gazetesi'nin birinci sayfa göbeğinde yer aldı.

Meydan Komutanı telefonla arayarak, "Cem Bey, sizi kutluyorum. Güzel bir gazetecilik örneği verdiniz. Bir şey daha sorayım: Sizin bana verdiğiniz film boştu değil mi?" dedi.

Ajans merkezinden gelen "elinize sağlık!" teşekkürü ile de bir gün önceki yorgunluğum büsbütün gitmişti."

Akit Gazetesinin Muhabiri Oldum

(Cem Bakırcı)

"İmam Hatip Liselerinin kapatılması gündemdeydi.

Erzurum'da meydana gelen protesto olayları sırasında, polis ve göstericilerin arasına dalarak fotoğraf çekiyordum.

Tam o sırada orta yaşlı bir amca, yakamdan tutarak, "vurun bu hain medyacılara!" dedi.

"Selamı aleyküm amca, ben Akit gazetecisiyim" diye yumuşak çıkışmam etkili oldu.

Amca: "Aleykümselam" diyerek yakamı bıraktı"

Abi Ben Hakiki Sabri...

"Bölgede terörün yoğun olduğu bir dönemdeyiz. Hemen her gün bir yerlerden telefonla terör haberleri geliyor. Zaman zaman başkaları da arayıp, yalan yanlış bilgiler veriyordu. Hatta terör örgütünden bile arayıp, haber verilmeye çalışılıyordu.

Çok şükür şimdiye kadar böyle bir hataya düşmedik. Ama yine de tedbirli olmalıydık. Bazı muhabirlerle aramızda şifre-parola uygulaması başlattık.

Nöbetçi olduğum bir gün akşam saatlerinde telefon çaldı. Arayan, Muş'tan haber veriyordu. Teröristler öğretmenleri kaçırmış. Sesi tanımıştım. Yine de parolayı sordum. Muhabir duraksadı.

"Kardeşim kimsin? Ben seni tanıyamadım" diye sordum.

Muhabir, "Abi ben Sabri.""

"Hangi Sabri?"

"Abi" dedi, yöresel ifadesi ve gayet de vurgulu bir ses tonuyla "Ben hakiki Sabri, hakiki Sabri.""

Askere Gazete Atmanın Sonu...

(Selçuk Aval)

"O dönem Tercüman Gazetesi'nde çalışıyordum. Dönemin İçişleri Bakanı Yıldırım Akbulut'un bölgedeki gezi ve incelemelerini takip için gazeteci abim Fikret Dadaş'la birlikte Tunceli'ye gittik.

Program sonrası Erzurum'a geri dönerken, yoldaki askerler, aracın üzerinde Tercüman Gazetesi amblemini gördükleri için sürekli gazete istiyorlardı. Zaman zaman durup askerlere gazete veriyorduk, zaman kaybetmemek için bazen de aracı durdurmadan camdan atıyorduk.

Dağ başında nöbet tutan bir askerin gazete istediğini zannederek aracı durdurmadan camdan bir gazete fırlattık.

Ne olduysa bundan sonra oldu. 10 kilometre gitmemiştik ki, ileride askerler bizi durdurdu Silahlar üzerimize çevriliydi. Fikret Abi de ben de çok şaşırdık. Askerler bizi aşağı indirdiler, araca ters döndererek tepeden tırnağa aradılar.

Askerlerle konuşmaya çalışıyorsak da, her defasında susturuluyorduk. Sonunda bizi karakola götürdüler. Komutan astsubay, öfkeli bir şekilde bizi odasına aldı. "Siz ne yaptığınızı sanıyorsunuz?" diyordu. Biz hâlâ ne olduğunu anlayamıyorduk.

Bir süre sonra konu açıklığa kavuştu.

Camdan fırlattığımız gazetenin bomba paketi olduğu şüphesiyle, iş bu safhaya gelmişti.

Bundan sonra bir daha askere gazete atmak mı tövbe.."

Slayt Film, Boş Çıkınca Kurtulduk...

(Selçuk Aval)

"Kuzey Irak'a ilk sınır ötesi hareket gerçekleştirilmişti. Malatya Erhaç'tan kalkan jetler sınır ötesini bombalamıştı. İstanbul'dan gelen talimatla yine Fikret Dadaş'la birlikte Malatya'ya hareket ettik.

Hava Üssü'ne ulaşınca derdimizi anlattık, içeriye alınmak için kapıda bekliyorduk. Ama ne mümkün. Saatler geçti hiç bir ses yok. Sonunda, nizamiyedeki asker, bizim içeri alınamayacağımızı söyledi.

Geri dönmeye başlayınca, Fikret Abi, "Buraya kadar geldik, elimiz boş dönmeyelim, şuradan bir-iki jet fotoğrafı çekelim" dedi.

Ama askeri bölge ve fotoğraf çekmek yasak. Nasıl çekeceğimizi düşünürken, Fikret Abi teleyi takarak makinayı bana verdi. Araç bozuldu numarasıyla kaputu açıp fotoğrafları bir güzel çektik.

Araca bindik, sevinçle bir iki vites değiştirmiştik ki askeri bir araç bizi durdurdu.

Sorgusuz sualsiz bizi alıp hava üssüne götürdüler. Sorular burada başladı. "Niye fotoğraf çektiniz?" "Çekmedik..."

O zamanlar slayt film kullanıyorduk. Tüm filmlerimize el koydular. Çekilen filmleri bir er'e verip yıkatmaya götürürken, ben filmlerin normal banyo ile yıkanamayacağını anlatmaya çalıştıysam da başaramadım.

Biz ter-kan korku ve tedirginlik içerisindeyiz. Aradan üç saat geçti, filmleri yıkamaya giden asker içeri girdi. Gözleri bayağı kızarmıştı. Filmden görüntü çıkarabilmek için üç saat uğraşmış. Siyah-beyaz film baynosunda slatyt filmi yıkamanın yorgunluğu izleniyordu.

Filmlerden birşey çıkmayınca bizi de bıraktılar. Geri dönerken, değil fotoğraf çekmek, arkamıza bile bakmadan Malatya'dan ayrıldık."

Radyocudan İstekler Bitmez...

(Dinamik FM/Gürkan Çelebi)

"İstekler programına oldukça yoğun telefon gelir. Yine öyle bir gün, Barış Manço şarkılarına fazlaca istek gelmişti.

DJ arkadaşlar, istenen şarkıların hepsini çalamayacaklarını anlayınca, tüm istekleri Barış Manço'nun tek şarkısında birleştirdiler. "Ayı" isimli şarkıya istekte bulunanların isimlerini okudular.

Aradan kısa bir süre geçti, telefonda bir ses: "Beni mahvettiniz. Mutluluğumuzla oynadınız..." diye sitem eden bir dinleyici.

"Sakin olun, hayırdır ne oldu?"diye sorduğumuzda, "Nişanlımla darılmıştık, aramız düzelsin diye radyonuzdan Gülpembe'yi çalmanızı istedim, siz tuttunuz 'Ayı' şarkısını çaldınız. Ve ardından aldığım son telefonla, nişanlım nişanı bozdu."

Daha sonra devreye biz girdik,.yapılan hatayı anlattık ve durumu tatlıya bağladık."

Abi Şaka Yapma Artık!

(Gürkan Çelebi)

"Bir arkadaşım telefonla aradı. "Gürkan, bu şaka fazla ama. Yuvamı yıkacaksın." şeklinde sitemlerde bulununca, şaşırdım ve "Anlamadım, ne şakası?" dedim

"Ben kırk yaşında iki çocuklu bir babayım. Adımı, soyadımı verip, mahallenin de güzel kızı Hüsniye için şarkı çaldırıyorsun. Hanım huzursuzlandı. 'Radyocu arkadaşımdır, şaka yapıyordur' desem de inandıramıyorum. Yeter artık. Bırak bu şakayı. Bizim hanım böyle şakalara pek gelmez."

Telefonu kapatarak, durumu araştırdım. Ortada bir isim ve soy isim benzerliği malum oldu.

O istekte soyadın okunmasını engelleyince durum düzeldi ama, bizim arkadaşın da evindeki şüpheler bir müddet daha devam etti."

Yeni Evliyim, Lütfen Yarım Saat Su...

(Gürkan Çelebi)

"Bir ramazan gecesi sahur vaktiydi. Erzurum'da su kesintilerinin had safhaya ulaştığı günler yaşıyorduk.

Radyoda program yaptığımız sırada telefon çaldı. Arayan, 'yetkili bir erkek arkadaşla görüşme' talebi üzerine telefonu bana bağlandı. Telefonu bağlayan çocuklar, 'Abi çok önemli bir konuymuş. Mutlaka sizinle görüşecekmiş"

Telefonu aldım, buyurun dedim.

Vatandaş yetkili olduğuma kanaat getirince, anlatmaya başladı.

-Abi kusura bakma. Yeni evliyim. Yarın oruç tutacağım ve evde sular kesik. Düşündüm ki senin sözün geçer. Belediyeyi bir arasan da, bizim mahallenin suyunu yarım saat verseler."

Bir Böbrek Hikayesi

(Vedat Refayeli)

"Yıl 1986. Tercüman'da serbest muhabir olarak çalışıyorum. Baskı tesislerinin Erzurum'da olması sebebiyle yoğun bir çalışma dönemindeydik.

O günler haftada bir gün Halk Eğitimi Merkezi'ne uğrar, müdürden önce de kalöriferci Selami Ağabeyi'yi ziyaret ederdim.

Yine böyle bir ziyarette, Selami Ağabey ile oturuyorduk.

Kulağı delik Selami Ağabey o gün pek efkârlı gözüküyordu.

Sekiz çocuğu ile bir apartmanın çatı katındaki yaşantısını anlatıyordu. Sözü bir ara, böbreğini satan insanlara getirdi. "Vallahi alan olsa ben de satarım" diyordu. Bunu derken de son derece isteksiz olduğu görünümü vardı.

Akşam büroya döndüğümde bu konuyu işledim.

Ertesi gün, "Böbreğini satlığa çıkardı" başlığı ile yayımlanan haber üzerine beni ilk arayan Halk Eğitimi Merkezi Müdürü: "Selami devlet memuru olduğu için böyle bir beyanat veremez, böyle bir haber yazdıramaz. Soruşturma açıyoruz" dedi.

Selami Ağabeyin: "Yahu ben sana şaka dedim. Bunu niye yazdın?" şeklinde serzenişte bulunacak telefon konuşmasını beklemeden bürodan ayrıldım.

Büroya o gün ve ertesi günlerde gelen telefonlar Selami Ağabeyinin adresi ve telefonu istenmiş. Böbrek için herkes Selami Ağabeyi arıyordu.

Bayburt'tan arayan bir vatandaşa, "Selami Ağabey bu böbreği satmaz" diyemiyordum. O illa da böbreği istiyordu. Selami Ağabey ile görüşeceğini söylüyordu.

Aradan birkaç gün geçti. Konu benim gündemimden düşmüyordu. Bu durumu ya temizleyeceğim ya da devam ettireceğim düşüncesiyle yine Halk Eğitim Merkezi'nin yolunu tuttum.

Kaloriferci Selami Ağabeyin kapısını açtığımda gözlerime inanamadım. Bizim Selami Ağabey karşısındaki bir beyle böbrek pazarlığı yapıyordu. Bu bey de Bayburt'tan beni arayan şahıs çıkmaz mı.

Selami Ağabey adamı kelli felli görünce böbreğini gerçekten satlığa çıkarmış ve oturmuş adamla pazarlığa.

Çektiğim bir kare resim ile bu defaki haberimin başlığı "Böbrek Pazarlığı" oldu. Güzel haberdi. Selami Ağabeyin böbreğine 10 milyar lira fiyat bile biçilmişti. Bu haber de çıkıyordu. Uzatmayayım, Bayburtlu, o zamanın 3 milyar lirasını önerince bizimki fırsat bu fırsat deyip habire çıkmıştı. Öyle bir an geldiğinde adam 10 milyar liraya oğlu için böbrek alacaktı ama o ha bire çıkıyordu. Zira gerçekten böbrek elden gidiyordu. Bir hafta sonra adamın böbrek almaktan vazgeçtiğini, Selami Ağabeyin de böbreğini kurtardığını öğrendim. Gemalmaz Çarşısındaki Çizmeli kıraathanesinde oturuyorum. Ertesi gün ne yazacağım diye düşünüyordum. Bir anda içeri biri girdi. Kış olduğu için yüzü, papağı ile kapanmış, elinde bir tepsi, "börek..börek"diyordu. Az sonra papağını hafif sıyırdığında bu adamın Selami Ağabey olduğunu öğrendim. Evet...Evet..Ertesi günkü haberimin başlığı da çıkmıştı. : Sabah böbrekçi, akşam börekçi."

Kenan Teyibi Unutunca...

12 Eylül 1980 sonrası yurt gezilerini sürdüren Devlet Başkanı Kenan Evren Kars'ta vatandaşlara hitap edecektir. Evren'le birlikte çok sayıda üst düzey bürokrat da her zamanki gibi gezide yerini almıştır.

Bir basın kuruluşunun Erzurum'daki bürosundan görevlendirilen haber ekibi Kars'ta görevinin başındadır. Ekipteki muhabir arkadaşımız Erzurum'dan yanına küçük teyip almayı unutunca, Kars'ta tedarik ettiği kocaman bir teyiple Evren'in konuşacağı alana gelir.

Alanda, bu arkadaşımızın görev yaptığı kuruluşun genel müdürü de vardır. Genel müdürün elindeki küçük ses alma cihazını farkeden arkadaşımız, "Efendim siz zahmet etmeyin. Biz buradayız." diye teyibi kapattırır.

Evren'in konuşması biter, arkadışımız Erzurum'u arayarak: "Yaz müdür! Evren Paşa Kars'a geldi. Valiyi makamında ziyaret etti. İlin sorunları hakkında bilgi aldı. Vatandaşlara hitap etti."

Haber bu kadar.

Erzurum'dan haberi alan arkadaş: "Bu kadar mı?"

-Evet bu kadar.

-Vatandaşlara ne söyledi?

-Not alamadım?

-Ses yok mu?

-Teyip bozuk çıktı...

Erzurum'daki arkadaş haberi Ankara'ya geçer.

O dönem, Sayın Evren'in ağzından çıkan her kelime haber ve bu bilgiler anında haber merkezlerine ulaştırılıyor.

Biraz sonra büronun telefonu çalar.

-Haberin devamı nerede?

-Devamı yok.

Durum izah edilir, telefon "küt" diye kapatılır.

Aradan bir yıl geçer. Göreve gönderilen Kenan için Ankara'dan hemen uyarı telefonu gelir, "Kenan'a sağlam teyip vermeyi unutmayın!"

Abi Ağrı'ya Geldik mi?

Milliyet Gazetesi'nin Erzurum bürosundaki arkadaşlarımızdan Turgay İpek, Horasan-Ağrı Karayolu'nda meydana gelen trafik kazasında kemikleri hurdahaş olan iki yaralı ile hastanede konuşur. Kaza şu şekilde vuku bulmuştur:

"Ağrı istikametine giden bir minibüsü yolda bir kişi durdurur. Sürücü, içeride yer olmadığını, isterse minibüsün üstüne çıkabileceğini söyler. Adam da hiç tereddüt etmeden arka merdivenlerinden minibüsün üstüne çıkar ve araç hareket eder. Minibüsün üstünde boş bir tabut vardır. Adam, biraz da çiselemekte olan havada üşüyerek, tabutun içerisine uzanır, oradaki battaniyeyi üzerine örter ve kestirmeye başlar.

Bir süre sonra iki kişi daha minibüsü durdurur. Sürücü, yer olmadığını, isterlerse yukarıya çıkabileceklerini söyler. Otostopçular aynı şekilde hemen minibüse tırmanırlar, tabutun etrafında saygıyla otururlar. Minibüs hareket eder. "Allah rahmet eylesin. Demek cenaze götürüyorlar" diye de fatihalarını okurlar.

Minibüs hayli süratli bir şekilde yoluna devam ederken, tabuttaki şahıs doğrularak, "Abi Ağrı'ya geldik mi acaba!" der demez, bir gürültü kopar. Otostopçular kendilerini araçtan aşağı atmışlardır.

Erzurum'daki hastanede tedavi altına alınan kazazedelerin en büyük arzusu, kendilerini bu duruma sokan şahsı, aynı hızda gitmekte olan bir araçtan aşağı atmaktır."

Kamil Koşapınar'ı Rahmetle Anıyorum

Rusya'nın dağılmasından sonra, Nahcivan'daki gelişmeleri, Azerbaycan-Ermenistan arasındaki çatışmaları yerinde izlemek üzere buralara giden diğer ardakaşlarım gibi ben de nasibimi aldım. Doğu'da görev yapan gazeteci arkadaşların şimdiye kadar gördüğü yurtdışı imkanları da bu kadardır sanırım.

1994 yılının Şubat ayında meslektaşım Talat Bey'le birlikte Bakü'ye gitmiştik.

Bakü'deki ilk günümüzde, gerekli vize ve döviz bozdurma işlemlerini güç bela tamamladıktan sonra, Milli Savunma Bakanlığı'na geçerek, o gün cepheden gelen haberleri toplamaya çalışık. O gün randevu talebimizi olumlu karşılayan Dışişleri Bakanı Hasan Hasanov, bizi akşamleyin makam odasında kabul etti. Röportaj henüz başlamıştı ki, sayın bakan'a telefon bağlandı. Kamerayı kapatmak zorunda kaldım. Konuşmalardan Moskova ile görüştüğü anlaşılıyordu. Birşeyler kayıt etmeliydim. Ama nasıl? Bu sırada, karşımdaki maun kaplama iri makam masasının köşesinde bulunan DMO yazılı marka dikkatimi çekti. Bu bizim Devlet Malzeme Ofisi. Al sana 'hem bir gerekçe, hem de bir başka haber.' Kıvrak zekayla rahatlıkla kamerayı çalıştırdım ve markaya zomladım. Hasanov'dan kaçar mıydı? Hemen telefon ahizesini masaya bırak-

tı, "sen neydirsen, beni çekirsen?" "Yok" dedim. "masadaki marka çok güzel görünir, oni çekirem."

Hasanov bizi nezaketle odadan çıkardı, röportajımıza bu telefon görüşmesinden sonra devam edebildik.

Milli Savunma Bakanlığı, Dışişleri Bakanlığı, Devlet Başkanı Aliyev'in toplantıları, gece geç saatlere kadar telefon sırası beklemeler derken, günler aç susuz geçiyordu. Yiyecek yok. Oteldeki restorantta ilk geceden önümüze konan katı sarı renkteki yağ içerisinde adeta yüzen tüylü tavuklar(!) daha ilk günden iştahımızı kapatmıştı.

Hatta bir keresinde, Büyükelçilikte basın müşaviri olarak görevli hemşehrim Turgut Abi'nin, "gelin size güzel bir yerde yemek ısmarlayayım" teklifine tereddütsüz atladım. Türk Büyükelçiliği binasının hemen arkasındaki bir restorana geldiğimizde daha kapıdan ilk girdiğimde hayretler içerisinde kaldım. Vestiyerin önündeki bir sanat şaheseri görünümünde olan büyük heykelin her tarafından sular akıyordu. Üniformalı 4 kişi "hoş geldiniz"lerle bizi karşıladı. Aynı nezaket restorana girdiğimizde garsonlar tarafından devam ettirildi. Her tarafı heykel ve resim görsel sanatlarıyla süslü bu dev mekan sessizce tarihi anlatıyordu. Rusça şarkılar söylemekte olan piyanist ve bordo giyinimli garsonları saymasak, koca salonda iki kişiydik. Nihayet yemek yiyebilecektim. Servisler açılıyor, yemek örnekleri gösteriliyordu. Derken, masaların altında cirit atmakta olan iri fareleri görünce bütün umutlarım suya düşmüştü.

Lafı fazla uzatmadan, burada ne kadar kalacağımız henüz belli değildi. Talat Bey'in itirazlarına rağmen Trabzon'dan aldığım konserveleri cepheye saklıyordum.

Bakü'deki beşinci günde, çanta ve yeleğimin ceplerini konservelerle doldurarak, mihmandar olarak yanıma aldığım Azeri asker Etibar Cihangir'le Terter'in yolunu tuttum. Konserveler asıl burada işime yaradı. Hem karnımı doyurdum, hem de bu küçük kutular sayesinde Terter ve Ağdam'da cephe ilerisine kadar gidip görüntü ve fotoğrafları sıcağı sıcağına elde etme imkânı buldum.

Cepheden döndüğüm ertesi gün, fotoğraf ve görüntüleri

uçağa yetiştirmek için daha gün ışımadan otel önünden bir taksiye bindim.

Azeri taksi şoförü gazeteci olduğumu öğrenince;

-Kâmil'i tanirsen?

-Kâmil kim?

-Sizin Türk gazetecisi, balacan Kâmil.

Şoför bizim Erzurum Zaman Bürosu'ndaki Kâmil'den bahsediyordu. Kanım ısındı. Sohbete devam ettik.

-Zaman Gazetesini burada kurarken ben o balacanı çok gezdirdim. Türkiye'ye gittiğinde ona çok selamlarımı ve hörmetlerimi söyle!

Bakü'deki bir aylık çalışmam bu tür anılarla geçti. Kâmil'i başka tanıyanlar da çıktı. Bir kucak dolusu selamla Türkiye'ye döndüğümde, Kâmil'e selamları ilettim.

Ve Kâmil'i o balacan yaşında bir yıl sonra toprağa verdik.

Kâmil, Erzurum'da haber fotoğrafı için gittiği bir fotoğrafçı işyerinde kaza kurşunuyla ölmüştü.

Bu yazıyla Kâmil'i rahmetle anıyorum.

ELEŞTİRİLER

MEDYACI GÖZÜYLE "MEDYA"...

Türkiye'de medya öyle bir duruma geldi ki, hemen her gün herkes tarafından eleştiriliyor. Okuyucu, seyirci, dinleyici zaman zaman öfkesinden köpürüyor, yine de gazetesini alıyor, televizyon ve radyosunun düğmesini çeviriyor. Medyanın ülkeyi yönetmek istediğini her defasında ileri süren siyasetçiler, buna rağmen ilgili yasalarda kayıtsız kalıyor, gazeteci ve medya uzmanları da özeleştirilerini ihmal etmiyorlar.

İşte bu kişilerin kaleminden medyanın durumuna ilişkin kesitler ve çözüm önerileri:

"Basın medyalaştıkça hem etkinliğini, hem güvenilirliliğini yitiriyor. Haber ve haberci geri plana itilip, reklam ve reklamcı ön plana çıkıyor. Basına özgü, topluma haber verme, bilgilendirme, halk yararına kamuoyu oluşturma, sorunları dile getirme (hatta çözüm üretme) işlevlerinin geçerliliği ortadan kalkıyor. Medya kuruluşunun ticari ilişkileri paralelinde, toplumun tüketimini ve tasarrufunu yönlendirerek, bu çerçevede düşünce ve yaşam biçimleri enjekte etmek onların yerini alıyor.

Medya, reklam veren şirketlerle, kredi ve teşvik veren iktidarları sonuna kadar koruyor ve savunuyor. Onlarla işbirliği yapıyor. Ortaklık kuruyor ya da destekliyor. Hatalarını görmezden geliyor. Ülke gerçekleri ile yolsuzluk, suistimal ve vurgunların üzerine giderken, ya iktidardan düşmüş ve kamuoyu desteğini yitirmiş "**abalı**" siyasi kadroları ya da batmış, herşeyini yitirmiş işadamlarını tercih ediyor. "**Gazetecilik**" ve "**temiz toplum**" adına bunu yapıyor gözükürken, o günkü iktidar ve ortak paydada birleştiği çıkar çevrelerini kollamayı ihmal etmiyor.

Bir kısım medya ise işi daha ileri götürüp "gazeteciliğin gücü"nü diğer sektörlerdeki işlerini ve şirketlerini, büyütüp geliştirmek, rakipleri sindirmek ve devletin kaynaklarından en fazla yararlanmak için kullanıyor. İstediğini elde edince sesi kesiliyor. İktidarlar ve iş dünyşası da bunu bilip, buna göre davranıyorlar..."[191]

"Son zamanlarda kötü medyanın son derece önemli hatalar yapmış olması, medyanın denetimi ve etik konusunun artık ciddi bir şekilde ele alınması gereğini adeta haykırmaktadır. Toplumun eğitiminden, denetiminden, sömürülmesinden, yargılanmasından, güvenliğinden sonra uluslararası politikada da kendini yetkili sayması, umuyorum en safdil olanımıza bile çizmeyi aşmak ve başka bir toplumsal rol kargaşası olarak görünmüştür.

Toplumumuzun demokratik değerleri içselleştirilmemiştir. Medya da, devlet de, bu toplumun hem türevleri hem de belirleyicileri olduklarından, birinin ötekinden çok farklı olabileceğini düşünemeyiz. Yani sorumsuz medya zaten güçsüzleşmekte olan devleti yıpratarak otorite boşluğunun ortaya çıkmasına yardım etmektedir.

Asıl ironik olan, bu boşluğu kendisinin, ama yine aynı yöntemleri kullanarak, üstelik son derece yetersiz kalarak doldurmaya çalışması; farklı bir terör yaratmasıdır. Türkiye'de medya demokratikleşme ve şeffaflaşma açısından işlevsel olmuştur. Bu yönden pekiştirilmesi ve kendisini demokrasi bekçisi olarak ilan etmesi, medyanın denetlenemeyeceği anlamına gelmemelidir. Ancak bu, yine gerçek anlamda demokratikleşme ile yeni özdenetim, toplum ve tabii ki demokratik hukuk devleti üçgeniyle mümkündür."[192]

"Medyada kaygı verici bir kavganın gazeteleri ve televizyon ekranlarını sardığını izliyoruz.

Manzara üzücüdür.

---

191. Bülent Kızanlık, Öyle Değil Böyle, Cumhuriyet Gazetesi.
192. Doç. Dr. Aydan Gülerce, Posta Gazetesi, 13 Şubat 1996.

Eskiden Babiâli'de kalem kavgaları olurdu. Öncelikle tek parti yönetimini tek düze siyaset ortamında, bu tartışmalar kişisel çatışmaları da yansıtsa, gazeteciliği renklendirirdi. Çok partili rejimde sağ ve sol arasındaki tartışmaların içeriğini, ayrı fikirlerin düellosu oluşturmaya başladı; kimi zaman ölçüyü kaçıranlar olsa da, hiçbir zaman mesleği değil lekeleyecek, gölgeleyecek bir sınıra bile yaklaşmadı.

Bugün yaşadığımız medya kavgası, dünkülere benzemiyor.

Kimi meslektaşımız, aynaya baksa kendisini tanıyamayacak hale gelmiştir. Kişisel çirkinleşmenin eğik düzeyinde kayanlar, bugünkü durumlarına şaşarak şairin ünlü dizesini mırıldanabilirler:

"Ne kadar benzemezmişim bana ben..."[193]

"...Türk basın ve TV'leri surat arz ediyorlar.

1- Kartel medyası, demokrasi, özgürlük, devlet millet itibarı, enflasyon, iyi hükümet, gizli cunta, seçim falan aldırmadan çıkarcı, yalancı, kayırıcı hatta halk düşmanı bir tutumdalar.

2- Diğer gazete ve TV'ler ise korkutulmuş, sindirilmiş, gerçekleri bildikleri halde yazamayan; cunta karşısında "mürteci ve tabii suçlu" sayılarak devamlı parya muamelesi gören basın ve yayındır.

Zaman zaman bencillikle ve başka milletlerin haklarına aldırmazlıkla suçladığımız Amerika'nın büyük gazeteleri, işte çökertilen bu Türk Medyası'nın yokluğunu görerek onurunu kurtarmaktadırlar. Milletimizi ezen dert ve meseleleri, özellikle demokrasimizi körleten zulümleri dile getirdikleri için onlara candan şükranlar sunarım. Soyguncu bezirganlardan, parti değiştirerek diktaya uşaklık eden siyasetçilerden, adalet sahtekârlarından ve ahlaksız bürokratlarla resmi mafyadan olan şikayetlerimizi ancak onlar dile getiriyor..."[194]

"...Medyadik toplum yapısına dönüşmüş olan insanlık ale-

193. Cumhuriyet Gazetesi, 25 Ekim 1995.

194. Ahmet Kabaklı, Türkiye Gazetesi, 27 Aralık 1997,

minde, televizyonlar, artık bir propoganda aracı konumundadır. Ülkemizde hızlı bir kültür değişimi, medyanın sunduğu ürünlerle gündeme yerleşmiş, sayısız radyo istasyonu ve onlarca televizyon kanalı, toplum değerlerini durmadan zedelemiş; bilhassa yabancı programlardaki yıkıcı unsurların çokluğu ile toplumun etik ve estetik değerleri erozyona uğratılmıştır. Türkiye'de televizyon, insanların birbirleriyle olan sıcak yakınlığını keserek, zihni etkinliklerini dondurmuştur.

Çocuklarda ve gençlerde tesirlerini, taklit ve özenti boyutlarında sergileyip, yabancı kültürlere yöneliş başarılmış ve bunun sonucu kendi kültürünün yabancısı robotik insanlar, toplumda iletişimsizlik sendromuna tutulmuştur.

Toplum ve medyanın bugünkü manzarası ülkemizde vahim boyutlara vardırılmıştır. Gazete, dergi, radyo ve televizyonlar toplumun kültür değerlerini etkisizleştirecek ürünleriyle yabancılaşmayı başarmışlardır. Batılı normlara yönelmiş günümüz Türk toplumunda; hayatın düzenlenmesinde okunan, dinlenen ve seyredilen programlar büyük ölçüde etkili olmuştur..."[195]

"Son yıllarda iletişim olanaklarının gelişmesiyle tüm dünyada medya büyük bir güç haline geldi. Medyadaki bu güçlenme, medya etiğini karşımıza çıkardı. Medyanın gücü, yaptığı şeylerin yasal olmasının bile insanları üzmesine neden olabiliyor. Bu da demokratik toplumlarda ikileme sebep oluyor. Öncelikle demokrasinin işleyebilmesi için halkın gerçekleri öğrenme hakkının tam olarak yerine getirilmesi gerekiyor. Doğru bilgi demokrasinin oksijenidir. Yani basın olabildiğince özgür olmalı. Etik sorunlardan demokratik toplumlarda kaçamazsınız. Önemli olan bu sorunların zatürre değil de nezle boyutunda yaşanmasıdır. Demokrasi ve etik tartışma geleneği çok köklü olmayan bir toplum yapımız olduğu için bu sorunları zaman zaman zatürre boyutunda yaşıyoruz ve telaşlanıyoruz. "**Bu medyanın hali ne olacak.**" diye.

Bence çözüm **özen** kelimesinde yatıyor. Basın özenli dav-

---

195. Yard. Doç. Dr. Turhan Kaya, Zaman Gazetesi, 22 Haziran 1997.

ranmak zorundadır. Bence kilit kelime özendir. Manşetin bizatihi tılsımlı bir yönü yok. Türkiye'de ilginçlik ve önem ölçütünden yola çıkan bir gazetecilik anlayışı var. Türkiye'deki büyük gazeteler ilginçlik ölçütünden yola çıkıyorlar. Manşet popüler Türk basınında çok ciddiye alınmamalı. Manşet sadece oltanın ucuna takılmış bir yemdir. Ben zaten gazetelerin son 50 yılını yaşadığı kanaatindeyim. Gazetecilik ise en parlak dönemine giriyor."[196]

Son zamanlarda medyanın yolsuzlukların ortaya çıkarılmasında, belirgin bir rol üstlendiğine dikkat çeken Prof. Dr. **Bahri Öztürk**, medyada özel hayatın gizliliğine ilişkin olarak şunları belirtiyor:

"Hürriyetçi demokratik sistemlerde basın, yargının önünde değil yanında, yargılayıcı değil yardımcı, haber yapıcı değil haber verici bir fonksiyon ifa eder. Ancak bunu yaparken, hayatın gizli alanına müdahale edemez. Sorun sadece medya ile sınırlı değildir. Özel kişiden ve kamusal organlar tarafından telefonlarınız ve özel konuşmalarınız dinlenebilir, mikro casus mikrofonlar tarafından banda alınabilir, gizlice özel fotoğraflarınız çekilebilir. Özel hayatımız ve hayatımızın gizli alanı malesef bizim dışımızdaki insanların insafına terk edilmiştir. TCK'da bunları gereği gibi koruyabilecek düzenlemelere yer verilmiş değildir."[197]

"...Haber ve bilgi, işimize yaramadığı sürece bizi ilgilendirmiyor. Çünkü çoğumuz hâlâ ülkenin tümünden sorumluluk duyan vatandaşlar haline gelemedi. Bin kişiye düşen gazete sayısı bakımından dünyanın en gerilerinde yer alıyoruz. Gazeteleri, çanak çömlek veya tuttuğumuz takımın zaferi için alıyoruz. Televizyonu yalnızca bir eğlence aracı olarak görüyoruz. Kitap okumuyoruz, dergilerin yüzüne bile bakmıyoruz. Bu cins şeyleri bulunmuş mal sayıyor ve tesadüfen satın almış birini gördüğümüzde, adeta hakmışcasına ondan istiyoruz. Bu cins şeylere bedel ödemeye hiç yatkın değiliz.

196. Prof. Dr. Haluk Şahin, Zaman Gazetesi , 18 Temmuz 1999.
197. Zaman Gazetesi, 1 Kasım 1995.

Halkın bedelini ödemediği medyanın ayakta kalması mümkün müdür? Satılmayan bir malın üretimi sürdürülebilir mi? Eğer halk bedel ödemiyorsa, medya ya resmi, yani iktidarın sesi olur; ya da onu kendi doğrularında kullanmak isteyen çıkar gruplarının ve siyasal veya diğer cemaatlerin doğrultusunda yayın yapar..."[198]

"Geçenlerde bir politikacı, "*Bugünkü yazarların çoğu korumalı gazeteciler, onların halkla hiçbir ilişkisi yok; evden işe, işten eve gidiyorlar, yanlarında koruma polisleri var, halkın arasına girmekten korkuyorlar, yazdıkları sadece kendi inançları*" diyordu. Belki haklıydı. çünkü tarafsız gazeteci bulmak zorlaştı. Ekranda seyredilenlerin perde arkasına ulaşmak isteyenler azaldı. Ankara haberleri genelde tek yönlü. Bir-iki partiye endekslenmiş bir yapı oluştu, bu da sıkıntı yaratıyor.

Meslek kuruluşlarının dağınıklığı, eğitim kuruluşlarının meslekten uzak oluşu ve çalışanların çok bilmişliği bir araya gelince bugünkü yapı doğuyor..."[199]

"...Halkın hatırladığı tek nokta, pespayelik, müptezellik, cinsellik, uçukluk öyle mi?

Yeni Yüzyıl'daki bir köşe yazarı, "*Bizim gazeteler tecavüz haberlerini bile öyle ballandıra ballandıra verirler ki, insanın sokağa çıkıp tecavüz edesi gelir*" diye itirafta bulunmuştu...

Bugünlerde de **Clinton** skandalını öylesine heyecanlı ve iştahlı cümlelerle veriyorlar ki sormayın gitsin.

Valla, devlet büyüklerimizin gaza gelmesinden çekiniyorum açıkçası!

Onlar da insan çünkü..."[200]

Yılların gazetecisi **İlhan Selçuk**, medyada giderek artan sorunların Türkiye'deki yansımalarını şöyle dile getiriyor:

"Medyanın saygınlığı bugün yok. Ne yazık ki, kendi elleri-

---

198. Dr. Mehmet Ali Kılıçbay, Zaman Gazetesi, 3 Ocak 1997.
199. Nezih Demirkent, Dünya Gazetesi, 30 Mart 1999.
200. M. Emin Kazcı, Akit Gazetesi, 22 Eylül 1998.

mizle bu saygınlığı yok ettik. Bu kadar kesin bir hüküm verilebilir mi, verilebilir...

Kendim de dahil, diyelim ki herhangi bir gazetede bir haber varsa ekonomiye, bankaya ya da piyasaya ilişkin, "*Acaba bu haberi neden yazdı?, arkasında ne var?*" diye sormak zorunda hissediyoruz kendimizi. Eğer öyle düşünmezsek bir tuzağa girdiğimiz hissine kapılıyoruz. Gazetede bir manşet var; "*Bu manşet niye atıldı? Acaba hangi holdingin işine yarıyor? Acaba hangi bankanın işine yarıyor?*"

Ben meslek hayatına başlarken bir gün Kadıköy vapurunda Nizamettin Nazif'e rastlamıştım. Nizamettin Nazif dedi ki,:'*İlhan, temiz bir kalemin var; sakın kirletme.*' Ama şimdi kalem kirlenmesi bir yana medya grupları doğrudan doğruya bataklığın içinde yüzmeye başladılar."[201]

Ege Üniversitesi Öğretim Üyesi **Doç. Dr. Oğuzhan Kavaklı**: "Gazeteciliğin asıl vazifesi doğru haberciliktir. Gazeteler eleman atacağına araştırmacı gazeteciliğe, doğru haberciliğe yönelmelidir. Okuyucu marketçilik değil, güven istiyor, doğru haber istiyor.... Geleceğin gazeteciliği araştırmacı gazeteciliktir. Dünyadaki gelişmeler onu gösteriyor ki, çok yakın gelecekte gazetecilik araştırmaya dayalı olacaktır. Bu yüzden hızlı bir şekilde gazetecilikte uzmanlaşmaya gidilmelidir. Özellikle genç gazeteciler, bu hususa çok dikkat etmelidir. Kendilerini belli bir alanda uzmanlaştırmalılar."[202]

Gazeteci-Yazar **Attila İlhan**: "...Bugün basının düştüğü duruma, yarın televizyon kanalları da düşecektir. Bizde yine kendi toplumumuza has bir özellik var. Alaka gören şeye teveccüh...Yani sürü psikolojisi. Yani biri bir iş yapınca herkes o yöne tevessül ediyor. Televizyonlar da aynı saçmalığın içerisine girdiler. Aslında Türkiye'de iki televizyon var TRT ve diğerleri... Çünkü onlar aynı şeyi yapıyorlar.

---

201. Medya-Güç-İktidar Üçgeni, Zaman Gazetesi, 9 Haziran 1997.
202. M. Nedim Hazar, Medya Uçurumun Eşiğinde, Zaman Gazetesi, 13 Mayıs 1994.

Basının bu açmazdan kurtulması için yeni reçeteler, yeni formüller lazım. Halbuki bu basının içerisindeki aydınlar, bu reçeteleri bulabilecek kafa yapısına sahip değiller. İsmat Paşa döneminin kültürü içinde yetişmiş, son derece dar akıllı, Batılılık, laiklik, demokrasi anlayışları gizli bir totaliter mâlul kişilerin, yeni formüller bulmaları mümkün değil. En iyi yaptıkları iş Batı'da çıkan yeni bir gazeteyi takip edip batmalarıdır."[203]

Sabah Gazetesi Genel Yayın Yönetmeni **Zafer Mutlu**, medyadaki sorunun tamamen ekonomik olduğunda ısrarlı:

"Basının zor durumdan kurtulması için Türkiye'nin zor durumdan kurtulması gerektiğine inanıyorum. Yani Türkiye'de yaşanan bu restorasyon, sadece basınla ilgili değil. Türkiye'nin genel durumuyla ilgili. Şüphesiz daha iyi gazetecilik yapılarak daha iyi tiraj alınabilir. Ama ben bugünkü durumu Türk ekonomisinin genel yapısındaki zor durumla bağdaştırıyorum."[204]

"*Basın toplumu hasım olarak görüyor*" ifadesiyle, medyanın aslında bir gaflet içinde olduğunu anlatan Karikatürist **Hasan Kaçan**: "Medya, kendi okuyucusuna neredeyse sopa gösterip, yönetmeye kalktı: Şu insanı seçeceksin, bunu giyeceksin, şu yayını okuyacaksın, sana müsaade edersem mitinge gideceksin. Örneğin "laiklik için haydi Taksim'e" dediğimiz zaman bayrağı kapıp gideceksin fakat, Bosna için mitinge gitmene izin vermem. Eğer gidersen azarlarım..." derken; **Milliyet Gazetesi** Genel Yayın Yönetmeni **Umur Talu**, şu teklifte bulunuyor: "...Eğer bir ürün, olması gerekenden az satıyorsa, sebeplerini sadece alıcının konumunda aramamak lazım. Herhalde bu durum gazetelerin ve gazetecilerin de, yeni arayışlara girmesini zorunlu kılmakta. Ama öncelikli mesele, "**güven**" meselesi. Basın öncelikle bunu halletmeli."[205]

Hürriyet Gazetesi Genel Yayın Yönetmeni **Ertuğrul Özkök**, gazete okuyan, televizyon seyreden ve radyo dinleyen bir

---

203. M. Nedim Hazar, a. g. g. , 16 Mayıs 1994.
204. M. Nedim Hazar, a. g. g. , 16 Mayıs 1994.
205. M. Nedim Hazar, a. g. g. , 14 Mayıs 1994.

toplum bilincine varıldığında, medyanın kendiliğinden hizaya gelmek zorunda kalacağını önererek şunları belirtiyor:

"Dünyada olduğu gibi Türk toplununda da inanılmaz haber bombardımanı, bir imaj bombardımanı ile karşı karşıyayız. Yazılı basın mensubu olarak televizyonların hızı karşısında zaman zaman benim bile başım dönüyor. Böylesine geniş yaygın bir haberleşme ağı ile karşı karşıyayız. Bu duruma çok hazırlıklı yakalanmadık. Bu kadar büyük bir seçme özgürlüğüne ne psikolojik olarak ne zihni donanımlarımız itibariyle, hazır değildik. Bunu itiraf edelim. Hepimiz kendimizi birden bunun içinde bulduk. Tabii ki buna karşı vereceğimiz tepkilere de hazırlıklı değildik. Oysa medya dediğimiz televizyon, sinema, yazılı basın, radyo gibi araçlar bir yandan çok kuvvetlidirler; ama bir yandan da çok zayıftırlar. Çünkü bu araçları denetim imkanları, bu araçları cezalandırma imkanları çok kolaydır. Şimdi herkes aşırı bir medya gücü karşısında duruyor. **Sabah Grubu, Aydın Doğan Grubu**, işte efendim televizyonlarda **Uzanlar** filan bakıyoruz dehşetle, bunlar büyüdü müyüdü filan diye. Ama bunları cezalandırmanın çok kolay yolu var. Yani **ATV**'yi, **İnter Star**'ı seyretmemeye başlarsınız, o televizyon yürümez. Bu kadar basit. **Hürriyet Gazetesi**'ni, **Sabah Gazetesi**'ni, **Milliyet**'i almamaya başlarsınız, beni orada 20 günden fazla kimse tutamaz. Dolayısıyla Türkiye'de tüketici durumunda olan insanlar, medyayı cezalandırma araçlarını kullanma bilincine geldikleri zaman, inanın bu medyayı, kanunlardan çok daha kuvvetli bir şekilde denetleme imkanı ortaya çıkacaktır... Zaman zaman, ertesi gün gazeteyi gördüğüm zaman benim de dehşete kapıldığım yanlışlıkları yapıyoruz. Bunları da itiraf edeyim. Ama şu var: Bana kızan insanlara, telefon eden insanlara şunu diyorum: Yalnız kendi gazetem için değil, genel oarak medya ile ilgili elinizde çok kuvvetli şey var: **Dinlemeyin, satın almayın, okumayın, seyretmeyin! Bu, bir medyayı cezalandırmanın en iyi yoludur**."[206]

---

206. Medya-Güç-İktidar Üçgeni, Zaman Gazetesi, 12 Haziran 1997.

Medyadaki genel sorunlar sadece bizde değil, diğer ülkelerde de üç aşağı beş yukarı aynı sıkıntılar yaşanıyor.

İletişim profesyoneli Fransız Gazeteci **Alain Woodrow**'un "*Medias: Quatrieme Pouvoir ou cinquieme colonne?* /Medya, dördüncü kuvvet mi yoksa beşinci kol mu?" kitabında belirttiği gibi:

"Medya dünyası eşi benzeri görülmemiş bir alt-üst oluş yaşıyor. Üç temel alanda bir devrim yaşanıyor: **Teknolojik, ekonomik** ve **ahlâkî**.

Medya meslek ahlakı alanında, çoğunlukla asparagas, şafşatalı göstericilik, görüntünün ve sesin tahrifatı, seks ve kan ile ikiyüzlülüğün zaferine tanık oluyoruz. Bu alanda, iş dünyasında olduğu gibi, **siyaset-medya-para** üçlüsünün fokurdayan ve tehlikeli bileşimi oluşuyor. Sonuç olarak çöp kutusu gibi TV kanalları, şımarık radyo istasyonları, ve sansasyoncu gazeteler çıkıyor ortaya..."[207]

SONUÇ ADINA

"Bir kamu hizmeti gören ve halka gerçekleri bildirmek, kamuoyunu doğru bilgilendirmekle yükümlü olan basın ve yayın kuruluşları, sadece o kuruluşların sermayesine sahip olanların değil, okurlarının ve izleyicilerinin, yani halkın ortak malıdır. Bu ortaklığın sağlıklı yürümesi, yani basının işlevini güvenilir biçimde tam olarak yerine getirebilmesi için editoryal bağımsızlık, yani gazetecilerin bağımsızlığı ve güvencesi önemlidir."[208]

Basında son zamanlarda hızlanan sermaye hareketleriyle ilgili olarak Türkiye Gazeteciler Cemiyeti 1998 yılında bu açıklamayı yaptı.

Editoryal bağımsızlık kavramı gerçekten önemli. Gazeteci-

207. Ragıp Duran, Radikal Gazetesi / Medya, 20 Ekim 1996.
208. Milliyet Gazetesi, 19 Ekim 1998.

ler, yazı işleri kadrosu, o yayın organının patronu dahil sermaye çevrelerinin ve her türlü güç odağının etkisinde ve yönlendirilmesinde kalmadan haberciliğin objektif kriterleri doğrultusunda kamuoyuna gerçekleri aktarmak amacıyla bağımsız bir tavır içinde olmalıdır. Editoryal bağımsızlık, gazeteciler için özenle korunması gereken bir kavram ve tutumdur.

Medya, müthiş yoğun tüketicisi olan bir pazar... Beğenen de beğenmeyen de aynı pazardan alışveriş ediyor. Bu nedenle fiyatlar çok yüksek. Neyin fiyatı, neyin bedeli? **"Satılığa çıkarılan insani değerlerimizin bedeli."** Sevginin, inancın, düşüncenin sezgilerin bedeli...[209]

Oldukça heterojen bir kavram olan medyanın bütün bu gerçekleri içinde; sermaye güçleri, tekelleşme, kartel medyası, teşvikçiler, devlet gazeteleri, besleme basın, promosyonlu basın... adı ve işlevi ne olursa olsun, **bu sektörün asıl nüvesini gazetecilerin teşkil ettiği** önemli bir gerçektir. Yani, medya pazarına sürülen mamülün ilk ve gerçek üreticileri...

İşte burada asıl sorumluluk da mamülün hakiki üreticilerine düşmektedir.

Gazeteci-Yazar **Hasan Pulur**'un dediği gibi, "*Aynaya baktığınızda, yüzünüze tükürecek işler yapmayın!*"

Netice olarak, objektif bir şekilde gayret ederek hazırladığım araştırma, inceleme ve eleştiri mahiyetindeki bu çalışmamı, **Türkiye Gazetecileri Cemiyeti**'nce 18 Kasım 1998 tarihinde deklare edilen "**Türkiye Gazetecileri Hak ve Sorumluluk Bildirgesi**"nin altına BİR İMZA olarak sunuyorum.

Altında 4 bine yakın gazeteci ve basın kuruluşunun imzasının bulunduğu bildirge şöyle:

---

209. Neşe Erkelli Kızıl, a. g. g. .

TÜRKİYE GAZETECİLERİ HAK VE SORUMLULUK BİLDİRGESİ

Giriş:

Aşağıda tanımı yapıldığı üzere, her gazeteci ve basın-yayın organı, gazetecinin haklarını savunmalı ve meslek ilkelerine uymalı, uyulmasını gözetmelidir. Basın-yayın organlarında, gazeteci olmadıkları halde çeşitli biçimlerde gazetecilik faaliyetlerine katılanlar ile dışarıdan Türkiye'ye ve Türkiye'den dışarıya dönük yayın yapanlar da bu sorumluluklar kapsamındadır. Basın-yayın organları yöneticileri, genel yayın yönetmeni yahut müdürü, yazı işleri müdürleri yahut sorumlu müdürler, sıfatları ne olursa olsun, kuruluşlarında görevli gazeteciler ile yayınların meslek ilkelerine uygun olmasını gözetir. Gazetecinin hakları halkın haber alma hakkının ve ifade özgürlüğünün, meslek ilkeleri ise dürüst ve doğru iletişimin temelidir. Meslek ilkeleri gazetecinin ve basın yayın organlarının özdenetimini öngörür ve değerlendirme mercii önce vicdanlardır.

A- İnsan ve yurttaş hakkı:

Herkes, bilgi edinme, haber alma, özgür düşünce, ifade ve serbest eleştiri hakkına sahiptir.

Düşünce ve ifade özgürlüğünün kullanılmasının başlıca yolu olan basın ve yayın özgürlüğü temel insan haklarındandır.

Bu hakların demokratik hukuk devletinde anayasal güvence altında olması esastır.

B- Gazeteci tanımı:

Düzenli bir şekilde, günlük yahut süreli bir yazılı, görüntülü, sesli, elektronik veya dijital basın ve yayın organında, kadrolu sözleşmeli, ya da telif karşılığı, haber alma, işleme, iletme veya görüş, fikir belirtme görevi üstlenen ve asıl işi ile başlıca geçim kaynağı olup çalıştığı işletme ile ilgili yasalar karşısında konumu ve tanıma uygun olanlar gazetecidir. Basın ve yayın alanındaki her işletme, çalıştırdıkları gazetecileri, yasaların gazetecilere tanıdığı haklardan yararlandırmak zorundadır.

C- Gazetecinin sorumluluğu:

Gazeteci, basın özgürlüğünü, halkın doğru haber alma, bilgi edinme hakkı adına dürüst biçimde kullanır. Bu amaçla her türlü sansür ve oto sansürle mücadele etmeli, halkı da bu yönde bilgilendirmelidir. Gazetecinin halka karşı sorumluluğu, başta işverenine ve kamu otoriterlerine karşı olmak üzere, öteki tüm sorumluluklarından önce gelir. Bilgi ve haber ile özgür düşünce, herhangi bir ticari, malî hizmetten farklı olarak toplumsal bir netlik taşır. Gazeteci, ilettiği haber ve bilginin sorumluluğunu üstlenir ve paylaşır. Gazetecinin özgürlüğünü, içeriğini ve sınırlarını, öncelikle, sorumlulukları ile meslek ilkeleri belirler.

D- Gazetecinin hakları:

1- Gazeteci, tüm bilgi kaynaklarına serbestçe ulaşma ve kamu yaşamını belirleyen, halkı ilgilendiren tüm olayları izleme, araştırma hakkına sahiptir. Gazetecinin karşısına çıkarılacak gizlilik ve sır gibi engeller, kamusal işlerde yasaya, özel işlerde açık ve ikna edici gerekçelere dayandırılmalıdır.

2- Gazeteci, çalıştığı basın ve yayın organının kendisiyle yaptığı sözleşmede de kaydedilmiş olması gereken temel çizgisini dikkate alır. O temel çizgi dışındaki ve onunla çelişen veya orada açıkça belirtilmemiş olan tüm telkin, öneri, istek ve talimatı reddetme hakkına sahiptir.

3- Gazeteci, inanmadığı bir görüşü savunmaya veya meslek ilkelerine aykırı bir iş yapmaya zorlanamaz.

4- Gazeteciler, özellikle de yazı işleri çalışanları, basın-yayın işletmesinin işleyişini belirleyen, etkileyen önemli kararlardan haberdar edilmeli ve gereğinde, kararların alınmasına katılmalıdır.

5- İşlevi ve sorumlulakları ışığında, gazeteciler örgütlenme hakkının yanı sıra, görevinin maddi ve manevi güvencesini sağlayan kişisel sözleşme yapma hakkına sahiptir. Gazeteci ekonomik bağımsızlığını garanti eden, toplumsal rolüne ve emeği ile yeteneğine uygun bir ücret almalıdır..

6- Gazeteci, kaynakların gizliliği ilkesi uyarınca, kaynağını açıklamaya ve tanıklık yapmaya zorlanamaz. Kaynak izin verdiği taktirde gizlilik ortadan kalkabilir. Kaynağı tarafından açıkça yanıltıldığı durumlarda gazeteci kaynağını açıklayabilir.

E- Gazetecinin temel görevleri ve ilkeleri

1- Halkın bilgi edinme hakkı uyarınca, gazeteci, kendi açısından sonuçları ne olursa olsun, gerçeklere ve doğrulara saygı duymak ve uymak zorundadır.

2- Gazeteci; bilgi ve haber alma, yorum yapma ve eleştirme özgürlüklerini ne pahasına olursa olsun savunur.

3- Gazeteci; başta barış, demokrasi ve insan hakları olmak üzere, insanlığın evrensel değerlerini, çok sesliliği, farklılıklara saygıyı savunur. Milliyet, ırk, etnik, cinsiyet, dil, din, sınıf ve felsefi inanç ayrımcılığı yapmadan, tüm ulusların, tüm halkların ve tüm bireylerin haklarını ve saygınlığını tanır. İnsanlar, topluluklar ve uluslar arasında nefreti, düşmanlığı körükleyici yayından kaçınır.

Bir ulusun, bir topluluğun ve bireylerin kültürel değerlerini ve inançlarını (veya inançsızlığını) doğrudan saldırı konusu yapamaz.

Gazeteci; her türden şiddeti haklı gösteren, özendiren, kışkırtan yayın yapamaz.

4- Gazeteci; kaynağını bilmediği bilgi ve haberleri yayınlamaz. Kaynak açık olmadığında, yayınlamaya karar verdiği durumlarda da kamuoyuna gerekli uyarıları yapmak zorundadır.

5- Gazeteci, temel bilgileri yok edemez, görmezlikten gelemez ve metinlerle belgeleri değiştiremez, tahrif edemez. Yanlış, yanıltıcı ve tahrif edilmiş yayın malzemesi kullanmaktan uzak durur.

6- Gazeteci; bilgi, haber, fotoğraf, görüntü, ses belge elde etmek için yanıltıcı yöntemler kullanamaz.

7- Gazeteci, kamuya mal olmuş bir şahsiyet bile olsa, halkın haber alma, bilgilenme hakkıyla doğrudan bağlantılı olmayan hiçbir amaç için, izin verilmedikçe, özel yaşamın gizliliği ilkesini ihlal edemez.

8- Gazeteci, yayınlanmış her yanlışı en kısa sürede düzeltmekle yükümlüdür. Gazeteci, istismar edilmemesi, kötüye kullanılmaması ve kabul edilebilir boyutlar ile yasal biçimde yapılması kayıdıyla, cevap hakkına saygılı olmalıdır.

9- Gazeteci, kendisine güvenilerek verilmiş bilgilerin, belgelerin kaynaklarını, kendileri izin vermediği sürece, mesleki gizlilik ilkesi uyarınca hiçbir şekilde açıklamaz.

10- Gazeteci, çalıntı, iftira, hakaret, lekeleme, saptırma, manipülasyon, söylenti, dedikodu ve dayanaksız suçlamalardan kesinlikle uzak durur.

11- Gazeteci, bir bilginin, haberin yayını ya da yayınlanmaması karşılığı hiçbir maddi veya manevi avantajın peşinde olamaz. Gazeteci, devlet başkanından milletvekiline, iş adamından bürokratına kadar, haber kaynağı olarak da kabul edilen kişi ve kurumlarla iletişimini ve ilişkisini meslek ilkelerini gözeterek yürütür.

12- Gazeteci, mesleğini reklamcılıkla, halkla ilişkilerle veya propogandacılıkla karıştırmaz.

İlan-reklam kaynaklarından herhangi bir telkin, tavsiye alamaz, maddi çıkar sağlayamaz.

13- Gazeteci, hangi konuda olursa olsun, elde ettiği bilgileri geniş biçimde yayın konusu yapmadan kendi yararına kullanamaz. Mesleğini, ne şekilde olursa olsun (yasaların ve yönetmeliklerin kendisine tanıdığı hakların dışında) ayrıcalıklar kazanmak amacıyla kullanamaz.

14- Gazeteci, her ne amaçla olursa olsun, tehdit ve şantaj gibi yollara başvurmaz. Gazeteci bu şekildeki baskılara da karşı koyar.

15- Gazeteci, her türlü baskıyı reddeder ve çalıştığı basın-yayın organındaki yöneticileri dışında, kimseden işiyle ilgili bir talimat alamaz.

16- Gazeteci sıfatını taşımayı hak eden herkes meslek ilkelerine en yüksek seviyede uymayı taahhüt eder. Ülkesindeki yasalara saygılı olmakla birlikte, hükümet ve benzeri kurumların müdahalelerine kapalıdır. Mesleki olarak yalnızca meslektaşlarının ve kamuoyunun değerlendirmeleri ile bağımsız yargı organlarının kararlarını dikkate alır.

17- Gazeteci; devleti yönetenlerin belirlediği ulusal ve uluslararası politika konularında ön yargılara değil, halkın haber alma hakkına dayanır. Onu, mesleğin temel ilkeleri ve özgürlükçü demokrasi kaygıları yönlendirir.

Gazetecinin doğru davranış kuralları

Haber-Yorum:

Haber ile yorum ve görüş ayrımı açık yapılmalı, okurun ve izleyicinin neyin haber, neyin yorum olduğunu kolayca seçebilmesi sağlanmalıdır.

Fotoğraf-görüntü:

Fotoğraf ve görüntünün güncel olup olmadığı açık biçimde belirtilmeli, canlandırma görüntülerde de bu, izleyicinin fark edebileceği biçimde ifade edilmelidir.

Haber-ilan-reklam:

Haber ve yorum metinleri veya görüntüleri ile reklam amaçlı metinlerin ayrımı hiç bir karışıklığa yer bırakılmayacak ölçüde yapılmalıdır.

Yargı:

Hazırlık soruşturması sırasında soruşturmayı zaafa uğratıcı, yönlendirici biçimde haber ve yorumdan kaçınılmalıdır. Yargılama sürecinde de haberler her türlü ön yargıdan uzak ve kesinlikle doğruluğundan emin olunarak sunulmalıdır. Gazeteci, yargı sürecinde taraf olmamalıdır.

Çocuk:

Çocuklarla ilgili suçlarda ve cinsel saldırılarda, sanık, tanık ya da mağdur (maktul) olsun, 18 yaşından küçüklerin açık isimleri ve fotoğrafları yayınlanmamalıdır.

Çocuğun kişiliğini ve davranışlarını etkileyebilecek durumlarda, gazeteci, bir aile büyüğünün veya çocuktan sorumlu bir başkasının izni olmaksızın çocukla röportaj yapmamalı veya görüntüsünü almaya çalışmamalıdır.

Cinsel saldırılar:

Cinsel saldırı mağdurlarının fotoğrafları, görüntüleri ve kimlikleri, açık kamu yararı olmadıkça yayınlanmamalıdır.

Kimlik veya özel durumlar:

Açık kamu yararı olmadıkça ve olayla doğrudan ilgisi bulunmadıkça, bir insanın davranışı veya işlediği suç, onun ırkına, milliyetine, dinine, cinsiyetine, cinsel eğilimine, hastalığına veya fiziksel, zihinsel özürlü olup olmamasına dayandırılmamalıdır. Kişinin bu özel durumu, alay, hakaret, önyargı konusu yapılmamalıdır.

Sağlık:

Sağlık konusunda sansasyondan kaçınılmalı, insanlara umutsuzluk veya sahte umut verecek yayın yapılmamalıdır. Tıbbi alandaki araştırmalar, kesinleşmiş sonuçlar gibi yayınlanmamalıdır .İlaç tavsiyesinde mutlaka uzmana danışılmalıdır.

Hastanelerde araştırmalar yapan, bilgi ve görüntü almaya çalışan gazeteci, kimliğini belirtmeli ve girilmesi yasak olan bölümlere ancak yetkililerin izniyle girmelidir.

Yetkilinin, hastanın veya yakınının izni olmaksızın hastane ve benzeri kurumlarda hiç bir yolla ses ve görüntü alınmamalıdır.

Hediye:

Yayın öncesi kararlarla ve yayınlarla ilgili ön yargı, kuşku yaratacak her cinsten kişisel hediye ve maddi menfaat reddedilmelidir.

Müessese çıkarı:

Gazetecinin bir basın-yayındaki işlevini "Hak ve Sorumluluk Bildirgesi"ndeki hakları, sorumlulukları ve görevleri belirler. Gazeteci bu mesleki çerçeve ile yayın organının çizgisi dışında, müessese çıkarı söz konusu olsa dahi, hiç bir faaliyete gönüllü olarak veya zorla katılmamalıdır.

Özeleştiri:

Gazeteci ile basın-yayın organları, tekzip ve cevap hakkı gibi zorunlulukların dışında da, yanlışlıkları düzeltmeli ve öz eleştiri yapmalıdırlar.

Taraf olma:

Gazeteci ve yayın organı, taraf oldukları bir olaydaki konumlarını kamuoyuna açıkça belirtmelidir.

Yayın organı yahut yorumcu, siyasi, ekonomik ve toplumsal tercihlerin doğrultusunda yayın yapabilir. Bu durumda bu tavır açıkça ortaya konulmalı, ayrıca yorum ile haber-olay ayrımı kesin biçimde yapılmalıdır.

Özel hayat:

Asıl olan kamu yararıdır. Özel hayatın gizliliğinin geçersiz sayılabileceği başlıca durumlar şöyle sıralanabilir:

a) Büyük bir suç yahut yolsuzluk üstüne araştırma ve yayın,

b) Toplumu kötü etkileyici bir tutumla ilgili araştırma ve yayın,

c) Toplumun-güvenliğinin veya sağlığının korunması,

d) İlgili kişinin sözleri yahut eylemleri sonucu halkın yanılmasının, yanıltılmasının veya yanlış yapmasının engellenmesi,

Bu durumlarda dahi, özel hayatın kamuya açılan kesiti mutlaka konuyla doğrudan ilgili olmalı. Veya ilgili kişinin özel hayatının onun kamusal faaliyetini de etkileyip etkilemediği gözetilmelidir.

Bilgi-belge:

Doğrudan kamu yararı olmadıkça, sahibinin izni dışında belge, fotoğraf, ses yahut görüntü alınmamalıdır.

Kamu yararı söz konusu olduğunda dahi, yukardakilerin başka hiç bir şekilde elde edilemeyeceğine kesin kanaat getirilmiş olması gerekir.

Haber için para:

Gazeteci belge veya görüntü sağlamak amacıyla, bir suçla ilgili sanık, tanık veya onların yakınlarına para teklif etmemeli ve vermemelidir.

Sarsıcı durumlarda:

Üzüntü, sıkıntı, tehlike, yıkım, felaket ya da şok halindeki insanlar söz konusu olduğunda, gazetecinin olaya yaklaşımı ve araştırması insani olmalıdır, gizliliklere uyularak duygu sömürüsünden kaçınılmalıdır.

Suçlu yakınları:

Gazeteci, sanıkların ve suçluların akrabalarını, yakınlarını, olayla ilgileri olmadıkça veya olayın doğru anlaşılması için gereği bulunmadıkça teşhir etmemelidir.

İntihar olayları:

İntihar olayları hakkında haber çerçevesini aşan ve okuyucu veya izleyiciyi etki altında bırakacak nitelikte ve genişlikte yayın yapılmamalıdır. Olayı gösteren fotoğraf, resim veya film yayınlanmamalıdır.

Ekonomi, mali bilgi:

Yasalarla yasaklanmış olmasa dahi, gazeteci, elde ettiği ekonomik-mali bilgileri, geniş biçimde yayınlanmadan önce kendisinin yahut yakınlarının çıkarları için kullanmamalıdır.

Gazeteci kendisinde ve yakınlarında bulunan hisse senedi ve benzeri mali araçlar konusunda, yayın organındaki sorumluluları, bu menkul kıymet sahipliği hakkında doğru bilgilendirmediği sürece yayın yapmamalıdır.

Gazeteci, hakkında haber ve yorum yazdığı ya da yazmayı tasarladığı taşınır ve taşınmaz kıymetlerin doğrudan veya dolaylı alım satımını yapmamalıdır.

Ambargo-önceden görme-Off the record:

Gazeteci, kendi çabasıyla elde etmedikçe, bir kaynağın verdiği bilgi veya belgenin yayınlama tarihi konusundaki isteğe uymalıdır. Gazeteci, röportaj, haber, yorum veya görüntü, yayın şekli ne olursa olsun, hazırlığını yayın organındaki sorumlular dışında, kaynağı da dahil kimseye denetlettirmekle yükümlü değildir.

Gazeteci, açıklanmaması kaydıyla (Off the record) verilen bilgiyi ve sarfedilen sözleri yayınlamamalıdır.

Rekabet:

Gazeteci, rekabet nedeniyle de olsa, bir başka gazeteciye bilinçli ve açık mesleki zarar vermekten kaçınmalıdır. Bir meslektaşının yayınını engelleyici davranışlarda bulunmamalıdır.

Kaynak gösterme:

Gazeteci, başta ajans haberleri olmak üzere, bir meslektaşının ve herhangi bir yayının sunduğu bilgileri kullandığında mutlaka kaynağı belirtmelidir.

Gazeteci olmayanlar:

Bir yayın organında, sürekli veya zaman zaman, gazetecilik kapsamına giren alanlarda faaliyet gösterenlerin asıl sıfatları, asli işleri uygun şekilde belirtilmeli, kamuoyu onların temel konumu hakkında bilgilendirilmelidir.

Özdeşleşme:

Gazeteci, uzmanlık alanı ne olursa olsun, öncelikle gazetecidir. Polis muhabiri, polis veya sözcüsü, spor muhabiri klüp yöneticisi veya sözcüsü, herhangi bir partiden sorumlu muhabir, onun üyesi veya sözcüsü gibi davranmamalı ve bu yönde yayın yapmamalıdır.